Cézanne
les dernières années
(1895-1906)

Grand Palais
20 avril - 23 juillet 1978

Cézanne
les dernières années
(1895-1906)

 Ministère de la Culture et de la Communication
Editions de la Réunion des musées nationaux

Cette exposition a été organisée
par le Museum of Modern Art de New York
et la Réunion des musées nationaux
avec le concours des services techniques du musée du Louvre
et des galeries nationales d'exposition du Grand Palais.

©Editions de la Réunion des musées nationaux, Paris 1978
10, rue de l'Abbaye, 75006 Paris
ISBN 2.7118.0085.7

Comité d'organisation

Hélène Adhémar
conservateur en chef des galeries du Jeu de Paume et de l'Orangerie

assistée de Sylvie Gache
conservateur aux galeries du Jeu de Paume et de l'Orangerie
avec la collaboration de Philippe Thiébaut

Adrien Chappuis
historien d'art

Geneviève Monnier
conservateur au cabinet des Dessins du musée du Louvre

John Rewald
professeur d'histoire de l'art, Graduate Center, City University of New York

William Rubin
directeur du département de Peinture et Sculpture au Museum of Modern Art, New York

assisté de Monique Beudert
curatorial assistant au Museum of Modern Art

Maurice Sérullaz
conservateur en chef du cabinet des Dessins du musée du Louvre

Commissaires généraux

Etats-Unis d'Amérique : John Rewald   France : Hélène Adhémar
                                William Rubin   Maurice Sérullaz

Conservateur en chef des galeries nationales d'exposition du Grand Palais :
Reynold Arnould

Sommaire

Que toutes les personnalités qui ont permis par leur généreux concours la réalisation de cette exposition trouvent ici l'expression de notre gratitude et tout particulièrement :

Mrs. Carleton Mitchell
Monsieur et Madame Adrien Chappuis
"The Estate of Mrs. Edsel B. Ford"
Mr. Stephen Hahn
Monsieur Riccardo Jucker
Madame Jean Matisse
Docteur Gianni Mattioli
Dr. et Mrs. A.W. Pearlman
Mrs. Rose Pearlman, au nom de "The Estate of Henry Pearlman"
Mr. et Mrs. Joseph Pulitzer Jr.
Mr. Ernest M. von Simson
Mr. Sam Spiegel
Mr. et Mrs. Eugene Victor Thaw
ainsi que tous ceux qui ont préféré garder l'anonymat.

Nos remerciements vont également aux responsables des collections publiques étrangères et françaises :

Messieurs et Mesdames les Trustees, Directeurs et Conservateurs des collections étrangères :

Allemagne :
Kunsthalle, Brême
Museum Folkwang, Essen

Etats-Unis :
The Baltimore Museum of Art, Baltimore
Museum of Fine Arts, Boston
The Art Institute of Chicago, Chicago
Cincinnati Art Museum, Cincinnati
The Cleveland Museum of Art, Cleveland
The Newark Museum, Newark
The Museum of Modern Art, New York
The Metropolitan Museum of Art, New York

Alex Hillman Family Foundation, New York
The Philadelphia Museum of Art, Philadelphie
The Art Museum, Princeton University, Princeton
The Saint Louis Art Museum, Saint Louis
The Fine Arts Museum of San Francisco, San Francisco
National Gallery of Art, Washington
The Phillips Collection, Washington.

Grande-Bretagne :
National Gallery, Londres
The Tate Gallery, Londres
Courtauld Institute Galleries, Londres
National Museum of Wales, Cardiff
National Gallery of Scotland, Edimbourg

Irlande :
National Gallery of Ireland, Dublin.

Suisse :
Kunstmuseum, Bâle
Galerie Beyeler, Bâle
Collection Thyssen-Bornemisza, Lugano
Kunsthaus, Zurich.

Tchécoslovaquie :
Galerie nationale, Prague

U.R.S.S. :
Musée de l'Ermitage, Leningrad
Musée des Beaux-Arts Pouchkine, Moscou.

Monsieur le Directeur des Affaires culturelles de la ville de Paris
Monsieur le Maire de la ville d'Aix-en-Provence

Messieurs et Mesdames les Directeurs et Conservateurs des collections publiques françaises :
Musée Granet, Aix-en-Provence
Musée du Louvre (galerie du Jeu de Paume et cabinet des Dessins), Paris
Musée du Petit Palais, Paris.

Avant-propos

Un ensemble exceptionnel, plus de cent peintures et d'aquarelles, s'échelonnant de 1895 à la mort de Cézanne en 1906, permet de suivre ici la démarche du Maître dans son ultime réalisation.

C'est William Rubin, Directeur du Département des Peintures et des Sculptures du Musée d'Art Moderne de New York, qui a pensé, dès 1952, à réunir ainsi les œuvres de la dernière période du grand peintre, probablement la plus riche (il en indique les raisons dans la préface). Il a obtenu la collaboration du spécialiste bien connu, John Rewald ; tous deux, grâce à leur connaissance des œuvres et des collections, ont pu réunir cet ensemble qu'on ne reverra plus. Présenté dernièrement au Musée d'Art Moderne de New York, puis à Houston, le succès fut considérable.

Parmi les 120 Cézanne figurant à New York, une vingtaine n'a pu venir en France. Par contre, certaines œuvres des collections européennes, trop fragiles pour être envoyées en Amérique, se voient ici seulement. C'est ainsi que les *Baigneuses* de l'ancienne collection Pellerin, aujourd'hui à la National Gallery de Londres, sont au Grand Palais. Ceci atténue nos regrets de ne pouvoir exposer les *Grandes Baigneuses* du Musée de Philadelphie, qui n'ont pu être déplacées, même pour New York.

Bien qu'on ait tendance à le croire, Cézanne n'a pas été connu et apprécié à l'étranger avant de l'être en France. Certes, sa renommée fut plus tardive que celle de ses amis, mais cela tient en grande partie à lui. Il a été presque impossible au public de voir ses toiles pendant des années. Il a très peu exposé, constatant que sa peinture gênait les critiques d'art conformistes, cependant il avait pour lui les meilleurs artistes de son temps. Jacques-Emile Blanche raconte que, dès 1885, «Les jeunes se délectaient déjà dans une boutique de Montmartre à remuer des toiles dont Cézanne paya ainsi des marchands de couleurs... Nous admirions Cézanne comme un prodigieux coloriste». En 1892, Georges Lecomte précisait que Cézanne était apprécié «par un petit groupe d'amateurs ; ses paysages sont aimés des jeunes impressionnistes pour leur simplicité rude». En 1894, Gustave Geffroy annonçait qu'il fallait «se dépêcher» pour acheter une toile qu'on avait vue chez le père Tanguy, «*car il y avait toujours des amateurs rapides à fondre sur ces proies espacées*». Ces amateurs étaient les peintres, ses contemporains et les principaux critiques, Gauguin acheta de ses toiles qu'il ne voulut vendre qu'à la dernière extrémité. Degas dessinait sur un de ses carnets un des *baigneurs* de Cézanne, et il achetait aussi ses tableaux. De même Caillebotte, le père Tanguy, Durand-Ruel, Paul Alexis, Duret, Zola, Chocquet, Murer, Gachet, le comte Doria, Isaac de Camondo, Auguste Pellerin, Chabrier, E. Bernard, Camoin. Cordey assurait qu'il était «de la race des géants».

(1) On consultera avec fruit en tête du catalogue de l'exposition de New York les articles très développés de William Rubin, John Rewald, Théodore Reff *(Painting and Theory in the Final Decade),* Lawrence Gowing *(The Logic of Organized Sensations),* F. Novotny *(The Late Landscape Paintings),* Douglas Druick *(Cézanne's Lithographs),* ainsi que celui de Georges Heard Hamilton *(Cézanne and His Critics).*
Nous n'avons pu retenir, à notre grand regret, que plusieurs pages de W. Rubin et de J. Rewald, les textes de Mme Brion-Guerry et de Mme Geneviève Monnier.

Dès 1895, Vollard décida de faire une exposition Cézanne, il réunit près de 150 toiles qu'il exposa rue Laffitte (alors, «toute la jeune peinture est enthousiaste»). L'année suivante entraient au Musée du Luxembourg les deux toiles de Cézanne faisant partie du legs Caillebotte, lequel avait suscité tant de controverses, et en 1900 Maurice Denis peignait l'*Hommage à Cézanne* où se trouvaient réunis, dans l'atelier de Vollard, autour d'une nature morte du Maître qui appartint à Gauguin, les jeunes artistes ; le tableau fut acheté par André Gide, alors critique d'art considéré comme trop audacieux. Émile Bernard, Camoin, Signac sont de grands admirateurs du Maître que le Salon d'Automne de 1907 révèle à la nouvelle génération, et W. Rubin montre bien son importance. D'ailleurs, Vollard fait cadeau d'un exemplaire de la lithographie des *Baigneurs* à Apollinaire, et celui-ci, enchanté, pense écrire un livre sur Cézanne. En 1911, c'est aussi en hommage à Cézanne que Maillol, sur l'instigation de Franz Jourdain, sculpte la pierre qui prendra place, pour quelque temps, aux Tuileries. Le snobisme avant la guerre de 1914 s'est déjà emparé de Cézanne ; son nom devient synonyme d'art contemporain, audacieux, et pour caractériser un personnage, un jeune peintre, Paul Adam (*Stéphanie*, 1913) le dit élève de Cézanne (il «assure qu'Ingres et Puvis ne sont que des pygmées auprès de Cézanne») ; on raconte même qu'une dame importante assure qu'elle ne pourrait pas «accomplir tout le jour, ses *devoirs de société*», si elle n'avait pas la nuit, en face de son lit, une esquisse de Cézanne (Blanche, 1915).

Après la guerre de 1914 (pendant la guerre, Apollinaire consacre une permission à visiter le Jas de Bouffan), l'importance de Cézanne est de plus en plus reconnue en France. Georges Rivière (1923), Maurice Denis et Émile Bernard (1924) en font le plus vif éloge. Mais il manque encore un catalogue de ses œuvres : ce sera la tâche de Venturi (1936). Et c'est alors qu'intervient Rewald, fervent de Cézanne, qui prépare une édition de la correspondance Cézanne-Zola, et, en rectifiant certaines opinions de Venturi commence le catalogue monumental qu'il achève aujourd'hui. Avec René Huyghe, il publie en 1936 un numéro sur Cézanne dans l'*Amour de l'Art*. (C'est l'année où s'ouvre à l'Orangerie la rétrospective Cézanne. Le catalogue est rédigé par Charles Sterling et les préfaces sont dues à Jacques-Émile Blanche et Paul Jamot.) Depuis les érudits ont publié de nombreux travaux. Signalons la parution prochaine du catalogue des aquarelles par A. Chappuis.

Désormais l'œuvre de Cézanne s'impose, et sa résonance est infinie. On apprend d'ailleurs par le livre que lui a consacré Gasquet, que les dernières recherches du Maître, celles que nous présentons ici, ont une importance essentielle pour lui ; il a lu, en effet, à Gasquet en 1896 une réflexion qu'il avait notée, et qui trouve sa justification dans les œuvres présentées : «*les sensations colorantes qui donnent la lumière sont cause d'abstractions, qui ne permettent pas de couvrir ma toile, ni de poursuivre la délimitation des objets, quand les points de contact sont tenus, délicats, d'où il ressort que mon image ou tableau est incomplète*» (J. Gasquet, *Cézanne*, 1926, p. 151 ; également lettre de Cézanne à Émile Bernard, 23 octobre 1905).

C'est vraiment un privilège extrême de pouvoir contempler pendant quelques mois ces œuvres prestigieuses ; que tous ceux qui ont contribué par leur prêt, ou par leur travail, à la réalisation de cette exposition, trouvent ici l'expression de notre profonde gratitude.

Hélène Adhémar

Introduction

J'ai compris la nécessité de consacrer une exposition à l'œuvre tardif de Cézanne lorsque j'ai participé, en 1953, au séminaire de doctorat dirigé par Meyer Schapiro à l'Université de Columbia. J'avais vu, peu de temps auparavant, la dernière exposition Cézanne d'importance majeure présentée à New York, la grande rétrospective qui avait eu lieu en 1952 au Metropolitan Museum. En étudiant les peintures exposées à cette manifestation et les catalogues de celles qui l'avaient précédée, je m'étais rendu compte que les œuvres tardives de Cézanne n'avaient jamais été montrées comme il aurait convenu, et toujours de façon trop superficielle pour permettre d'en analyser le caractère, le style et l'importance ; d'autre part, il n'existait pour ainsi dire pas d'ouvrage sur les œuvres de cette époque. Aucune exposition Cézanne, aux États-Unis ou ailleurs, n'avait fait ressortir le changement très net survenu dans l'art du peintre après 1895, et qui atteignit son accomplissement au début du XXe siècle.

Lorsque j'ai été nommé conservateur au Museum of Modern Art, j'ai eu l'intention d'organiser une exposition sur cette période, et j'en soumis le projet dès 1970, mais les frais qu'aurait entraînés sa réalisation et la difficulté d'obtenir les prêts empêchèrent provisoirement d'y donner suite. Le premier de ces problèmes a été finalement résolu aux États-Unis grâce à des subventions accordées par le gouvernement et par l'International Business Machines Corporation qui ont permis d'assurer les expositions de New York et de Houston ; le second par suite d'un ensemble de facteurs dont le plus décisif fut le copatronage de la Réunion des Musées Nationaux, à laquelle nous ne saurions trop adresser nos remerciements. Pour ce qui est de l'exposition américaine, je suis infiniment reconnaissant à mes codirecteurs, tous deux éminents spécialistes de Cézanne, le Professeur John Rewald et le Professeur Theodore Reff, qui ont travaillé à mes côtés presque depuis le début du projet ; j'exprime ma toute particulière gratitude au Professeur Rewald pour son aide dans la négociation de nombre de prêts parmi les plus difficiles.

Au moment-même où j'écris ces lignes, l'exposition est accrochée depuis près de trois mois dans les salles du Museum of Modern Art, et je suis convaincu, à vrai dire je le sais par expérience, que cette réunion d'œuvres peintes par Cézanne pendant les dix dernières années de son existence rend sensible non seulement la beauté intrinsèque de chaque peinture, mais aussi la plénitude, l'ampleur et la complexité de la tâche accomplie. L'ensemble prend ainsi une valeur qui dépasse de loin celle des composantes additionnées. Il ouvre aussi une perspective profondément enrichissante sur les fondements mêmes de la peinture du XXe siècle.

En étudiant ces œuvres tardives, on constate, en ce qui concerne le style, une diversité allant bien au-delà de tout ce que l'on peut trouver dans les œuvres exécutées à la fin des années 80 ; son acharnement à « réaliser » devient une force presque évidente dans les tableaux eux-mêmes. La manière dont le XXe siècle conçoit l'acte de peindre et son processus est d'abord annoncée par Cézanne : chez lui apparaît un mode nouveau de composition où le drame de l'intégration picturale — la mosaïque de décisions qui en fait une œuvre d'art — devient pratiquement le sujet même de la peinture. Dans les œuvres de cette exposition, regroupées ici selon les différents motifs traités au cours des dernières années, nous pouvons saisir pour la première fois l'immense différence de caractère, d'esprit, de structure et de facture, qui distingue tout tableau de Cézanne de son voisin. Il apparaît comme étant le premier peintre à refuser de reporter d'une peinture à l'autre les solutions antérieurement adoptées, le premier à essayer d'aborder une œuvre en faisant *table rase* des modes de représentation qui la précèdent. Quelles que soient les intentions de Cézanne, une nécessité impérieuse d'ordre émotionnel de rendre sa peinture « réelle » l'oblige à des innovations radicales dans les seules voies propres à la peinture, ses moyens inhérents. Nous trouvons ainsi dans les tableaux de Cézanne une fragmentation, une abstraction et une affirmation de la surface (même lorsqu'elle n'est pas recouverte de peinture), une modulation tectonique de la couleur et une absence du « fini » traditionnel, qui allaient devenir autant d'éléments-clés dans l'art futur du XXe siècle. Le résultat est moins une image vériste de la nature qu'une « harmonie parallèle à la nature » pour reprendre les termes mêmes de Cézanne. Il semble que certains de ces caractères lui aient été suggérés par ses propres aquarelles où s'exprime un art profondément révolutionnaire. En présentant côte à côte les aquarelles et les peintures à l'huile d'après un même motif, l'exposition éclaire pour la première fois les rapports réciproques existant entre les unes et les autres.

Cézanne, qui appartient essentiellement au XIXe siècle, aurait très probablement rejeté les nouveaux développements de l'art qui se sont épanouis durant les deux dernières années de son existence et immédiatement après sa mort. Néanmoins, cette exposition montre clairement comment les Fauves, les Cubistes et leurs épigones ont pu trouver dans son œuvre une orientation et une justification. Si les critiques, les collectionneurs, les Académies, au temps de Cézanne, ont été lents à reconnaître son importance, les artistes, surtout Pissarro et Monet, l'ont comprise très tôt. Après Gauguin et d'autres peintres du XIXe siècle, Matisse, Braque, Picasso, Derain, Léger se sont engagés presque immédiatement dans le sillage de Cézanne. Et ce n'était qu'un commencement.

William Rubin

« Arriverai-je au but tant cherché... ? »

« Donner l'image de ce que nous voyons en oubliant tout ce qui a paru avant nous » (1) : ce mot résume la recherche d'une vie. Avec Cézanne tout est remis en question, avec lui s'instaure une nouvelle vision du monde — et c'est sans doute la raison de la foncière incompréhension de ses contemporains à son égard : « l'impression que nous cause la nature n'est pas celle que ressent l'auteur » écrit sans sourciller un critique d'art (2) ; « c'est un art brouillé avec la sincérité », dira un autre (3).

Si, dans l'histoire de la composition spatiale, dans la continuité de son expression, Cézanne constitue « la grande rupture », si Cézanne est à l'origine de toute la peinture moderne — Cubisme, Expressionnisme, Abstraction — c'est parce qu'il a « démonté l'espace » (4), parce qu'il a bouleversé un ordre qui fut celui de quatre siècles de peinture occidentale. L'espace cézannien, ce n'est plus un cube d'air dans lequel sont disposés des volumes intérieurs selon une ordonnance préétablie où il est possible au sein d'une structure donnée de modifier la position, l'apparence formelle de l'objet figuré pourvu que celui-ci s'intègre rationnellement à un système traditionnel de représentation. Dans la composition cézannienne, à la différence de celle qui obéit aux lois et aux méthodes de la perspective Albertienne (la perspective classique qui prévalut dans la peinture occidentale, malgré toutes les transfigurations du Baroque, jusqu'à l'Impressionnisme) le contenant spatial (le *Raumkasten* de Panofsky) (5) ne préexiste pas à son contenu, n'en est pas distinct ; c'est de l'existence même de ce dernier que dépend l'entière construction figurée. C'est l'objet (cet objet, ce peut-être un élément de paysage, de nature morte ou la figure humaine) qui en s'épanouissant dans la troisième dimension suscite de lui-même la juste structure qui lui conférera son identité. Ainsi cet objet se trouve, de par sa nature même, lié indissolublement à l'espace qu'il enfante et dont il ne pourra à jamais se dissocier.

On conçoit que chaque élément de cette composition soit absolument dépendant du tout et ne trouve sa justification qu'en fonction de lui. L'univers de la figuration devient un objet unique, parfaitement homogène en ses parties et dont l'existence est liée à l'absolu effacement de toute autonomie particularisante.

L'espace cézannien, ce n'est plus l'espace indifférent à son contenu (comme pouvait l'être l'ὑποδοχή de Platon (6) par rapport aux éléments qui la pénétraient), distinct de l'objet parce qu'il préexistait à sa création : c'est un monde en soi où les objets et leurs intervalles sont des données immédiates et c'est à partir d'elles qu'il s'agira d'instaurer une problématique de l'imaginaire en accord avec les structures conceptuelles d'un monde nouveau.

La lutte de Cézanne, ce qu'il appelait « réaliser », ce vers quoi il tendit jusqu'à l'extrême de ses forces (écrivant, quelques jours avant sa mort, à Émile Bernard : « arriverai-je au but tant cherché et si longtemps poursuivi ?... je continue donc mes études... j'étudie toujours sur nature et il me semble que je fais de lents progrès » (7), ce but sans cesse se dérobant, c'est précisément cet effort d'équilibre entre la violence de la sensation, à laquelle aucun peintre peut-être ne fut plus sensible, la re-création d'une « harmonie parallèle à la nature » (ce sont ses propres mots) et finalement la soumission du créateur à cette re-création devenue autonome. « Les deux processus, chez lui, celui de la perception visuelle, si sûre, et celui de l'appropriation, de l'utilisation personnelle du perçu, se contrariaient d'être trop

(1) Lettre à Emile Bernard du 23 octobre 1905, citée in E. Bernard, *Souvenirs sur Paul Cézanne et Lettres,* Paris, 1912 (Société des Trente).
(2) Cf. *Le Petit Parisien* du 7 avril 1877. L. Venturi qui le cite ajoute avec raison « il a fallu au moins trente ans pour que la façon de sentir de Cézanne devînt celle du public » (cf. L. Venturi, *Cézanne,* Paris 1936, p. 30).
(3) *La Fédération artistique Belge,* 26 janvier 1890.
(4) Le mot est du peintre J. Bazaine, cf. *L'Œil,* janvier 1957.
(5) « Boîte d'air », cf. son essai célèbre *Die Perspektive als Symbolische Form* (Vorträge d. Bibl. Warburg, Hamburg, 1924, p. 258 ss.).
(6) le « contenant » des forces corporelles considéré comme une entité irréductible et éternelle parfaitement distincte de son contenu ; cf. *Timée,* éd. Guillaume Budé, 1925, t. X, p. 33, conception qui demeurera celle de la Renaissance italienne : typique à cet égard celle de Pomponius Gauricus : ... At qui locus prior sit necesse est quam corpus locatum, locus igitur primo designabitur... cf. *De Sculptura,* édition critique par A. Chastel et R. Klein, Genève, Droz éd., 1969, p. 183.
(7) Paul Cézanne, *Correspondance* publiée par J. Rewald, Paris 1937, p. 291 (lettre du 21 septembre 1906).

Une Moderne Olympia - c. 1870. Venturi 106.
Huile sur toile, 56 × 55 cm.
Coll. part., Paris.

conscients », écrit avec une remarquable intuition le poète R.M. Rilke dès 1907 (8).

Les étapes de cette lutte ? Elles sont marquées, pour chacune, de chefs-d'œuvre que Cézanne ne pouvait considérer comme des accomplissements mais bien plutôt comme des relais rendant possibles de nouvelles recherches.

Dans les œuvres de la période qu'il qualifiait de « couillarde » (disons : celles qui ont précédé le séjour à Auvers avec Pissaro) la construction obéit aux suggestions d'une inspiration plus littéraire que plastique, qui doit forger elle-même les conditions de sa propre stabilité. Elle essaie alors toute sorte de combinaisons constructives : zone lumineuse au centre du tableau qui semble faire saillir à l'avant la partie médiane pour rejeter dans la troisième dimension les contours d'ombre (*Une moderne Olympia* — V.106, *La neige fondue à l'Estaque* — V. 51), inversement trou d'ombre enfonçant le centre de la composition pour ramener vers la lumière les zones périphériques (*Le ravin* de la Pinacothèque de Munich — V. 50), ou orbes concentriques engendrant, par leur évasement successif un espace tournoyant (*Don Quichotte sur les rives de Barbarie* — V. 104, *L'orgie* — V. 97). Mobilité superficielle provoquée par l'animation de la touche (coups de pinceau fiévreux qui sillonnent la toile de grandes coulées ou zébrages du couteau à palette) plus que par une pulsation intérieure qui unifierait dans un même rythme le contenant spatial et son contenu. Plus volontiers, à cette époque, préoccupé des prolongements psychologiques suscités par l'objet de représentation que

des valeurs plastiques de cet objet lui-même (qu'il éprouve de ce fait quelque difficulté à étreindre et immobiliser) Cézanne se trouve devant le conflit d'un enveloppant aérien qui aspire à s'ordonner selon des lois rythmiques naturelles et un objet « dénaturé » — dénaturé parce qu'il n'est pas de même nature que l'espace qui l'environne et de ce fait ne peut s'y intégrer. Par là même rendu plus instable, cet objet doit retrouver, grâce à divers artifices, les conditions d'un équilibre qui permettrait à deux mondes d'essence différente, le sien et celui de son enveloppe spatiale, de s'unifier dans une commune respiration rythmique.

Ce conflit, qui semble apparemment dominé dès les œuvres de la période dite impressionniste, existe pourtant encore, et pour la même raison : parce que contenant spatial et contenu demeurent hétérogènes. Mais cette fois-ci les termes de la proportion sont inversés. Tandis que ce contenu — la maison au bord de la route, le vase de fleurs, la figure humaine — est transcrit fidèlement de la réalité, si fidèlement qu'il lui emprunte la précarité de ses harmonies chromatiques et la mobilité de ses combinaisons lumineuses, le contenant atmosphérique joue désormais le rôle, voulu par Cézanne, d'une constante stabilisatrice. Parce que Cézanne ne peut se contenter, comme un Pissaro ou un Monet, de la seule représentation exacte de l'une de ces combinaisons du mouvant, de cet équilibre fugitif que le temps détruit, parce qu'il aspire à un art « durable comme celui des Musées », il lui faut fixer ce qui est par nature insaisissable, immobiliser ce qui se dérobe, il faut reconstruire, il faut abstraire.

Le problème — transposé — était le même que celui qui inquiétait Degas lorsqu'il étudiait le galop d'un cheval ou les pas d'une danseuse : la vision d'ensemble d'une course ou d'un ballet est une vision fausse par le fait qu'elle immobilise ce qui est continuité et découpe un instant d'une succession à la fois spatiale et temporelle. C'est pourquoi, de cette course, de ce ballet, un instantané photographique nous paraît absolument arbitraire et contraire au réel, ne nous donnant qu'une fraction du mouvement au lieu de nous en restituer le déroulement progressif, ce dont la re-création picturale nous donne paradoxalement l'illusion du fait qu'elle est une image volontairement fausse de la réalité, qui transgresse l'exactitude du moment particulier pour exprimer en une reconstruction intellectuelle la synthèse de tous ces moments.

De la même façon, Cézanne tente de synthétiser en une vision unique, non pas, comme Degas, les divers temps d'un mouvement, mais, ce qui revient au même, les moments successifs d'une continuité temporelle, à savoir les différentes harmonies colorées que suscite, selon l'écoulement des heures, la progression du soleil dans sa course. De l'analyse de toutes ces combinaisons, il *abstraira* une harmonie suprême qui ne sera l'image d'aucune mais qui les utilisera toutes.

Quel sera l'élément de coercition de ces mobilités successives, de ces fluctuations de la lumière, de ces altérations chromatiques ? Le contenant spatial, mais à condition qu'il renonce lui-même à toute mobilité, qu'il s'oppose à la transmission de quelque fluctuation que ce soit, qu'il se refuse au changement, au passage, à l'impermanence, donc à la vie. Au sein du mouvant il se présente désormais comme une reconstitution arbitraire, une « plaque isolante » qui risque de provoquer le morcellement de la composition par cloisonnement des éléments constituants. La stabilité de l'objet de représentation est réalisée (« l'art des musées ») mais l'espace figuré tend à se scinder en une masse interne mouvante d'une part (les fluctuations lumineuses jouant sur les éléments d'un paysage, les différences passagères animant l'expression d'une figure humaine) et d'autre part la présence d'un « enveloppant » coercitif (larges trouées de ciel, dures cloisons de mur, etc.) qui agit comme une rupture de courant et peut aboutir dans des cas limites à un fractionnement des parties en présence (*La lutte d'amour* — V. 379, *Le repos des moissonneurs* — V. 249).

Par des voies exactement opposées, Cézanne risque de se trouver devant le même conflit que dans les œuvres de la période sombre : le contenant spatial et le contenu se scindent, s'opposent parce qu'ils sont de nature différente. Un double écueil guette le peintre : le morcellement de la forme intérieure sous les jeux de la lumière, ou inversement

Portrait de Victor Chocquet - 1876-1877. Venturi 283.
Huile sur toile, 46 × 35,9 cm.
Coll. The Right Honorable Lord Rothschild, Londres.

la fragmentation de l'espace sous l'effet d'une affirmation des volumes trop insistante. Le tableau devient alors une juxtaposition d'éléments autonomes et non un système organique unifié (9). Ce qui n'empêche pas les réussites apparentes de combien d'œuvres de ces années qui semblent très proches de l'esthétique impressionniste (et qui en réalité en sont si loin). Il arrive que la figure humaine réussisse à synthétiser, en une expression infiniment complexe, la multiplicité des expressions qui peuvent animer successivement un visage et que cette physionomie agitée d'émotions différentes reste en parfaite adéquation avec les vibrations de la lumière qui font palpiter l'espace environnant (c'est le cas, entre autres, de l'admirable *Portrait de Chocquet* (V. 283), du *Cézanne aux taches roses* (V. 286)). Il arrive de la même façon que les divers éléments qui composent une nature morte soient assez liés organiquement pour que les accords mouvants créés par les variations de la lumière restent toujours harmoniques, se transposant selon la progression de l'éclairage, mais non atteints par les interférences des reflets extérieurs (*Nature morte aux pommes et aux biscuits* (V. 212), *Le Compotier* (V. 214).

Mais cet équilibre subtil contenant/contenu, cette harmonie difficile entre des éléments essentiellement différen-

La Lutte d'amour - c. 1879. Venturi 379.
Huile sur toile, 42 × 55 cm.
Coll. part., Paris.

(8) Après une visite au Salon d'Automne. Lettre à sa femme du 9 octobre 1907. cf. *Correspondance* publiée par PH. Jaccottet, Paris 1976, p. 103.
(9) Panofsky dirait : Un *Aggregatraum* au lieu d'un *Systemraum* cf. *Die Perspektive... op. cit.* p. 269 (l'expression y est employée pour qualifier la peinture Italo-Hellénistique).

Mme Cézanne aux cheveux dénoués - 1890-1892. Venturi 527.
Huile sur toile, 62,3 × 51,1 cm.
Coll. Henry P. Mc Ilhenny, Philadelphie.

ciés ne peut être que précaire : Cézanne la ressent comme une solution-compromis et remet entièrement en question le problème de l'unification spatiale en l'abordant d'une tout autre façon.

Ce seront alors les grandes réalisations des années 1878-1895, entre autres les superbes séries de l'*Estaque* et des *Sainte-Victoire*, de *Gardanne* et du *Cengle*, des *Joueurs de cartes* et des *Arlequins*, de quelques-unes des *Grandes Baigneuses*.

Au lieu de recréer par des artifices qui ne peuvent être qu'arbitraires et impermanents un équilibre entre des constituants de nature hétérogène, il s'efforce de les réduire autant que possible à une commune essence. Il fusionne solide et non solide en une construction unique et pour s'assurer que les éléments n'en risqueront pas à nouveau de se scinder par différenciation, il les transpose délibérément dans l'abstraction. Cette synthèse aura d'autant plus de chances d'être durable que l'abstraction sera plus poussée,

c'est-à-dire que l'image s'écartera davantage de son modèle.

C'est désormais la seule valeur plastique de l'objet qui commandera sa position dans l'espace et qui sera la condition même de son équilibre. Mais là réside aussi une possibilité de rupture : l'image, du fait qu'elle est une transposition dans l'abstrait, se comporte forcément comme une systématisation du réel. Elle ne peut en reproduire la complexité des détails, la souplesse d'inflexions, elle doit nécessairement être un choix parmi des données naturelles, choix qui implique simplification. Si cette reconstruction demeure en constant parallélisme avec le répertoire formel suggéré par le monde concret, « une harmonie parallèle à la nature » comme la voulait Cézanne, l'œuvre d'art atteint à un état d'équilibre aussi stable, plus stable peut-être même, que l'harmonie naturelle dont elle est la transposition. Elle ne souffre plus des incertitudes de la lumière, elle se fixe en un état que la fuite du temps refuse à toute combinaison réelle. Il n'y a pas de variations atmosphériques qui puissent altérer les traits de la physionomie dans l'admirable portrait de *Mme Cézanne aux cheveux dénoués* (V. 527), modifier la stabilité plastique du *Paysage de l'Estaque* du Metropolitan Museum de New York (V. 429) ou menacer l'intégrité des tulipes, des oignons, des pommes dans les grandes natures mortes de cette époque (*Nature morte aux tulipes,* V. 618, *Nature morte aux nèfles,* V. 603, *Nature morte aux grosses pommes,* V. 621).

L'unification constructive de la composition est ici pleinement réalisée. Ce ne sont plus des éléments de nature hétérogène tentant de s'unir en un élan dynamique (œuvres « couillardes ») ou luttant contre une menace de fragmentation (certains paysages d'Auvers) : désormais solides et non solides, indissolublement unis sont devenus une masse plastique homogène, indissociable. C'est pourquoi le moindre détail de la composition doit être traité à la fois comme partie d'un tout et comme un tout en soi. Il suffit qu'en un seul point de la toile tel contour formel soit trop, ou pas assez indiqué, tel ton trop faible de valeur ou au contraire trop saturé, pour que le tableau entier soit désaccordé et l'équilibre volumétrique rompu. « La moindre défaillance d'œil fiche tout à bas » (10).

Combien précaire en effet, cette réunification dans et par l'abstrait ! Le peintre ne peut que maintenir « un équilibre sur le fil », celui qui concilie les incitations du concret et les sollicitations de l'imaginaire. Mais il suffit de peu : une suggestion trop insistante du réel, ou au contraire une indépendance trop affirmée de la reconstruction spéculative, pour que le parallélisme entre le monde du concret et sa re-création dans celui de l'image soit rompu. La simplification formelle de l'objet, opération ici indispensable et pré-

Mme Cézanne au fauteuil jaune - c. 1890. Venturi 570.
Huile sur toile, 116 × 89 cm.
The Metropolitan Museum, New York (Fonds Mr. et Mrs. Henry
Ittleson Jr.)

Georges Braque, *Maisons à l'Estaque*, 1908.
Huile sur toile, 73 × 59,5 cm.
Musée des Beaux-Arts, Berne (Fond. Hermann et Margrit Rupf).

lude à toute transposition figurative — le cylindre, la sphère, le cône de la fameuse lettre à Émile Bernard (11) — quelle excitante incitation à une autonomie de la reconstruction ! Une fois métamorphosé l'objet derrière la figure qu'il enfante, celle-ci est devenue fin en soi : elle impose alors au peintre, par nécessité esthétique, ou même simplement par convention de structure, tout un jeu de combinaisons abstraites qui se comportent comme un système constructif indépendant. De l'objet concret l'image a reçu l'incitation originelle, mais elle ne peut que l'oublier, gênée par un souvenir qui entrave le libre épanouissement de son propre dessein structurel.

Le monde de la représentation se mue en un agencement complexe de combinaisons de volumes dont l'ajustage n'est soumis qu'à la volonté arbitraire de l'artiste.

Arbitraire, et c'est là que réside la difficulté : car ce monde de l'image tenté par l'autonomie doit aussi retrouver une statique. Il doit se forger lui-même les conditions de son propre équilibre et ces conditions varient avec les données de chaque combinaison spatiale. De là les anomalies de construction, ce jeu savant de déséquilibres compensés, auxquelles le peintre devra recourir afin d'assurer la stabilité de sa création : les murs non perpendiculaires au sol de la *Maison Maria* (V. 761), le désaxement des obliques dans le *Portrait de Mme Cézanne au fauteuil jaune* (V. 570), le double rebond du rayon visuel dans *L'Amour en plâtre* (V. 706). Fascinantes mais vulnérables structures à mi-chemin entre le souvenir et la liberté, refusant de rompre avec les pouvoirs incitateurs du monde réel — c'est à Braque ou Juan Gris qu'il sera donné de le faire (12) — jouant, tout en la craignant, de l'ivresse entrevue des spéculations autonomes.

Voici donc le problème reposé encore et il ne faudra pas moins d'un renouvellement technique, signe tangible d'un profond revirement esthétique pour le résoudre dans sa plénitude. Revirement prévisible et absolument dans la logique de la problématique cézannienne : quelle voie, au moment où il vient de peindre *La femme à la cafetière* (V. 574), *Le village de Gardanne* (V. 430) ou *La nature morte au pichet* (V. 509) s'offre en effet au peintre ?

L'une qui est l'aboutissement normal de celle sur laquelle il est engagé : le recours à la planimétrie, seule possibilité de coercition absolue d'une composition dans laquelle

(10) Rapporté par J. Gasquet, *Cézanne*, 2e ed. 1926, p. 152 (1re éd. 1921).
(11) *Souvenirs sur P. Cézanne et lettres, op. cit.,* voir lettre du 15 avril 1904 : «... traiter la nature par le cylindre, la sphère, le cône, le tout mis en perspective, soit que chaque côté d'un objet, d'un plan, se dirige vers un point central. »
(12) Typiques à cet égard ces notes de R. Delaunay dans ses Carnets : « Le compotier de Cézanne, déjà touché par lui avec tant de force... est définitivement brisé par nous, les premiers Cubistes. » Cf. *Du Cubisme à l'Art abstrait*, documents publiés par P. Francastel, Paris, 1957, p. 79.

Le Village de Gardanne - 1885. Venturi 430.
Huile sur toile, 65 × 100 cm.
The Barnes Foundation, Merion.

l'unification spatiale est recherchée par réduction des composants à une structure tendue vers l'abstraction, délibérément autonome, néanmoins empruntant encore ses schèmes au répertoire du monde concret.

C'est cette voie qu'adopteront les Cubistes. Mais à moins de devenir immobilisation mortelle, elle suppose un subterfuge de spatialisation, le «tour de l'objet» accompli par le regard du spectateur : ce spectateur qui n'est plus le regardant cloué à un point fixe de la perspective classique appréhendant les différentes parties du tableau sous le même angle visuel, mais une référence mobile modifiant à chaque instant par un incessant mouvement de va-et-vient d'ordre imaginaire les données de la représentation figurée. Ainsi l'image planimétrique retrouve-t-elle une troisième dimension absente, une spatialité, grâce à la mobilité supposée du regardant, grâce à un continuel transfert d'ordre mental qui conduit celui-ci à une prise de possession (successive ou simultanée) de l'objet sous toutes ses faces.

C'est ce à quoi ne peut se résoudre Cézanne. *La femme à la cafetière* immobilisée dans un espace abstrait, inaccessible aux atteintes du temps, les *Maisons à Gardanne* devenues cubes et prismes inaltérables, ce sont des *terminus ad quem*.

L'étape suivante qui aboutira en 1909 à la *Femme assise* de Picasso (Tate Gallery) ou aux *Carrières de Saint-Denis* de Braque (collection particulière, New York), il se refuse à la franchir. Le paysage «carte à jouer» (13) — autrement dit réduit au plan — le personnage semblable à des «images chinoises» (14) — c'est-à-dire renonçant à la tridimensionnalité — Cézanne les repousse, presque avec horreur : «Je n'accepterai jamais le manque de modelé ou de graduation. C'est un non-sens» (15). Et ailleurs : «La nature... est plus en profondeur qu'en surface» (16).

Curieusement, car bien entendu il n'eut jamais la moindre connaissance des efforts réflexifs qui en ces mêmes années de mutation allaient en Allemagne remettre en question toute l'esthétique de la peinture occidentale, il semblerait que, extrapolant l'affirmation de Worringer « l'espace est le plus grand ennemi de tout effort d'abstraction » (17), Cézanne serait d'accord pour croire avec celui-ci que toute tentative vers l'abstraction ne puisse aboutir qu'à un refus de la tridimensionnalité.

Alors, puisque l'abstraction, cette qualité d'abstraction qu'est pour lui la réduction des formes, c'est le non-espace, et puisque ce non-espace c'est précisément ce qu'il ne peut accepter, c'est le contraire du « but tant recherché »' il devient inéluctable d'affronter les problèmes compositionnels d'une manière toute différente. Non plus par la réduction des formes de la nature à leurs volumes les plus simples — la sphère, le cube, le prisme, etc., — mais au contraire en re-créant ces formes dans leur liberté essentielle, cette liberté qui engendre le mouvement, l'inflexion, l'incertitude, le prolongement : la vie. L'objet de représentation qui jusqu'alors s'individualisait dans la rigueur du contour et n'acquérait sa stabilité que de la précision de son autonomie volumétrique s'ouvre aux vibrations de l'atmosphère.

A cette époque de sa vie plus qu'à aucune autre, Cézanne, on le conçoit, a été tenté par la technique de l'aquarelle. Et il est certain que ce sont les valeurs esthétiques de l'aquarelle qui, à leur tour, ont influencé la technique de ses dernières peintures à l'huile brossées comme de grands lavis transparents laissant par endroit apparaître la toile (*Sainte-Victoire vue des Lauves* du Kunsthaus de Zurich (V. 801 ; N° 84), *Baigneuses* de l'Art Institute de Chicago (V. 722 ; N° 100), etc.). L'air vibre à travers ces touches frémissantes, il circule hors du tableau, mieux encore il ne fait plus qu'un avec celui du monde réel.

Le rigoureux ajustage des volumes qui se faisait jusqu'alors « à joints vifs », suscitant différents artifices de construction qui puissent assurer la stabilité d'une achitecture spatiale s'affranchissant des lois statiques du monde naturel, tendait vers la certitude de l'immobilisation. Au contraire, cette hésitation respiratoire que donne aux dernières compositions cézanniennes le progressif effacement du contour formel suggère la plus grande mobilité des volumes intérieurs, et par conséquent une possibilité accrue de combinaisons constructives. L'objet de représentation ne s'emboîte plus exactement dans le cerne limitatif, il se rétracte ou déborde son propre volume suivant que les jeux de la lumière suscitent contraction ou épanouissement, cette alternance devenant une sorte de pulsation qui anime doucement les couches d'air environnantes. L'image « respire » comme un être vivant.

C'est bien évidemment dans la nature morte que cette recherche de l'expression du *passage* — la transition entre le volume pur et l'air qui l'entoure — offre le plus de difficul-

Pablo Picasso. *Femme assise* - 1909-1910.
Huile sur toile, 92 × 73 cm.
The Tate Gallery, Londres.

tés. C'est pourquoi Cézanne cherche à adoucir la rigueur d'arête des objets de galbe trop précis (fruits ronds, pichets de terre, etc.) par les replis apparemment désordonnés, en réalité savamment disposés, de l'étrange draperie brunâtre à fleurs vertes et rouges au dessin peu lisible qui apparaît très souvent dans les œuvres de cette époque (*Nature morte* (V. 741) de la collection Bernheim, *Nature morte* (V. 736 ; N° 18) du Museum of Modern Art de New York, etc.).

Plus subtile encore est cette expression du passage dans le portrait, car l'image ne se situe plus alors seulement dans l'espace mais aussi dans le temps. Il s'agit d'harmoniser deux mobilités d'essence différente : l'une, celle de l'enveloppant aérien qui est, si l'on peut dire, indifférent à la marche du temps, pour lequel les mots *avant* et *après* n'ont pas de sens ; l'autre, celle de l'être vivant qui est une mobilité en quelque sorte positive, où il existe une évolution, un devenir — mais un devenir imprévisible, qui est seulement orienté par le

(13) Lettre à Pissaro du 2 juillet 1876, *cf. Correspondance* de Cézanne publiée par J. Rewald, *op. cit.* p. 127.
(14) *Cf.* Emile Bernard, *op. cit.* p. 39.
(15) *Ibid.*
(16) Correspondance de Cézanne, *op. cit.* p. 259 (lettre à E. Bernard du 15 avril 1904).
(17) « ... So ist der Raum also der grösste Feind alles abstrahierenden Bemühens... », *cf. Abstraktion und Einfühlung,* Munich, 4e éd., 1948, p. 50 (1re éd. Berne 1907).

geste qui le précède et non déterminé par lui. Sa liberté même lui confère une marge de possibilités innombrables dont le rôle de l'artiste est précisément de nous les suggérer. Exprimer l'accord de ces deux mobilités suppose donc un équilibre subtil, difficile à préserver.

L'accord que suggère le *Portrait de la vieille au chapelet* (National Gallery de Londres, V. 702) est un bel exemple d'une telle réussite : le personnage s'est accordé aux rythmes du monde concret, il s'est adapté à ses inflexions, à ses pulsations (le chapelet égrené matérialise en quelque sorte cette fuite du temps). Comme les personnages de Rembrandt qu'elle évoque, *La vieille au chapelet* ne fait qu'un avec l'espace qui l'entoure, elle a accepté cet espace comme séjour de sa vie et de son vieillissement, elle lui a *consenti* : à la différence d'autres personnages cézanniens peints antérieurement, *Vollard* (N° 3), *Les Joueurs de cartes*, *Mme Cézanne au fauteuil jaune*, *La femme à la cafetière* qui se figent et s'isolent du monde vivant, refusent de s'adapter au Temps et de ce fait se condamnent à l'immobilité.

Le vieillard Vallier (V. 718 ; N° 15), sublime testament de Cézanne (18), lui aussi a accepté de s'intégrer au rythme de l'univers, d'y vivre, d'y vieillir : mais c'est en acceptant ce vieillissement qu'il transcende l'instant et devient l'expression même d'une impérissable «essentialité». Techniquement, cette intégration du vivant à l'espace qui l'environne est suggérée par l'effacement du cerne qui marquait la séparation de deux mondes jusque-là d'essence irréductible. La figure se noie dans les ténèbres, les mains perdent leur contour formel, le vêtement emprunte son indécision à celle de la substance animée. La manche, le col, se hâchent en traits et retouches qui les transpercent, le chapeau de paille s'effrange sur les bords : la matière est toute pénétrée des souffles de l'air, des vibrations de la lumière.

Il ne serait pas tout à fait exact, cependant, de dire que le solide s'unit au non-solide par un renoncement constant à la protection de son contour visible : ce renoncement qui pourrait (c'était le cas de certaines œuvres des premiers mois du séjour à Auvers) aboutir à une fragmentation de l'objet dévoré par les reflets de la lumière. Cézanne réussit, dans ses dernières œuvres, le miracle d'une représentation à première vue exacte mais en vérité irréelle du modèle original. C'est que les figures du monde concret (personnages, éléments de paysage ou de nature morte) ne sont plus évoqués dans une imitation formelle qui ne serait qu'une transcription de leur matérialité volumétrique, mais elles sont recréées au-delà d'une extérieure apparence, dans les prolongements de celle-ci, dans son essentialité, dans sa *manifestation* (manifestation : le mot étant pris dans l'acception où Goethe disait que l'œuvre d'art «manifeste» certaines lois

cachées de la nature qui sans elle ne pourraient s'exprimer). Sans doute est-ce dans ce sens qu'il faut comprendre le mot de Cézanne à Larguier : «Peindre, ce n'est pas copier servilement l'objectif, c'est saisir une harmonie entre des rapports nombreux» (19).

Entre la limite propre du volume objectivé et son «ajustement» à l'espace environnant, il existe désormais une zone mal définie parce que mouvante sans cesse et dont la mobilité est devenue la condition même de son existence. Ce que la touche souligne, la modulation aérienne l'efface. C'est cette zone imprécise, située entre le contour idéal du contenu solide et sa représentation, qui confère à la composition cet équilibre d'un instant, plus précieux que toute stabilité. Il ne risque plus de se rompre, ainsi que le ferait un système volumétrique d'une intégration trop tendue ; il permet toujours d'espérer une combinaison plus subtile, un nouvel équilibre plus rare que le précédent : équilibre que réalise, tout autant que la volonté constructrice de l'artiste, à la fois la libre évolution expressive acquise par l'œuvre d'art mais aussi l'apport imaginatif du spectateur. Ce que le peintre tente de suggérer, l'image l'exprime (cette image de l'objet devenue non plus imitation mais un *double se faisant*), le spectateur l'achève.

Cet achèvement offre une multitude de possibles dont chacun ne vaut que pour l'instant qui s'efface : perfections successives dont la précarité fait le prix puisqu'elle tend sans cesse vers une harmonie finale non encore atteinte mais incessamment espérée. Il ne s'agit plus alors pour celui qui regarde de choisir entre ces possibles, ce qui serait immobilisation d'un flux, limitation d'un devenir, mais bien au contraire d'accepter en leur virtualité toutes les suggestions de l'image, comme en reçoit, du vivant, sans les contraindre ou les diriger, les multiples propositions formelles, conditions même de sa mobilité.

Le champ de profondeur de l'image se trouve donc agrandi de tout ce qui est suggéré sans être exprimé spécifiquement, il s'immensifie en une extension à *n* directions. «On ne peut le contenir dans un cadre, il n'a point de limites, il se répand dans toutes les directions imaginables, jusqu'à l'infini» : le philosophe hongrois Lajos Fülep le remarquait déjà, qui fut l'un des premiers à écrire sur l'œuvre de Cézanne, du vivant même du peintre, en termes d'esthétique (20).

Cet espace «multiple» (Bazaine) (21) s'agrandit d'autant plus que l'objet n'est plus présenté pour sa valeur autonome, immédiatement apparente, accidentelle, cernée, mais qu'il est recréé dans l'infinité de ses prolongements, autrement dit qu'il se *manifeste* dans sa signification originelle. Ce n'est plus la montagne Sainte-Victoire isolée dans son autonomie volumétrique, spécifiée, mais la montagne

Wassily Kandinsky. *Paysage romantique* - 1911.
Huile sur toile, 94,3 × 129 cm.
Städtische Galerie, Munich.

en soi replacée dans son accomplissement cosmique, la montagne devenue pour employer une qualification empruntée encore au vocabulaire Rilkéen, «liberté d'être», à la fois un «ouvert» transcendant la face visible du monde naturel et une projection de l'espace intérieur de celui qui la recrée : un «*Weltinnenraum*» (22).

On ne peut s'empêcher de remarquer qu'au moment même où s'élabore cet univers spatial cézannien qui contient en soi la promesse de tous les renouvellements auxquels a aspiré, sous divers aspects la peinture contemporaine, l'univers musical a connu, lui-aussi, un essentiel bouleversement de structure.

La perspective picturale dans l'occident classique jusqu'à Cézanne s'était appuyée sur l'objet, l'objet étant en quelque sorte l'élément stabilisateur de l'espace au sein duquel il se trouve ; de même l'architecture musicale avait édifié ses propres structures sur l'élément unificateur que constitue l'accord parfait sur la tonique, fondamentale du ton. Très parallèlement, au moment où la peinture tendra vers l'expression d'un au-delà de la figure parce que c'est de cette infinie extension possible de la réalité que l'artiste se préoccupe, de même la musique évolue vers le rejet de la fonction particularisante d'un ton donné. Que ce soit dans le cas de

(18) Le *Portrait de Vallier* de la collection Leigh B. Block est, rappelons-le, le dernier portrait peint par Cézanne. Il existe d'autres portraits du jardinier Vallier, de peu antérieurs à celui-ci (notamment celui de la Tate Gallery, V. 715, de la collection Lecomte, V. 716, de la collection Müller à Soleure, V. 717) et plusieurs aquarelles, dont l'admirable V. 1102 de la collection Hanley, préparatoire à celui de la collection Block.
(19) Cité in Venturi, *op. cit.* p. 60. A rapprocher aussi de la lettre à son fils du 14 août 1906, l'une des dernières avant sa mort : «elle (une aquarelle) me paraît plus harmonieuse, le tout est de mettre le plus de rapport possible». On ne peut s'empêcher d'évoquer le «plus grand est l'amour, plus vaste et plus divers l'univers des analogies» de Novalis ; de Delacroix, «le génie c'est l'art de coordonner les rapports» ; de Braque, «je ne peins pas les choses mais leurs rapports» ; de Matisse : «je ne peins pas les choses mais les différences entre les choses».
(20) Fülep ajoute : «J'ai vraiment ressenti, dans cette œuvre humaine, tangible et mesurable la présence de ces deux inconnus, l'infini et l'éternité.» L'article parut quelques jours après la mort de Cézanne, in *Szerda* du 31 octobre 1906, pp. 214-219, repris par Charles de Tolnay, *Les écrits de Lajos Fülep sur Cézanne*, in *Acta* Historiae Artium Academiae Hungaricae, Budapest, t. XX, 1974, p. 108.
(21) Voir l'article cité plus haut : l'*Œil*, janv. 1957.
(22) *Cf.* notamment, si caractéristiques, ces vers extraits des *Poèmes posthumes* :
Raum greift aus uns und übersetzt die Dinge :
Dass dir das Dasein eines Baumes gelinge
Wirf Innenraum um ihn aus jenem Raum
Der in dir West.
(«L'espace hors de nous gagne et traduit les choses
Si tu veux réussir l'existence d'un arbre
Investis-le d'espace interne, cet espace
qui a son être en toi.»)

l'objet de représentation picturale prolongé hors de sa propre figuration ou dans celui d'agrégations harmoniques qui transcendent le particularisme tonal, une nouvelle conscience de la structure spatiale s'élabore. Il serait tentant de rapprocher ces deux évolutions simultanées (mais bien entendu absolument autonomes) du monde pictural et du monde sonore : chez Cézanne s'efface progressivement le cerne qui limitait l'objet à lui-même ; d'une façon analogue, la *variation perpétuelle* de type Schoenbergien permet l'utilisation de toutes les possibilités du total chromatique et embrasse dans l'homogène tous les éléments constitutifs du discours musical (23).

Cette recherche d'un espace unifié où toutes choses sont ouvertes les unes aux autres, sans limites ni attaches, cette approche d'un au-delà qui pourrait être sans restrictions dont Cézanne entrevoyait l'expression possible ainsi que celle d'une *terre promise* (24) dans laquelle «comme le grand chef des Hébreux » il n'était pas certain de pénétrer, cette conception est bien différente de l'exaltation de la forme pour elle-même qui caractérise l'esthétique des Cubistes. Elle annonce bien davantage l'aspiration d'un Klee à représenter «un monde qui pourrait être sans restrictions », ou les recherches d'un Kandinsky vers l'expression d'un espace «non amarré », symptomatiques les unes et les autres d'un même désir de prolonger le réel au-delà de son apparence figurée : la couleur cessera d'y caractériser l'objet et deviendra valeur en soi, mieux encore cette couleur se détachant de l'objet se combinera avec d'autres parties colorées également rendues autonomes et formera alors une nouvelle association absolument indépendante sans plus de référence à l'objet.

Une réalité nouvelle, conçue par le peintre, naîtra. L'espace qui était le lieu de la localisation de l'objet se transformera complètement avec l'abolition de cet objet : à une nouvelle réalité picturale autonome correspondra ce nouvel espace (on pourrait d'ailleurs suivre cette même évolution dans la poésie contemporaine où le vers cessera de recouvrir de façon exacte et limitative une signification précise : le vers évolue vers l'autonomie, il s'évade du sens qu'il recouvre ; il devient, chez Mallarmé, chez Valéry, réalité en soi).

N'anticipons pas exagérément. Cette mutation essentielle des valeurs picturales de la peinture occidentale, ce n'est pas Cézanne qui l'assumera : il n'y eût d'ailleurs pas consenti. Mais il est incontestable qu'il l'a rendue possible.

Il faut donner tout son sens à cet aveu qu'il fit un jour à Chocquet : «les choses sans borne de la nature m'attirent » (25). Une très exceptionnelle pénétration de ces « choses de la nature », dans leur réalité perceptible — mais aussi dans celle qui ne l'est pas — lui a permis de transcender toute distinction d'espèces, toute différentiation d'espaces.

Liliane Brion-Guerry

Directeur de Recherche au Centre National de la Recherche Scientifique, Paris

(23) Quelques mois seulement séparent la mort de Cézanne (oct. 1906) des premières œuvres de Schoenberg où la tonalité est consciemment suspendue : *Quatuor op. 10,* 1908.

(24) Lettre à Ambroise Vollard «Je travaille opiniâtrement, j'entrevois la Terre Promise. Serai-je comme le grand chef des Hébreux ou bien pourrai-je y pénétrer ?» — 9 janvier 1903 *cf. Correspondance, op. cit.,* p. 252.

(25) *Cf. Correspondance, op. cit.,* p. 209 — lettre du 11 mai 1886.

Les derniers motifs à Aix

Cézanne, en vieillissant, s'est cantonné dans un univers de plus en plus restreint. Il n'avait pas encore cinquante ans lorsqu'à la mort de son père il hérita d'une confortable fortune ; cela lui aurait enfin permis de voyager à l'étranger, par exemple, en Italie et en Espagne, où il n'était jamais allé, et dont les musées abritaient des trésors qui lui importaient beaucoup. Il continua pourtant à mener la vie simple qui avait été la sienne jusque-là, sans s'éloigner d'Aix et en se confinant, au contraire, plus que jamais, dans les environs immédiats qui ne cessèrent de le fasciner. La jolie ville elle-même, assoupie le long de ses avenues ombreuses, toute bruissante du murmure de ses fontaines, douillettement blottie contre ses nombreuses églises, ne l'attirait guère, encore moins les provinciaux qui l'habitaient. Cézanne demeurait un solitaire dans une région où chaque pierre, chaque arbre, chaque ruisseau lui étaient familiers depuis sa jeunesse. Il ne se lassa jamais de ses couleurs ni de ses formes harmonieuses, de sa lumière ni de ses horizons dominés par la montagne Sainte-Victoire. Ce qu'il me reste à faire, écrivait-il à un ami en 1896, « c'est de filer doux, et n'eût été que j'aime énormément la *configuration* de mon pays, je ne serais pas ici ».

Le peintre avait peu à peu renoncé à l'Estaque, qui fut longtemps pour lui un lieu de prédilection sur la côte méditerranéenne, mais dont l'industrialisation croissante le rebutait. Il abandonna aussi le pittoresque village de Gardanne et même, finalement, le Jas de Bouffan qui lui avait fourni, pendant tant d'années, une inépuisable moisson de motifs.

Tout en continuant à venir de temps en temps à Paris et dans la région parisienne, Cézanne, par ailleurs, ne se déplaçait plus que pour sa santé, lorsque le diabète l'obligeait à se rendre à Vichy. En 1890, sur les instances de sa femme, il avait passé plusieurs mois en Suisse et, en 1896, fit un séjour au bord du lac d'Annecy : c'est sans doute sa femme qui exigea de lui cette concession, en compensation des ennuyeuses cures à Vichy.

A la même époque, Cézanne commençait à chercher de nouveaux sites aux alentours d'Aix. Il allait travailler à la

carrière de Bibémus et près du Tholonet, attiré par Château-Noir et ses pentes boisées qui lui offraient une vue rapprochée de la montagne Sainte-Victoire. Après la mort de sa mère, en 1897, le règlement de la succession entraîna la vente du Jas de Bouffan ; elle eut lieu à la fin de 1899. On ignore les raisons qui poussèrent Cézanne à y consentir, car il lui aurait été facile de racheter les parts de ses deux sœurs. Peut-être pensait-il avoir épuisé toutes les possibilités du beau domaine. Mais il est plus vraisemblable qu'il voulait échapper à tant de souvenirs, heureux ou malheureux, attachés à cet endroit. Sans doute aussi le trouvait-il trop grand pour la vie modeste qu'il menait, surtout depuis que sa femme et son fils résidaient la plupart du temps à Paris et qu'il se trouvait presque toujours seul. Sa femme, d'ailleurs, devait détester cette maison dont elle avait été « bannie » pendant si longtemps et où elle ne fut jamais la bienvenue, même après être devenue Madame Cézanne en 1886.

Néanmoins, quitter le Jas a du être un événement traumatisant pour Cézanne. C'était pour lui « son foyer » ; dans

L'allée des marronniers au Jas de Bouffan.

l'enthousiasme de sa jeunesse, il en avait décoré le salon de grandes peintures murales qu'il fallait laisser derrière lui ; il fallait surtout abandonner le jardin et la superbe allée de marronniers que reflète l'eau transparente du bassin, la serre et le mur bas au-delà duquel, par temps clair, on pouvait apercevoir la montagne Sainte-Victoire, les longs bâtiments de la ferme où il avait observé les paysans jouant aux cartes, les rangs serrés des vignes courant jusqu'aux lointaines collines, et parmi celles-ci, la montée des Lauves, de l'autre côté de la ville. Le Jas, c'était aussi cette inestimable retraite qui lui était si nécessaire ; c'était le souvenir de la succession des saisons : les branches dénudées projetant de complexes figures sur le ciel d'hiver balayé par le vent ; les arbres poudrés de vert clair au printemps, puis, en été, la chaleur vibrante ponctuée par le chant incessant des cigales et, en automne, les vignes empourprées, les feuilles mortes bruissant sur le sol. Peu fait pour s'adapter aisément à des cadres nouveaux, le peintre s'était accoutumé aux aspects changeants du Jas qui lui apportaient à la fois la sécurité et l'isolement indispensables à son travail. Il perdait tout en les perdant. (Il fit, dit-on, brûler beaucoup d'affaires avant de partir, notamment un certain nombre de ses œuvres.)

Cézanne alla s'installer dans un petit appartement loué dans une rue étroite d'Aix, 23, rue Boulegon, près du magnifique hôtel de ville et de son beau square. Au quatrième étage, sous les toits, il disposait d'une pièce assez spacieuse avec une fenêtre à baie, mais ce n'était qu'un atelier de fortune. L'artiste eut plus de peine à trouver un endroit où il pourrait travailler hors de chez lui, sans être dérangé : les

possesseurs de grands domaines, pour la plupart, hésitaient, semble-t-il, à l'y autoriser. C'est à ce moment que Cézanne entra en contact avec le propriétaire de Château-Noir, inhabité pendant une grande partie de l'année. Il offrit en vain de l'acheter (l'endroit appartient toujours aux descendants directs du propriétaire d'alors), mais put y louer une petite pièce donnant sur la cour intérieure du bâtiment principal, pour entreposer son attirail et ses toiles fraîchement peintes ; il obtint aussi la permission de travailler partout où il voudrait. Une voiture de louage devait le mener à Château-Noir et revenir l'y attendre à la fin de sa journée.

Le peintre empruntait pour s'y rendre ce qu'on appelait alors « la petite route du Tholonet », qui part d'Aix en direction de l'est, vers la Sainte-Victoire. La route tourne fréquemment, monte et descend pendant deux kilomètres environ, puis, après un virage aigu, la vue se dégage brusquement et s'étend sur un paysage ondulant jusqu'au pied du rocher gris qui le surplombe. Après un autre tournant moins accentué, un petit chemin montant, à gauche de la route, s'enfonce dans la forêt. Sur une petite éminence, près du sentier, on aperçoit, en contrebas, la route où se découpe l'ombre de deux pins parasols et, au loin, la Sainte-Victoire dominant le panorama. De cet endroit, Cézanne a peint deux vues de la montagne, avec les pins et la route qui se perd dans le lointain (Nos 79, 92).

Le sentier, jonché d'aiguilles de pin, mène à travers bois vers ce qu'on appelle la Maison Maria. Au passage, là où les arbres sont moins denses, on entrevoyait Château-Noir et, derrière, la Sainte-Victoire. Devant la Maison Maria, le sentier s'élargit, à flanc de coteau ; c'est là que Cézanne avait la meilleure perspective sur le bâtiment ou plutôt sur l'aile ouest qu'il a souvent représentée sous cet angle (Nos 51, 53, 55).

Situé à mi-chemin entre Aix et le Tholonet, Château-Noir, construit dans la seconde moitié du XIXe siècle, s'élève au-dessus de la route, presque au pied de la colline. Il comprend deux bâtiments indépendants disposés en angle droit ; le plus important, et le plus haut, orienté au midi, domine la route et la vallée ouverte vers le lointain village de Palette sur la grande route de Nice. Une série de piliers relie cette partie de la construction à l'aile ouest. Amorce d'une orangerie qui ne fut jamais construite, ces piliers, dressés vers le ciel et ne supportant rien, donnent à l'ensemble un étrange aspect de ruines ; le style des bâtiments, percés d'étroites fenêtres gothiques et coiffés de toits pentus, n'est pas moins étrange. Entre eux s'étend la cour sur laquelle donne la pièce occupée par Cézanne ; on voit encore, au centre, un pistachier noueux entouré de pierres et une lourde dalle destinée sans doute à couvrir un puits que Cézanne a représentés dans une aquarelle (N° 57).

La légende veut que l'ensemble, prévu pour être deux fois plus grand, ait été construit par un marchand de charbon, qui le fit peindre en noir. On raconte aussi qu'il était alchimiste, entretenant un commerce étroit avec le diable, d'où l'appellation de «Château du Diable» donnée également à cet endroit surprenant. En fait, même la désignation moins sinistre de Château-Noir est impropre, car les bâtisses ne sont absolument pas noires, et n'ont rien d'un château; elles sont construites dans la belle pierre jaune de la carrière de Bibémus, toute proche, celle-là même qui a été utilisée pour la plupart des hôtels particuliers et des églises d'Aix. Cézanne a presque toujours représenté la façade orangée, lumineuse, de l'aile ouest, avec la grande porte rouge de la remise (aujourd'hui délavée), telles qu'elles apparaissaient de la Maison Maria, dominant les verts bleutés d'une végétation exubérante.

De la Maison Maria, le chemin, plus large et plus aplani, continue en ligne droite jusqu'à un autre tournant où on voit une meule de pierre dressée au milieu d'un amas de moellons. Un moulin à huile devait être construit à cet endroit et les pierres attendent toujours d'être utilisées. Comme tant d'autres projets, celui-ci fut abandonné; les arbres et les buissons ont poussé librement entre les blocs. Certains arbres sont morts, étouffés par la forêt environnante et leurs troncs gisent sur le sol. Près d'eux, une ancienne citerne est aménagée sur une source, révélée par l'implantation irrégulière d'une rangée de chênes; trois poutres de bois assemblées au-dessus portaient une chaîne et un seau qui pouvait descendre dans les profondeurs humides. Cézanne aimait poser là son chevalet pour peindre la citerne, la meule abandonnée et les rochers à l'arrière-plan boisé (N° 50).

Au-delà, le sentier se rétrécit à nouveau, passe près d'un petit puits et atteint bientôt la terrasse baignée de soleil qui entoure Château-Noir sur trois côtés. A gauche de l'aile ouest, Cézanne pouvait monter vers sa chambre donnant de l'autre côté sur la cour intérieure qui, grâce à la pente du terrain, se trouve de niveau avec l'étage des bâtiments. Quand il traversait la terrasse vers l'est, il atteignait un bosquet ombreux d'où la vue sur la Sainte-Victoire était

La Route du Tholonet et les pins parasols - 1896-1898.

La route du Tholonet et les pins parasols, vers 1904.

Photographie de la route.

27

Château-Noir vu d'une colline voisine.

vailler dans la forêt, gravissant les collines assez escarpées à travers les fourrés, contournant les gros blocs de pierre qu'une force mystérieuse semble avoir arrêtés dans leur chute le long de la pente. Ici, le ciel est caché par les branches et l'air est frais, embaumé, animé par le chant inlassable des cigales. En arrivant au sommet, Cézanne se dirigeait vers un banc de rochers énormes, jaillissant à la crête de la colline. Entassés, écrasés les uns sous les autres, ils forment des grottes à demi cachées par la végétation. Dans ce refuge difficilement accessible, Cézanne était assuré de ne pas être dérangé. Après les pelouses plus ou moins bien entretenues du Jas, il découvrait ici une nature que la main de l'homme n'avait pas touchée, mais qui offrait une atmosphère presque intime, un lieu retiré où, parmi les amas de pierre, les buissons avaient trouvé un fragile point d'appui sur la terre sauvage et où la lumière du jour filtrait à peine entre les branches des pins (N° 47).

Les formes bizarres des roches sont parfois difficiles à « lire » et beaucoup des aquarelles peintes par Cézanne près de ces grottes ont été accrochées à l'envers. Pourtant, il en traçait fidèlement les formes irrégulières, les surfaces crevassées, les stries, les trous, les renfoncements envahis d'ombre (N°s 42, 44, 46, 56). Un récent incendie de forêt a dénudé le sommet de la colline et les rochers sont maintenant à nu sous le soleil ; toute la végétation sauvage a disparu et aussi la beauté solitaire de l'endroit.

entièrement dégagée, sans une maison, sans rien d'autre que les vignes, les champs ponctués de cyprès noirs, les bois, les collines jusqu'à la montagne dont le cône massif, décapité, barre l'horizon (V. 665).

Cézanne ne peignit Château-Noir que de loin, émergeant de la cime des arbres. Il préférait généralement tra-

Le pistachier dans la cour de Château-Noir.

Photographie du pistachier, dans la cour de Château-Noir.

Derrière la crête rocheuse, qui continue vers l'ouest bien au-delà du domaine de Château-Noir, s'étend un plateau élevé, envahi par les ronces, car la terre est dure et le mistral empêche toute autre végétation. Vers le nord-ouest, au loin, la tour de César dresse sa fine aiguille dans le ciel. Le plateau, comme la crête elle-même, se prolonge en direction de la Sainte-Victoire jusqu'à la carrière de Bibémus toute proche.

De presque tous les côtés, le sommet du plateau est cerné de pentes douces, mais à cet endroit, il est bordé de falaises qui dominent la vallée. Après les pluies d'hiver, le sol détrempé prend une couleur orangée, les lauriers, le thym et le romarin toujours verts scintillent sous l'effet de l'humidité. Jusqu'à l'horizon, des vapeurs montent comme des fumées derrière chaque repli, chaque ondulation du sol, tandis que la montagne Sainte-Victoire disparaît sous des nuages bas. Au loin, vers la gauche, les murs ocres de la chapelle du domaine Saint-Joseph se détachent sur les pins sombres de la pente. Plus loin encore, depuis le château du Tholonet jusqu'à Palette, un double alignement de platanes traverse la plaine où surgissent çà et là des fermes isolées entre les vignes noyées de pluie, des bouquets d'amandiers ou des oliveraies. Selon une légende locale, la terre rougeâtre doit sa couleur — particulièrement vive après la pluie — au sang dont elle fut imprégnée lorsque Marius battit les Teutons au pied de la Sainte-Victoire, un siècle avant Jésus-Christ.

Les anciennes carrières sont nombreuses en Provence, et certaines étaient exploitées dès l'époque romaine. Bien que quelques-unes soient de nouveau en activité aujourd'hui, beaucoup ont été abandonnées pendant des siècles. L'entassement cahotique des cubes de pierre, les formes bizarres du calcaire désagrégé — généralement par suite de l'intervention de l'homme — offrent un aspect étrange et saisissant sous le ciel bleu sans nuage. Les pierres sont, pour la plupart, différentes selon les carrières, et le véritable amoureux de la Provence sait distinguer le grès poreux de Rogne, les dalles finement veinées de Tavel ou les blocs blancs de Lacoste, riches en fossiles. La pierre de Bibémus est d'une autre sorte encore : sa couleur ocrée semble celle-là même du soleil dont elle aurait capté les rayons. C'est à elle que tant de résidences du Cours Mirabeau à Aix, aux façades constamment rongées par le mistral, doivent leurs belles tonalités jaunes qui forment un contraste chaleureux avec la somptueuse froideur du marbre.

A Bibémus, comme dans beaucoup de carrières provençales, la pierre est extraite sans aucun appareillage en surface, et rien ne signale au passant ces chantiers considérables. Même ceux qui explorent la région de fond en comble, peuvent facilement passer ces coins secrets sans remarquer, ou même deviner, la présence de leurs fascinantes architectures englouties.

Bibémus est desservi par une route jadis très passagère,

Citerne dans le parc de Château-Noir.

Photographie de la citerne.

La Montagne Sainte-Victoire vue d'un bosquet, près de la terrasse de Château-Noir, vers 1904.

La montagne Sainte-Victoire photographiée du même endroit.

par laquelle les pierres de la carrière étaient transportées à Aix. Cette route traverse le haut plateau qui s'étend au nord de Château-Noir. La carrière elle-même est un immense dédale creusé de trous profonds dont les bords en ressauts forment parfois des escaliers fantastiques. Au-delà de Bibémus — et au nord du Tholonet — se trouvent les gorges des Infernets et le barrage, dont les plans furent établis par le père d'Émile Zola, qui alimente en eau la ville d'Aix. Au temps de leur jeunesse, Zola et Cézanne venaient souvent

chasser par ici, ou se baigner dans les eaux de retenue, mais c'est seulement une quarantaine d'années plus tard — vers 1895 — que le peintre y retourna pour travailler à Bibémus. Il loua un petit cabanon, complètement isolé, et commença à chercher des motifs.

Les carrières avaient été abandonnées depuis un certain temps ; des arbres, des buissons avaient pris racine parmi les rochers ocres. Au loin, la montagne Sainte-Victoire, omniprésente, se dresse sur le ciel (N° 38). Le paysage est tout

Vue de Château-Noir.

Photographie de Château-Noir.

Un pin devant les grottes au-dessus de Château-Noir.

Photographie du pin devant les grottes.

La crête de rochers au-dessus de Château-Noir.

La crête de rochers, à Château-Noir, photographie.

Rochers près des grottes, au-dessus de Château-Noir.

Photographie des rochers.

différent de celui des grottes de Château-Noir, car l'espace est largement ouvert, exposé au soleil et au vent, et les formes n'ont pas été sculptées par la nature mais par le travail de l'homme. La carrière, pourtant, ne semble pas avoir été exploitée systématiquement : on a extrait des pierres ici, on en a laissé d'autres à côté ; des blocs solitaires, presque intacts, se dressent entre des cavités profondes et des tranchées à peine creusées. C'est un vaste champ de formes apparemment nées du hasard, une sorte de fabuleux terrain de jeux qu'aurait voulu créer un géant de la préhistoire, en empilant des cubes, ou en creusant des trous, et qu'il aurait abandonné sans avoir rien réalisé de son projet extravagant. Puis la nature a étendu un tapis de végétation sur les tourelles, les blocs cubiques, les arêtes aiguës, les fissures, les cavernes, les tunnels et les arches, reprenant ainsi possession d'un lieu qui lui avait été arraché.

De tous côtés, Cézanne trouvait des points de vue séduisants, dont les composantes étaient toujours des rochers

Le *cabanon* de Cézanne à la carrière de Bibemus.

Photographie ancienne de l'atelier de Cézanne aux Lauves.

ocres et une végétation plus ou moins fournie. Il a peint de nombreuses toiles à Bibémus mais peu d'aquarelles, pour lesquelles il préférait le site plus protégé des grottes, au-dessus de Château-Noir.

Mais Cézanne finit par éprouver le besoin d'avoir un endroit à lui. Il désirait moins, sans doute, changer de cadre que disposer d'un atelier où il pourrait travailler à ses grandes compositions des baigneuses, l'une des préoccupations majeures de ses dernières années. Il devait trouver l'un et l'autre : une maison où il avait de l'espace, et de nouveaux paysages à peindre. En novembre 1901, Cézanne acquit un modeste terrain situé à mi-hauteur de la colline des Lauves, au nord d'Aix, et d'où l'on découvrait la ville. Il y fit construire une simple maison, à un seul étage, achevée en décembre 1902 ; le rez-de-chaussée comporte plusieurs petites pièces, tandis que l'étage est presque entièrement occupé par un vaste atelier — plus de 53 m² avec une hauteur de 4 mètres — dont la paroi nord est une immense baie vitrée, flanquée d'une longue fente étroite, permettant de faire passer les grandes toiles. Le mur opposé est percé de deux grandes fenêtres (la troisième éclaire l'escalier) qui offrent une vue merveilleuse sur Aix et, dans le lointain bleuté, sur la chaîne de l'Étoile, dont le Pilon du Roi détache sa forme anguleuse.

Une terrasse large de 6 mètres s'étend devant l'atelier ; elle est bordée par un mur bas qui la sépare d'un petit jardin descendant vers un canal étroit. Un vieux jardinier, Vallier, entretenait le jardin. Derrière l'atelier, un terrain boisé, donnant sur une propriété voisine, forme un écran de verdure devant la grande baie.

C'est probablement pendant qu'il suivait les progrès de la construction, que Cézanne commença à s'aventurer plus loin sur la colline encore sauvage. Grimpant la pente assez abrupte qui monte de l'atelier jusqu'à la crête des Lauves, il découvrait sur sa droite un panorama nouveau et enivrant. D'ici, la lointaine Sainte-Victoire reste imposante, mais n'a plus l'aspect de cône tronqué qu'elle offre de Château-Noir ou de Bibémus : elle apparaît comme un triangle irrégulier dont le long côté monte doucement jusqu'à l'arête abrupte, escarpée, qui descend vers l'horizontale du mont de Cengle (Nᵒˢ 82, 83, 84, 86, 87, 89, 90, 91). A ses pieds, c'était la vaste plaine ondulante avec le quadrillage des champs, ponctué, çà et là, par des bouquets d'arbres ou des bâtiments de ferme, un entrelac d'horizontales et de verticales, un mélange de taches colorées ouverts si librement à l'œil du peintre qu'il devait tourner la tête à gauche et à droite pour la découvrir tout entière. Il lui fallait parfois ajouter des bandes de toile à ses châssis — ou des morceaux de papier à ses feuilles — pour retenir l'ampleur du paysage (Nᵒ 85).

Au-dessus de cet immense panorama, la Sainte-Victoire

Panorama d'Aix depuis l'atelier de Cézanne.

La Cathédrale d'Aix vue de l'atelier des Lauves.

semble flotter dans la lumière méridionale, suspendue là comme un glorieux symbole de la Provence. La fascination presque obsessionnelle que la montagne exerçait sur Cézanne, l'attirait sans cesse vers cet endroit où il devait peindre la plupart de ses derniers paysages. C'est là qu'il rendit un hommage ultime à la montagne en la représentant, non plus écrasée sous des ciels infinis, mais dressée vers l'azur, toujours solitaire, superbe et peut-être plus majestueuse encore.

Cézanne avait soixante-trois ans quand il put disposer pour la première fois d'un atelier construit selon ses directives. Il y apporta peu de meubles, mais nombre des objets

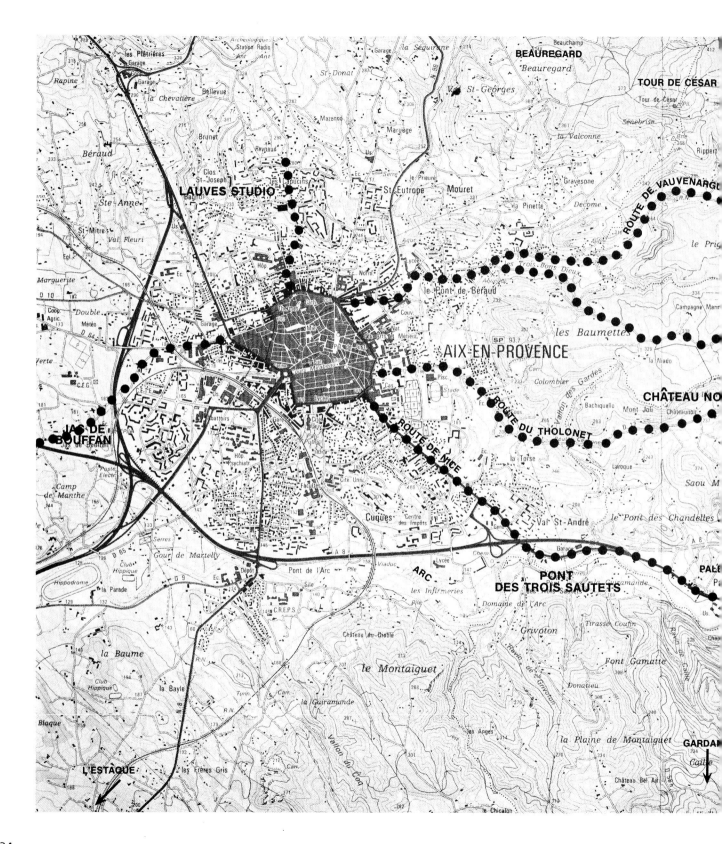

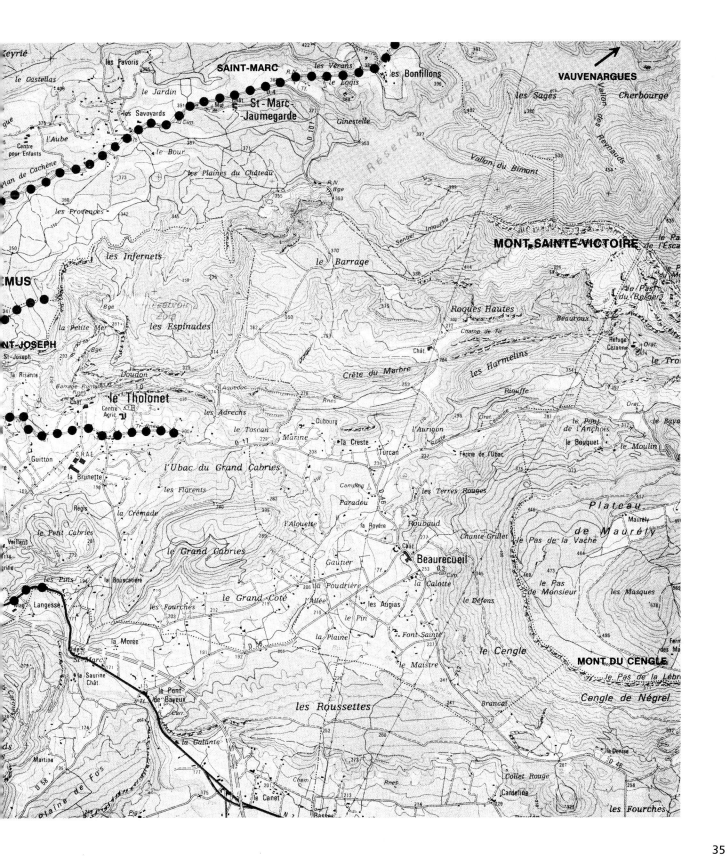

La Montagne Sainte-Victoire vue des Lauves.

La montagne Sainte-Victoire photographiée sous le même angle.

qu'il aimait placer dans ses natures mortes et dont quelques-uns sont toujours là : c'était, entre autres, quatre ou cinq crânes, un pot à gingembre bleu, des vieilles bouteilles, des jarres à olives en grès vert, des poteries, des récipients divers et même un tapis ou un dessus de table assez laid : une sorte de feutre épais, aux teintes brunâtres, vert foncé et rouges, avec des dessins géométriques inscrits dans des carrés et une guirlande de fleurs encadrant le tout. Cézanne l'a utilisé comme toile de fond pour animer l'arrière-plan de bien des natures mortes — celles où figurent des crânes par exemple (Nos 26, 27) — et de quelques portraits. Sale et pâli,

le tapis était encore dans l'atelier peu avant la Seconde Guerre mondiale ; les chasseurs de souvenirs et les mites en sont venus à bout.

Peu attaché aux biens matériels, Cézanne semble pourtant avoir pris soin de ces objets tout simples, qu'il conserva pendant des années, et sur lesquels il pouvait toujours compter. Il emporta encore dans l'atelier une petite table de bois, à ceinture galbée qu'il utilisait depuis plus de dix ans pour y disposer ses natures mortes. Elle est toujours là, de même qu'un *putto* en plâtre, *l'Amour* attribué à Puget, et un *Écorché* également en plâtre — aujourd'hui décapité — que l'artiste a souvent représentés l'un et l'autre. Sur les murs étaient accrochées des lithographies ou des photographies d'après Signorelli, Rubens, Delacroix et Forain. D'autres étaient rangées dans de grands portefeuilles. Contre le mur, dans un coin, on voit toujours l'immense échelle dont Cézanne se servit pour peindre ses grandes baigneuses ; le chevalet extensible conçu spécialement pour le tableau est toujours là, ainsi que le petit coffre où Cézanne rangeait ses couleurs, ses pinceaux et autres accessoires.

Deux jeunes peintres, H.P. Rivière et J.F. Schnerb, venus rendre visite à Cézanne en janvier 1905, le trouvèrent beaucoup moins misanthrope que sa réputation ne leur avait fait craindre. Conviés par le peintre à visiter ses deux ateliers, ils remarquèrent que « dans les coins, des toiles traînaient encore tendues sur leurs châssis, ou roulées. Les rouleaux avaient été laissés sur des chaises, avaient été écrasés. Ses ateliers, celui de la rue Boulegon et celui... dans la campagne, étaient dans un grand désordre, dans un désordre sans apprêt. Les murs étaient nus, la lumière crue. Des tubes à moitié vides, des pinceaux aux soies raidies par la couleur depuis longtemps séchée, des restes de déjeuners qui devenaient des sujets de natures mortes couvraient les tables. Dans un coin, toute une collection de parasols de paysagiste dont l'armature grossière sortait sans doute de chez un marchand de la ville, et la pique ferrée de chez le forgeron voisin, à côté, des carniers de chasse pour emporter des provisions de bouche dans la campagne ».

Cézanne n'habita pas vraiment l'atelier, continuant à vivre à Aix. Il partait tôt le matin, se levant parfois dès cinq heures pour éviter la chaleur. L'atelier n'était pas très éloigné de sa maison, mais le chemin des Lauves était montant et sans ombre. Le peintre rentrait généralement vers 11 heures, ou se faisait apporter un repas, pour ne pas avoir à interrompre son travail. Dans l'après-midi, vers 4 heures, lorsque la grande chaleur était tombée, une voiture l'emmenait parfois vers des endroits un peu éloignés. Cézanne aimait peindre sur le motif à cette heure du jour : la chaleur ne fait plus vibrer l'air sur les champs, les ombres s'allongent, l'air devient limpide et cristallin, la distance prend une

Cézanne, aux Lauves, travaillant à une vue de la montagne Sainte-Victoire, en 1906.

acuité particulière et le premier plan luit sous les rayons du soleil déclinant. C'est un inoubliable moment d'harmonie et de paix : pour ceux qui ont parcouru les environs d'Aix dans les pas de l'artiste, c'est « l'heure de Cézanne ».

Lorsqu'il quittait son atelier, à pied ou en voiture, Cézanne longeait le bâtiment massif de l'hôpital Saint-Jacques, au pied des Lauves, puis traversait le quartier le plus ancien de la ville, passant devant la cathédrale Saint-Sauveur (où un « crétin d'abbé, qui tient les orgues et qui joue faux » l'empêchait d'assister à la messe) et l'imposante Faculté de Droit (où il avait jadis fait ses études), avant d'atteindre le square de l'hôtel de ville ; tournant à gauche devant la pittoresque tour de l'horloge, le peintre se trouvait rue Paul-Bert d'où il rejoignait la rue Boulegon.

Quand il faisait trop chaud ou quand le mistral balayait la crête des Lauves, Cézanne pouvait travailler sur sa terrasse, devant l'atelier, à l'ombre d'un tilleul. La végétation du jardin ne bouchait pas encore la vue des toits d'Aix, d'où émergeait l'élégante silhouette de la tour de Saint-Sauveur. Des pots de fleurs étaient alignés sur le parapet bas de la terrasse. Là, dans l'ombre pommelée, Cézanne peignait à l'aquarelle le merveilleux panorama de la ville (N° 72) ; souvent aussi, il faisait poser son jardinier Vallier (Nos 12, 13, 14, 15, 16), ou d'autres paysans de bonne volonté.

Durant l'été 1906, la chaleur devint particulièrement insupportable ; Cézanne en souffrit peut-être davantage en raison de son diabète et chercha de l'ombre ailleurs. Il choisit un endroit isolé sur la route des Milles, où l'Arc coule assez près du Jas de Bouffan et du domaine de Montbriant, qui avait appartenu à son beau-frère. Mais l'artiste préféra bientôt se faire emmener vers un autre point de la vallée de l'Arc qui lui était familier depuis le temps de ses escapades de jeunesse. Le cocher suivait les étroites rues pavées et traversait la place des Prêcheurs pour prendre la route de Nice ; avant d'atteindre le village de Palette, il tournait à droite et s'engageait sur un vieux pont en dos d'âne — et à voie unique — le pont des Trois-Sautets. Sous les grands arbres de l'autre rive qui formaient une voûte sur les eaux tranquilles — parfois effleurées par le vol léger d'une libellule — Cézanne trouvait la fraîcheur et la solitude ; il pouvait déposer son attirail de peintre tout près de là.

« Je te dirai, écrit-il à son fils le 8 septembre, que je deviens, comme peintre, plus lucide devant la nature, mais que chez moi, la réalisation de mes sensations est toujours très pénible. Je ne puis arriver à l'intensité qui se développe à mes sens, je n'ai pas cette magnifique richesse de coloration qui anime la nature. Ici, au bord de la rivière, les motifs se multiplient, le même sujet vu sous un angle différent

La Montagne Sainte-Victoire vue des Lauves.

offre un sujet d'étude du plus puissant intérêt, et si varié que je crois que je pourrais m'occuper pendant des mois sans changer de place, en m'inclinant, tantôt plus à droite, tantôt plus à gauche. »

Mais quatre semaines plus tard, Cézanne apprend à son fils qu'il s'est brouillé avec le cocher : celui-ci avait « élevé le prix de la voiture de trois francs, aller-retour, quand j'allais à Château-Noir, [qui est plus loin] à cinq francs. Je l'ai lâché ». Heureusement la chaleur torride était passée et il pouvait retourner aux Lauves.

« Les bords de la rivière étant devenus un peu frais, écrit-il le 13 octobre, je les ai abandonnés et suis monté au quartier de Beauregard où le chemin est montueux, très pittoresque, mais très exposé au mistral. A l'heure actuelle, j'y vais à pied avec le sac d'aquarelle seulement remettant à peindre à l'huile qu'après avoir trouvé un dépôt de bagages ; autrefois on avait ça pour trente francs par an. Je sens l'exploitation partout. »

Pour atteindre le quartier de Beauregard, Cézanne prenait la route de Vauvenargues qui suit le fond d'une vallée ombreuse au nord-est d'Aix, en direction de la tour de César. A droite, c'est le haut plateau menant à la carrière de Bibémus ; à gauche, le terrain s'élève vers le quartier de Beauregard. L'artiste devait suivre vers la gauche un chemin sinueux pour atteindre le sommet ; à partir de là, la pente abritée, avec ses grands pins et chênes-liège, fait place à des champs et des prairies où apparaissaient, çà et là, quelques arbres, quelques mas isolés. L'endroit est à peu près à une heure de marche d'Aix. Quand le mistral souffle, il balaie les terres plates et fait plier les arbres. Par endroits la végétation laisse apercevoir la montagne Sainte-Victoire au-delà du village de Saint-Marc ; jadis, Cézanne en avait fait une aquarelle à partir de ce secteur (N° 78).

Photographie de la ferme et de la Sainte-Victoire.

A cet endroit, le paysage n'a guère changé depuis l'époque où l'artiste y venait, la croissance de la ville n'ayant pas encore atteint ce faubourg tranquille. Un marchand d'Aix nommé Jourdan possédait un certain nombre de terrains de ce côté. C'est donc vraisemblablement ici que Cézanne a peint *Le Cabanon de Jourdan* (N° 65) — auquel il avait déjà travaillé en juillet — et l'aquarelle correspondante (N° 66). Ce sont, paraît-il, ses derniers paysages.

Les pluies d'automne étaient arrivées. Le 15 octobre, deux jours après avoir raconté à son fils son excursion à Beauregard, Cézanne fut surpris par une violente tornade alors qu'il peignait dans la campagne. Il resta sous la pluie pendant plusieurs heures jusqu'à ce qu'on le ramène rue Boulegon dans la charrette d'un blanchisseur ; deux hommes durent le monter dans son lit. Mais le lendemain, dès le grand matin, il allait aux Lauves pour travailler dans le jardin, sous le tilleul, à un portrait de Vallier ; il rentra complètement prostré et mourut le 22 octobre 1906.

Je suis allé pour la première fois à Aix à la fin du printemps 1933 et j'y ai rencontré le peintre Léo Marchutz, qui habitait Château-Noir depuis plusieurs années. Il possédait un exemplaire de la revue *The Arts*, daté d'avril 1930, qui contenait un article d'Erle Loran [Johnson] sur «Cézanne's Country» où figuraient les premières photographies des motifs peints par l'artiste. Marchutz avait identifié de lui-même un certain nombre de sites, notamment ceux de Château-Noir et des environs. Il me demanda d'en prendre des photographies avec le Leica que je venais d'acquérir. Bientôt je m'installai à Château-Noir et nous entreprîmes une chasse systématique de tous les motifs cézanniens dans la région, à Aix, à l'Estaque, à Gardanne. Nous utilisions généralement des bicyclettes que nous devions souvent pousser, par une chaleur suffocante, car Cézanne aimait travailler dans des endroits élevés. Les télé-objectifs n'étaient guère puissants à l'époque et les pellicules en couleurs n'existaient pas dans le commerce. Sur nombre de mes photos, la masse de la montagne Sainte-Victoire paraît trop petite par rapport aux premiers plans. Nous eûmes de très grandes difficultés avec la carrière de Bibémus, où, semble-t-il, on avait travaillé après que Cézanne fut venu y peindre. Nous pouvions y retrouver encore certains motifs, mais il nous fut impossible de nous placer à l'endroit exact d'où Cézanne les avait représentés (nous avons décidé pourtant de ne pas retoucher les photographies, comme Erle Loran l'avait fait parfois pour mieux les accorder aux paysages de Cézanne). Depuis la Seconde Guerre mondiale, la carrière a de nouveau été exploitée et les motifs de Cézanne ont été littéralement démolis.

Jusqu'en 1939, j'ai passé chaque année plusieurs mois à Aix, résidant à Château-Noir, et parcourant la région avec Léo Marchutz. J'y venais non seulement en été, mais aussi au printemps avant que les feuilles des châtaigniers au Jas de Bouffan ne cachent une partie des paysages qu'avait peints Cézanne. Les pins et les cyprès, malheureusement, ne changent pas avec les saisons. Nous nous levions parfois dès l'aube et, pendant que Marchutz faisait le guet et jugeait les résultats, je grimpais dans les arbres pour élaguer quelques branches dans la forêt de Château-Noir — malgré la défense formelle du propriétaire — afin de dégager des sites envahis ou de libérer la vue des bâtiments qu'elles obstruaient (depuis lors, la nature a repris ses droits).

En Ile-de-France, j'étendis mes recherches à Auvers, Montgeroult, à La Roche-Guyon, et en d'autres endroits où

je savais que Cézanne avait travaillé. Lionello Venturi, qui préparait alors le catalogue raisonné de l'œuvre de Cézanne — publié en 1936 — nous prêtait des photographies d'œuvres peu connues ou inédites pour que nous tentions de les identifier. En contrepartie, nous lui communiquions les désignations exactes des lieux chaque fois que cela était possible (il ne réussit point, cependant, à distinguer la carrière de Bibémus des grottes de Château-Noir). En 1937, nous avons communiqué à notre ami Fritz Novotny une liste de tous les motifs identifiés qu'il a publiée dans son livre « *Cézanne und das Ende der wissenschaftlichen Perspective* » (Vienne, Scholl, 1938).

Photographie d'une nature morte «reconstituée» dans l'atelier de Cézanne.

Après la guerre, à partir de 1947, je suis retourné tous les ans à Aix. Dans l'intervalle, Marchutz s'était installé dans la Maison Maria, mais nous avons dû renoncer à retrouver d'autres motifs. Les choses changeaient vite, les incendies de forêt dévastaient certains sites, les constructions neuves en défiguraient d'autres. Finalement, Marchutz refusa de quitter son atelier. Il ne pouvait pas supporter, par exemple, de voir le Jas de Bouffan coupé de ses vignes, réduit à un îlot, étranglé par le passage d'une autoroute. Pour comble, la propriété est maintenant entourée d'horribles lotissements construits en préfabriqué et peints de couleurs atroces.

Toute la colline des Lauves est aujourd'hui hérissée de bâtiments-casernes énormes, monotones, entre lesquels il est impossible de voir la montagne Sainte-Victoire. En 1953, l'atelier de Cézanne, que j'avais visité maintes fois, était menacé par des promoteurs immobiliers. Alerté par James Lord, j'ai pu former un comité des admirateurs américains de Cézanne pour réunir la somme, relativement modeste, nécessaire à son acquisition. Le jour même de notre achat, nous remettions l'atelier à la municipalité d'Aix pour qu'il soit préservé définitivement. Il est maintenant ouvert au public. Périodiquement pourtant, des tentatives sont faites pour en rogner le terrain afin d'élargir le chemin des Lauves, pieusement appelé aujourd'hui avenue Paul-Cézanne. S'il avait fallu tirer Moïse des eaux du Nil aussi souvent qu'il a fallu sauver l'intégrité de l'atelier de Cézanne, le prophète serait sûrement mort noyé.

A plusieurs reprises, Marchutz participa à l'organisation d'expositions en hommage à Cézanne à Aix, notamment en 1956 dans le charmant pavillon Vendôme, pour célébrer le cinquantième anniversaire de la mort de l'artiste : les œuvres de Cézanne apparaissaient là baignées de la même lumière douce dans laquelle elles avaient été peintes, et en regardant par les fenêtres du pavillon, les visiteurs apercevaient les toits de tuiles d'Aix, les flèches de ses églises, la cime des platanes qui avaient appartenu au monde limité, mais intensément aimé de Paul Cézanne.

Léo Marchutz est mort à Aix en janvier 1976, à l'âge de soixante-treize ans. Nous l'avons enterré à la campagne, dans le cimetière du Tholonet, en vue de la montagne Sainte-Victoire. C'est à lui que je dois ma ferveur pour Cézanne.

John Rewald

A Aix, il est d'usage de dire « je me rends à Château-Noir » et non « au Château-Noir » : aussi l'auteur de cet article et du catalogue a-t-il respecté cette tournure locale.

Aquarelles de la dernière période
1895 - 1906

L'une des constantes de Cézanne est sa vision objective, scrupuleuse de la nature. On peut d'ailleurs juger de cette objectivité, ainsi que de l'acuité du regard de Cézanne grâce à la comparaison entre les photographies des sites et leurs représentations. Dans une aquarelle tardive comme *Le Pistachier du Château-Noir*, (V. 1040, N° 57), vers 1900, Chicago, The Art Institute se prolonge la même relation étroite entre l'aquarelle et la photographie.

Dans les deux dernières années de sa vie, Cézanne poursuivait inlassablement cette recherche d'après nature ainsi qu'en témoigne une lettre du 29 janvier 1904 : «... Après toute une journée de travail à vaincre les difficultés de la réalisation sur nature » (1), et il écrit encore, dans une lettre datée du 21 septembre 1906, un mois avant sa mort : « j'étudie toujours sur nature, et il me semble que je fais de lents progrès » (2).

Cependant, il ne s'agit pas d'une représentation traditionnelle de la nature, mais plutôt d'une étude distancée par rapport à la réalité. Cézanne cherche surtout à exprimer l'idée de la construction interne des espaces qu'il a devant lui. Une double évolution semble être apparue dans les aquarelles de l'ultime période de son œuvre, à la fois dans le système de la composition et dans la mise en page des motifs.

La composition des aquarelles antérieures s'ordonnait avec rigueur selon des rythmes linéaires. Cette organisation de l'espace suivant un schéma géométrique répond à une volonté déterminée chez Cézanne d'affirmer l'objectivité de sa perception par opposition à la vision subjective des Impressionnistes. Cette structure linéaire est la base de la plupart de ses œuvres y compris celles postérieures à la période « constructive » où elle apparaît moins évidente. Dans des aquarelles tardives comme *Pin et rochers du Château-Noir*, (V. 1041, N° 56), Princeton University Art Museum, *Arbres et maisons*, (V. 977, N° 69), New York, Museum of Modern Art ou le *Pistachier du Château-Noir* (V. 1040, N° 57), Chicago, The Art Institute, l'association des verticales et des diagonales et leur opposition les unes aux autres, accentue le dynamisme et le mouvement.

La composition reste prédominante pour le *Coin du lac d'Annecy* (V. 936, N° 70), Saint-Louis, City Art Museum, même si la mise en page est moins linéaire et les horizontales moins évidentes car la structure est donnée par la succession des plans.

Un exemple de parfait ordonnancement de la composition apparaît dans la *Maison au bord de l'eau* (V. 1551, N° 75), Bâle, où s'établit un équilibre harmonieux entre le réseau des verticales des arbres et les diagonales des toitures et des rives. Cette aquarelle prouve encore l'importance des éléments architectoniques dans son œuvre tardive à l'époque où il écrit le 15 avril 1904, l'une de ses plus célèbres phrases : « Traiter la nature par le cylindre, la sphère, le cône, le tout mis en perspective, soit que chaque côté d'un objet, d'un plan, se dirige vers un point central... Or, la nature, pour nous hommes, est plus en profondeur qu'en surface, d'où la nécessité d'introduire dans nos vibrations de lumière, représentées par les rouges et les jaunes, une somme suffisante de bleutés, pour faire sentir l'air » (3).

Dans les aquarelles antérieures, comme le *Pont à Gardanne* (V. 912), vers 1885-1886, New York, Museum of Modern Art, le motif occupe toute la surface du feuillet et la distribution des divers éléments se fait par l'étagement des plans. L'aquarelle souligne les ombres sur tout l'ensemble de la page alors que dans certaines œuvres postérieures comme *Les Rochers au Château-Noir* (V. 1043, N° 46), vers 1895-1900, le motif est très localisé sur la feuille dont il n'occupe que la partie centrale et l'angle inférieur droit, laissant les trois autres angles vides. Le motif semble en

(1) Lettre à Louis Aurenche publiée dans *Paul Cézanne, Correspondance*, recueillie, annotée et préfacée par John Rewald, Paris, Bernard Grasset, 1937, p. 258.
(2) Lettre à Émile Bernard dans *Correspondance*, 1937, *op. cit.*, pp. 290-292.
(3) Lettre à Émile Bernard dans *Correspondance*, 1937, pp. 259-260.

Le Pont à Gardanne - 1885-1886. Venturi 912.
Aquarelle, 20,6 × 31,1 cm.
The Museum of Modern Art, New York. (Collection Lillie P. Bliss).

déséquilibre, dissocié de l'idée de la troisième dimension et de toute impression de pesanteur. Cézanne s'attache plus à définir les directions des divers éléments et les nuances des couleurs qu'à donner l'illusion de l'espace. Il rompt, en cela, avec le traditionnel système de la perspective linéaire. Parmi d'autres aquarelles dont le motif central laisse trois angles vides, citons seulement *Bibémus* (V. 1045), 1895-1900, ex-Bernheim Jeune, *Arbres parmi les rocs au Château-Noir* (V. 1060,), 1895-1900, New York, collection particulière et *Grotte, Château-Noir* (V. 1044, N° 44), 1895-1900, Saint-Louis, collection Pulitzer. Lorsque le motif paraît ainsi flotter au milieu du feuillet, cela crée une certaine difficulté de

lecture qui peut inciter à tourner la feuille pour la regarder, indifféremment, dans un sens ou un autre. Le motif, bien qu'isolé de son contexte et coupé de sa lecture traditionnelle, s'impose à l'œil grâce à sa structure savamment recréée par des oppositions d'ombres et de lumières. De plus, par cette dissolution du motif dans l'espace environnant, Cézanne semble franchir une autre étape, celle qui conduit vers l'abstraction telle que la formuleront Tatlin, Kandinsky ou encore Malevitch et les Constructivistes. Par ailleurs, quand Cézanne écrit le 8 septembre 1906 : «... Ici, au bord de la rivière, les motifs se multiplient, le même sujet vu sous un angle différent offre un sujet d'étude du plus puissant intérêt, et si varié que je crois que je pourrais m'occuper pendant des mois sans changer de place en m'inclinant tantôt plus à droite, tantôt plus à gauche » (4), il semble poursuivre une double recherche, à la fois, l'isolation de certains plans vus en détails et à la fois, la traduction d'une nature toujours en mouvement, selon les vibrations de la lumière et des reflets, selon une nouvelle vision qui peut sembler «Kaléidoscopique».

Si on compare une aquarelle antérieure comme *Les Pots de fleurs* (V. 952), vers 1883-1887, du Louvre où se manifeste cette étude des reflets entre les masses des feuillages, les pots de terre cuite et le fond animé d'ombres mouvantes, d'un style presque impressionniste, avec une aquarelle du même sujet, mais beaucoup plus tardive, *Les Pots de fleurs* (V. 951), Bernheim Jeune, on peut constater que les reflets se sont enrichis de tout un jeu de transparences et de vibrations dues à une vision plus elliptique, plus fragmentée.

Les Pots de fleurs - c. 1885. Venturi 952.
Aquarelle et gouache, 23,6 × 30,8 cm.
Musée du Louvre, Cabinet des Dessins, Paris.

Les Pots de fleurs - 1902-1906. Venturi 951.
Aquarelle, 31 × 47 cm.
Coll. part., Paris.

Sous-bois - 1895-1904. Venturi 1544.
Aquarelle et mine de plomb, 45 × 31 cm.
Coll. part., Lausanne.

Chemin sous bois - c. 1906.
Aquarelle, 44,5 × 62,2 cm.
Estate of Henry Pearlman, New York.

Ces effets de transparence vont se développer dans les aquarelles postérieures jusqu'à ressembler aux reflets qui se joueraient sur des parois de verres de couleurs (stained glass). Cette recherche est commune aux nombreuses études de sous-bois : *Arbres formant la voûte* (V. 1063), collection Pearlman. Dans ces deux œuvres, la composition créée par les verticales des arbres constitue une sorte de trame sur laquelle viennent se superposer les touches d'aquarelle, de forme triangulaire, reprises ensuite par de multiples traits de crayon noir formant de larges zébrures. La même fluidité se retrouve dans le *Sous-bois*, (V. 1544, N° 73), collection particulière, baignée d'une lumière moirée et dans le *Chemin sous-bois*, collection Pearlman où toute la surface est couverte de larges aplats rectangulaires et triangulaires avec un premier plan léger dans une gamme de couleurs pâles (celles mêmes qui inspireront un Jacques Villon).

« Dessinez, mais c'est le reflet qui est enveloppant, la lumière, par le reflet général, c'est l'enveloppe » (5), écrivait Cézanne à Émile Bernard en 1905. Or, il semble que la structure de certaines aquarelles soit essentiellement basée sur les jeux de reflets, par exemple, *Le jardin des Lauves* (V. 1072, N° 74), collection E.V. Thaw ou *La Rivière au pont des Trois Sautets* (V. 1076, N° 77), Cincinnati Museum. A propos de ce dernier motif, le pont des Trois Sautets sur le fleuve Arc, Cézanne écrivait, le 14 août 1906 : « ...J'ai commencé une aquarelle dans le genre de celles que je faisais à Fontainebleau, elle me paraît plus harmonieuse, le tout est de mettre le plus de rapport possible » (6).

Tardive, la suite des études de crânes posés sur des draperies, exprime aussi l'un des aspects de cette recherche. Dans les trois exemples figurant à cette exposition, *Les Trois Crânes* (V. 1131, N° 26), Chicago, The Art Institute, *Crânes sur une draperie* (V. 1129, N° 27), collection particulière et l'*Étude de Crâne* (V. 1130), collection Pearlman, il s'agit bien d'étudier — entre autres choses — comment les reflets des teintes vives de la nappe jouent à la fois sur la matière brillante des crânes aux orbites profondes métamorphosées en réceptacles de couleurs, et sur l'arrière-plan du fond animé de taches légères, mouvantes, informelles.

(4) Lettre à son fils Paul dans *Correspondance*, 1937, pp. 287-288.
(5) Lettre à Émile Bernard dans *Correspondance*, 1937, pp. 275-276.
(6) Lettre à son fils Paul dans *Correspondance*, 1937, p. 284.
(7) Roger Fry, *Cézanne. A Study of his Development*, New York, Macmilan, 1927.

Jusque vers les années 1890-1895, les objets des natures mortes sont évoqués dans un espace bien défini. Ils sont situés, généralement sur des tables dont les rebords sont délimités avec précision. Et les arrière-plans sont nettement indiqués. Après 1895, support et décor ont — quelquefois — moins d'importance tandis que l'accent est donné aux objets eux-mêmes, par exemple, pour les *Pommes, bouteille et verre* (V. 1617, N° 19), collection Chappuis, Tresserve, ou pour *Pommes et poires, casserole* (V. 1540, N° 30), Louvre, enrichis d'une vive coloration. Cézanne se sert des couleurs pour exprimer les variations des valeurs, inventant ainsi l'une des clefs pour la libération de la peinture. Dans une aquarelle tardive comme la *Nature morte* (V. 1145), de la collection Annenberg, le cadre est évoqué avec moins de précision et l'espace est plus déformé. Parfois, même, les objets apparaissent comme suspendus dans l'espace et privés de leur support. Dans l'aquarelle du Louvre intitulée *La Table de cuisine* (V. 1148, N° 33), les pots et les bouteilles semblent flotter au-dessus de la surface de la table dont les contours sont invisibles. La couleur est posée en rapides coups de pinceau superposés ne suivant pas du tout l'esquisse préalable. Cependant, il faut souligner la diversité et l'alternance des recherches de Cézanne concernant les natures mortes et là, particulièrement, les difficultés de la datation et de l'évolution chronologique.

La Lutte d'amour - 1875-1876. Venturi 897.
Mine de plomb, aquarelle et gouache, 15 × 22 cm.
Coll. part., Suisse.

Dans les aquarelles de l'époque antérieure, comme *La lutte d'Amour* (V. 897), 1875-1876, Zurich, collection Feilchenfeldt, les traits de crayon souvent multiples, tourbillonnants, baroques, sont intimement mêlés à l'aquarelle. La texture s'organise en coups de pinceau parallèles, dans le sens des ombres, en diagonale, pour le *Grand arbre et sous-bois* du Metropolitan Museum et pour le *Paysage à Médan* (V. 847), 1879-1880, Zurich, Kunsthaus. L'évolution se fait ensuite vers un style plus elliptique avec le choix de certains détails soulignés d'une manière calligraphique.

Enfin, la texture va se diversifier et devenir d'une plus grande richesse. Souvent, l'aquarelle est posée en premier, directement sur le feuillet sans tracé de crayon préalable, sous forme soit de larges taches dont les bords sont comme effrangés, soit de fins coups de pinceau formant des stries parallèles. Des reprises au pinceau et à l'aquarelle (bleue le plus souvent) soulignent les contours souples et curvilignes, parfois interrompus. Ce type d'indications au pinceau et à l'aquarelle bleue se retrouvera, avec la même rapidité d'écriture, dans les aquarelles abstraites de Kandinsky des années 1912.

Souvent le crayon noir ne vient qu'en reprises sur l'aquarelle. Et le trait est quelquefois décalé, parallèle aux contours de la tache qu'il vient compléter. Il forme ainsi une seconde surface qui va intervenir comme une double texture jouant à merveille les effets de mouvance et de reflets. Ces jeux de texture comportent soit des lacis de crayon entremêlés de coups de pinceau, *Carafe, bouteille, raisins, pommes* (V. 1154), collection Pearlman, soit de multiples superpositions créant une impression d'espace beaucoup plus riche que n'importe quel système de perspective linéaire. Ainsi, pour *Pin et rochers au Château-Noir* (V. 1041, N° 56), vers 1900, Princeton University, The Art Museum. Les indications des arbres et des rocs y sont données au pinceau et à l'aquarelle bleue. Ensuite, se chevauchent les taches d'aquarelle : les couches les plus claires dans des tonalités beiges et roses sont posées en dessous ; les bleus et les verts interviennent par-dessus. Enfin, le crayon noir reprend par des hachures certains espaces qui correspondent aux ombres, tandis que les couleurs les plus claires suggèrent les zones de lumière. Cette texture mouvante et libre respire selon des rythmes légers, musicaux. Les hachures d'ombres, en forme de triangle de différentes ouvertures, constituent

Pins et rochers près des grottes au-dessus de Château-Noir - c. 1900. Venturi 1041.
Mine de plomb et aquarelle, 46 × 35,5 cm.
The Art Museum, Princeton University.

Étude de feuillage - 1895-1900. Venturi 1128.
Aquarelle et mine de plomb, 44,7 × 56,9 cm.
The Museum of Modern Art, New York (Coll. Lillie P. Bliss).

une sorte de « patchwork » qui apparaissait déjà dans un dessin *Étude d'arbres,* 1884-1887 (repr. A. Chappuis, *The Drawings of Paul Cézanne, A catalogue raisonné,* Greenwich, 1973, II, nº 914). Ces schémas géométriques modulant certains éléments et facettes de volumes annoncent le Cubisme.

De plus en plus, l'aquarelle laisse le papier blanc « en réserve ». Ce qui donne une impression d'ampleur, d'espace, de luminosité. Grâce à la superposition des taches d'aquarelle sur un fin tracé au crayon sans reprises ultérieures, les *Arbres près d'une route,* collection A. Pearlman, gardent une texture légère suggérant l'idée de l'air qui circule entre les frondaisons.

Dans les œuvres tardives, les deux qualités spécifiques de l'aquarelle, la transparence et la légèreté, se développent jusqu'à atteindre leur plus haut niveau avec la série sur le thème de *La Montagne Sainte-Victoire.* Étudiées à la manière de sédiments successifs, ces variations résultent des recherches faites par Cézanne, sans relâche, sur le motif. La variété de ces multiples aquarelles sur ce même thème vient aussi des différents cadrages par rapport au sujet que Cézanne s'est appliqué à regarder sous tous les angles (plus à gauche, plus à droite, plus en avant, plus en arrière ou plus en contre-bas), autant de différences selon la position que Cézanne adoptait par rapport au motif. Celui-ci devient plutôt un prétexte à variations dont la multiplicité le distancie par rapport au sujet. Quant à la structure par plans, elle correspond toujours à cet effort de simplification et de synthèse voulu par Cézanne qui découvrait alors les bases du Cubisme.

Les aquarelles, où l'espace du papier blanc laissé « en réserve » est devenu prédominant, ont été parfois considérées comme des œuvres inachevées ainsi que les toiles exécutées par Cézanne au même moment et parallèlement. Certaines de ces peintures telles la *Route tournante,* ou la série de *La Montagne Sainte-Victoire* (V. 804) collection W. Annenberg, (V. 801, Nº 84), Kunsthaus, Zurich, ou encore le *Cabanon de Jourdan* (V. 805, Nº 65), collection Jucker, Milan, sont exécutées avec une huile abondamment diluée dans l'essence. Sans doute, les recherches de Cézanne dans le domaine de l'aquarelle l'ont influencé dans sa tech-

(8) Lionello Venturi, *Paul Cézanne Water Colors, Oxford, Cassirer,* 1944.
(9) Lettre à Émile Bernard dans *Correspondance,* 1937, pp. 276-277.

nique de la peinture à l'huile, ainsi que l'a fait remarquer le premier, Roger Fry (7), puis Lionello Venturi (8), et l'ont conduit vers l'éclatement final, vers la libération qui se manifestent dans ses dernières œuvres : plus de rapidité d'exécution, plus de légèreté, plus de fluidité. Pensant à ses toiles, Cézanne s'est expliqué au sujet de l'inachevé ou plutôt des « manques » : « ... Les sensations colorantes qui donnent la lumière sont cause d'abstractions qui ne me permettent pas de couvrir ma toile, ni de poursuivre la délimitation des objets quand les points de contact sont ténus, délicats ; d'où il ressort que mon image ou tableau est incomplète... » (9). En cela aussi, Cézanne rompait avec la tradition si anciennement établie d'une peinture bien finie, bien achevée. L'art du fini est encore, à cette date, le seul reconnu. Au contraire, Cézanne pressentait l'intérêt nouveau pour l'art du non-fini et d'une certaine forme de « tachisme ». Parmi les nombreux artistes du XXe siècle pour lesquels le blanc de la toile jouera un rôle déterminant, citons seulement Sam Francis : « J'ai le sentiment que le blanc est pareil à l'espace qui s'étend entre les choses. »

Rochers près des grottes au-dessus de Château-Noir - 1895-1900.
Aquarelle, 31 × 47 cm.
Coll. Mattioli, Milan.

Est-ce le refus de « circonscrire les contours d'un trait noir » (10), à la manière des néo-impressionnistes, qui a entraîné Cézanne vers un aspect du tachisme lié à l'idée de destruction de l'objet, de destruction du motif ? Les pots et les bouteilles de la *Table de cuisine* (V. 1148, Nº 33), du Louvre sont évoqués par des masses de colorations légères aux formes imprécises, cylindriques dont la densité semble avoir disparu. Cette aquarelle présente un évident contraste avec les natures mortes des années 1885-1887, comme *Le Cruchon vert* (V. 1138), du Louvre, dont la forme, le poids, la matière s'affirmaient avec éclat. L'alliance étroite entre forme et couleur semble s'être rompue au profit d'une nouvelle dissolution des formes commune à plusieurs aquarelles de la dernière période. A ce groupe d'œuvres plus informelles appartient, semble-t-il, l'*Étude de feuillage* (V. 1128, Nº 29), 1895-1900, New York, Museum of Modern Art, composée de quelques touches d'aquarelle posées en aplats sur de légers traits de crayon. Des reprises au crayon noir apparaissent en zébrures et en griffures sans rapport avec la forme et les contours, mais correspondant plutôt aux directions des branches et aux ombres. La masse des feuilles est exprimée comme s'il s'agissait d'un tissu mouvant et infini, sans limitations précises. On retrouve ce tachisme dans l'étude des rochers intitulée *Grotte, Château-Noir* (Nº 42), 1895-1900, collection Mattioli, Milan, avec l'opposition des ombres correspondant aux creux des rochers et des lumières qui animent les surfaces de ces blocs aux contours atténués, imprécis.

Dans les aquarelles de la dernière période, l'analyse est basée, en effet, sur une série de contrastes et d'oppositions, souvent de contradictions : contraste entre le soleil et les ombres, c'est le thème commun à toutes les *Voûtes d'arbres,* contraste entre la massivité, la stabilité des rochers et la flexibilité des branches ou des feuillages, la lumière mouvante, ce thème apparaît essentiel dans les vues du *Château-Noir* et de la *Carrière de Bibémus.* Enfin, soulignons le contraste total qui s'établit entre deux séries exécutées simultanément celle de *La Montagne Sainte-Victoire* où l'aquarelle est utilisée très diluée, en larges aplats, dans des gammes de coloris pâles et celle des portraits de *Vallier* où le personnage, esquissé de la manière la plus expressive, est modelé par de multiples coups de pinceau fins, curvilignes, calligraphiques et chargés de couleurs pures. Deux séries qui reflètent les deux pôles de l'œuvre de Cézanne : synthèse constructive et emportement expressionniste.

Geneviève Monnier

(10) Lettre à Émile Bernard dans *Correspondance,* 1937, pp. 276-277.

Cézanne, *Portrait de l'artiste*, vers 1873-1876, jeu de Paume

Biographie

1839
Né le 19 janvier, à Aix-en-Provence, 28 rue de l'Opéra, Paul Cézanne est le fils aîné de Louis-Auguste Cézanne et d'Anne-Elisabeth-Honorine Aubert. Paul aura deux sœurs : Marie et Rose qui naîtront respectivement le 4 juillet 1841 et le 30 juin 1854. Le père, chapelier à l'origine, se tourne vers la finance, et, s'associant à un homme d'affaires nommé Cabassol, acquiert, le 10 juin 1848, l'unique banque de la ville.

1844 (?)-1852
Le jeune Cézanne est inscrit à l'école primaire de la rue des Épinaux, où il noue des liens amicaux avec le futur sculpteur Philippe Solari. C'est probablement en 1849 qu'il entre au pensionnat Saint-Joseph.

1852-1858
Comme tout fils de grande famille aixoise, le jeune garçon est interne au Collège Bourbon ; il s'y lie d'amitié avec Baptistin Baille, qui deviendra professeur à l'École polytechnique, et surtout avec Émile Zola, son cadet d'un an. Ce dernier quitte Aix en février 1852 pour rejoindre sa mère à Paris. Entre « les trois inséparables », qui d'ailleurs se retrouvent une partie de l'été en 1858 et 1859, s'engage une correspondance très suivie.
Le 12 novembre 1858, Paul est reçu bachelier ès-lettres, avec mention « assez bien ».

1859-1860
En 1859, Louis-Auguste Cézanne acquiert le Jas de Bouffan, l'ancienne résidence des Gouverneurs de Provence, qui tiendra une grande place dans la vie et le cœur du peintre.
Sur les instances de son père, Paul se résigne à entreprendre des études de droit, mais de 1859 à 1861, il s'inscrit régulièrement à l'École de Dessin d'Aix, dirigée par Joseph Gibert. C'est à cette époque qu'il commence à peindre les panneaux muraux du grand salon de la propriété paternelle. Les *Quatre Saisons,* signées Ingres, (M. du Petit Palais, Paris) et la *Madeleine Pénitente* (M. du Louvre, galerie du Jeu de Paume), que l'on date des années suivantes, décoraient aussi cette maison.

1861
En avril, son père consent à le laisser partir pour Paris, afin d'y travailler la peinture. Il habite successivement rue Coquillière, rue des Feuillantines, puis rue d'Enfer. Il s'inscrit à l'atelier libre de l'Académie Suisse où il fait la connaissance de Camille Pissarro.
Vivant difficilement avec les cent vingt-cinq francs de pension mensuelle que lui verse son père et ayant échoué à l'examen d'entrée à l'École des Beaux-Arts, il

repart, au mois de septembre, à Aix, avec l'intention d'entrer dans la banque familiale. Mais il suit de nouveau les cours de l'École de Dessin et se consacre à la peinture avec son ami Numa Coste, futur historien.

1862-1865

En novembre 1862, il décide de repartir pour la capitale ; son caractère instable l'amène à changer souvent de domicile : rue des Feuillantines, rue de l'Est, rue Beautreillis. Dès son arrivée, il retourne travailler à l'Académie Suisse et se lie avec les peintres Antoine Guillemet, Francisco Oller, Frédéric Bazille, Armand Guillaumin. Par l'intermédiaire de Guillaumin et de Pissarro, il rencontre Sisley et Monet. Durant ces années, Cézanne vit en solitaire ; n'étant guère attiré par les discussions théoriques, il se montre peu assidu aux réunions des jeunes peintres et critiques du café Guerbois.

Le 15 mai 1863, est inauguré le Salon des Refusés ; bien que non mentionné au catalogue, l'artiste y expose une toile.

Durant toute cette période, le jury du Salon refuse ses envois.

En 1864, 1865 et 1866, il passe quelques mois à Aix et se retire régulièrement au Jas de Bouffan. Sous l'influence d'Antoine-Fortuné Marion, peintre amateur d'origine aixoise qui deviendra professeur de Zoologie à l'Université de Marseille, et d'un musicien allemand, Heinrich Morstatt, Cézanne s'initie alors à la musique wagnérienne, qui lui inspire l'*Ouverture de Tannhaüser* (M. de l'Ermitage, Leningrad).

1866

Au printemps, il est de retour à Paris et demeure 22, rue Beautreillis.

Il présente au jury du Salon deux tableaux qui sont refusés : *La Femme à la Puce* (disparue) et *Un après-midi à Naples,* toile ainsi baptisée par Guillemet.

Le 19 avril, il adresse au Surintendant des Beaux-Arts, le comte de Nieuwerkerke, une lettre de protestation réclamant le rétablissement du Salon des Refusés.

En mai, Zola publie un opuscule intitulé *Mon Salon ;* qui regroupe ses articles parus dans *L'Événement ;* une longue lettre adressée à Cézanne tient lieu de préface et témoigne de la profondeur de leur amitié : « Tu es toute ma jeunesse, je te retrouve mêlé à chacune des mes joies, à chacune de mes souffrances. Nos esprits, dans leur fraternité, se sont développés côte à côte ». Le *Portrait de son père lisant l'Événement* (Washington, National Gallery), alors entrepris par l'artiste, constitue un remerciement au critique d'art.

Les deux amis passent l'été à Bennecourt, chez la mère de l'écrivain, en compagnie de Baille, Solari, Valabrègue, le futur critique d'art, puis le peintre regagne Aix pour y rester jusqu'à la fin de l'année.

1867

Au début de l'année, l'artiste retrouve son domicile parisien de la rue Beautreillis.

Le *Portrait de Valabrègue* (Washington, National Gallery) est refusé au Salon.

Cézanne séjourne quelques mois à Aix (de mai à septembre ?). Puis, de nouveau à Paris, il exécute chez Zola, rue de La Condamine, *L'Enlèvement* (Londres, coll. part.) et lui en fait cadeau.

1868

Son envoi au Salon est repoussé par le jury.

Il travaille pendant l'été à Aix, au Jas de Bouffan.

1869

Les premiers mois de l'année le retrouvent à Paris, où il fait la connaissance d'un jeune modèle âgé de dix-neuf ans, Hortense Fiquet.

Son envoi au Salon est encore rejeté.

1870

Cézanne habite 153, rue Notre-Dame-des-Champs.

Le jury refuse le *Portrait d'Achille Emperaire* (M. du Jeu de Paume) et un *Nu étendu*.

Le 31 mai, le peintre sert de témoin à Zola pour son mariage, ainsi que Marius Roux, Philippe Solari, Paul Alexis.

Après la déclaration de la guerre franco-prussienne (18 juillet), il quitte Paris pour Aix, puis, à l'insu de ses parents, rejoint Hortense Fiquet à l'Estaque.

1871

L'armistice ayant été signé le 28 janvier, le peintre retourne à Paris ; il demeure quelque temps 5, rue de Chevreuse, dans la même maison que Solari, le seul ami de jeunesse avec qui Cézanne ne se brouillera pas (le sculpteur exécutera d'ailleurs à Aix, en 1904-1905, le buste du peintre - M. du Jeu de Paume), puis s'installe rue de Jussieu.

1872

Le 4 janvier, à Paris, Hortense met au monde un garçon, Paul.

Peu après, Cézanne et sa famille rejoignent Pissarro à Pontoise, et demeurent à l'hôtel du Grand Cerf. Tout en gardant son individualité, l'œuvre des deux peintres trahit une influence réciproque.

A l'automne, tous trois se rendent à Auvers, chez le docteur Gachet, un habitué des réunions des Batignolles qui, une vingtaine d'années plus tard, accueillera Van Gogh deux mois avant sa mort (1890).

1873

A Auvers, Cézanne bénéficie pleinement de l'hospitalité de Gachet ; il y exécute ses seules eaux-fortes grâce au matériel mis à sa disposition par le docteur, peint un grand nombre de natures mortes et de bouquets de fleurs arrangés dans des vases de Delft par Madame Gachet : *Dahlias* (M. du Jeu de Paume), *Bouquet au petit Delft* (M. du Jeu de Paume).

Le docteur Gachet lui achète plusieurs toiles, dont notamment *Une Moderne Olympia* (M. du Jeu de Paume) qui se réfère à la toile de Manet, objet de scandale au Salon de 1865.

1874

Cézanne quitte Auvers au début de l'année et élit domicile à Paris, 120, rue de Vaugirard.

Il participe, malgré l'avis défavorable de Degas, à la première exposition du groupe que le critique Louis Leroy qualifie d'« impressionniste » ; elle a lieu chez le photographe Nadar, boulevard des Capucines, et Cézanne y présente deux paysages d'Auvers, dont *La Maison du Pendu* que lui achète le comte Doria, et *Une Moderne Olympia* (version appartenant au docteur Gachet).

Devant l'acharnement des critiques, l'artiste part brusquement pour Aix ; en septembre (?), il est de retour à Paris.

1875

Cézanne abandonne la rue de Vaugirard pour le 13, quai d'Anjou, domicile proche de celui de Guillaumin en compagnie de qui il va parfois peindre au bord de la Seine.

Victor Chocquet, administrateur des douanes et collectionneur passionné, achète dans la boutique du Père Tanguy, le marchand de couleurs des impressionnistes, une toile de Cézanne. C'est Renoir qui l'y a conduit et qui, peu après, lui fait rencontrer Cézanne.

Sur les instances de Pissarro, Cézanne et Guillaumin se joignent à un groupement nouveau, *L'Union Artistique,* coopérative dirigée par Alfred Meyer, qui intrigue contre Monet.

1876

Au début de l'année, Cézanne emmène Chocquet déjeuner chez Monet
Il est de nouveau refusé au Salon.

Durant le printemps et l'été, il partage son temps entre Aix et l'Estaque, où il peint notamment deux vues de la Méditerranée destinées à Chocquet.

En même temps que Pissarro et Guillaumin, il démissionne de *L'Union Artistique.*

1877

A Paris, il demeure 67, rue de l'Ouest.

Après avoir été refusé au Salon, il participe, en avril, pour la dernière fois, à l'exposition du groupe impressionniste, la troisième, qui se tient 6, rue Le Peletier ; son envoi comprend seize œuvres, dont quelques aquarelles.

Dès la fermeture de l'exposition, il travaille dans les environs de Paris, à Pontoise avec Pissarro, à Auvers et à Chantilly.

1878

Cézanne se trouve toute l'année dans le Midi ; il installe sa compagne et son fils à Marseille, mais vit à Aix et travaille à l'Estaque.

En mars, il doit faire face à une crise à la suite de difficultés avec son père qui a découvert sa vie privée et réduit sa pension mensuelle à cent francs. Cézanne songe alors à renoncer à la peinture et demande aide et conseil à Zola ; l'écrivain l'encourage à persister dans son art et lui apporte son soutien financier.

1879

Cézanne est à Paris de mars à mai.

Son envoi au Salon suscite toujours les mêmes difficultés ; en avril, il décline l'invitation de Pissarro à participer à la quatrième exposition impressionniste.

Il s'installe à Melun au mois de mai. A la fin de septembre, il se rend pour la première fois à Médan, dans la propriété que Zola vient d'acquérir.

1880

En mars, le peintre quitte Melun pour le 32, rue de l'Ouest, à Paris.

Il séjourne de nouveau à Médan en été où il fait la connaissance des écrivains J.-K. Huysmans et Henry Céard.

1881

Au printemps, en compagnie de Pissarro, Cézanne travaille à Pontoise, où il habite 31, quai du Pothuis ; il y rencontre souvent Vignon et Gauguin.

Il fait, en juin, un court séjour à Paris pour accueillir sa sœur Rose qui vient d'épouser Maxime Conil.

En octobre, il rend visite à Zola à Médan, puis repart dans le Midi.

1882

Au mois de janvier, Renoir, de retour d'Italie, séjourne un temps à l'Estaque; étant tombé malade, il est soigné par Cézanne et sa mère.

En mars, Cézanne est à Paris, 32, rue de l'Ouest.

Le mois de mai voit enfin l'admission de Cézanne au Salon, grâce à l'insistance de Guillemet, membre du jury; il se présente comme élève de ce dernier, avec le «*Portrait de A.L.*».

En septembre-octobre, il passe cinq semaines à Médan et y rencontre des écrivains et critiques, tels Paul Alexis, Numa Coste, Édouard Rod, Théodore Duret.

En octobre, il séjourne au Jas de Bouffan.

1883

Cézanne passe l'année entière à Aix et à l'Estaque. C'est l'époque des nombreuses visites à Monticelli qui vit à Marseille; les deux amis entreprendront même, sac au dos, un voyage d'un mois à travers la région avoisinante.

En décembre, Monet et Renoir, revenant de Gênes, passent à l'Estaque.

1884

Durant toute l'année, le peintre travaille au Jas de Bouffan, à l'Estaque, dans les villes et villages environnants.

Malgré l'intervention de Guillemet, son envoi au Salon est refusé.

A Paris, la nouvelle génération de peintres découvre et admire ses œuvres chez Tanguy.

1885

Au printemps, une violente aventure sentimentale bouleverse la retraite de Cézanne.

Durant les mois de juin et juillet, l'artiste séjourne chez Renoir à La Roche-Guyon, puis à Villennes et Vernon.

A la fin de juillet, il rend visite à Zola à Médan.

De retour à Aix en août, il entreprend la série des *Vues de Gardanne* (Merion, Barnes Foundation; New York, Brooklyn Museum et Metropolitan Museum).

1886

Cézanne passe la majeure partie de l'année à Gardanne, avec Hortense et son fils. Son envoi au Salon est refusé.

En mars, Zola publie *L'Œuvre;* se reconnaissant dans le personnage du peintre «raté» Claude Lantier, Cézanne, en avril, rompt avec Zola, en lui adressant une lettre empreinte de la nostalgie de leurs années de jeunesse.

Le 28 avril, il épouse Hortense Fiquet.

L'héritage laissé par son père, décédé le 23 octobre, le met désormais à l'abri de tout souci financier, sans toutefois changer la simplicité de son mode de vie.

1887

L'artiste passe probablement la plus grande partie de l'année à Aix.

C'est à cette époque qu'il loue à Château-Noir une petite pièce où il travaillera jusqu'en 1902, date à laquelle le propriétaire lui demande de quitter le domaine. Il est de nouveau refusé au Salon.

1888

En janvier, Renoir fait un séjour de plusieurs semaines à l'Estaque.
Cézanne est une fois de plus refusé au Salon.
A Paris, il réside quai d'Anjou, au n° 15 ; il travaille à Chantilly ainsi que dans les environs de la capitale et sur les bords de la Marne.
En août, Huysmans publie un court article consacré à la peinture de Cézanne dans *La Cravache.*

1889

Grâce au littérateur et critique d'art Roger Marx ainsi qu'à Chocquet, son propriétaire, la *Maison du Pendu* (M. du Jeu de Paume) figure à l'Exposition Universelle.
Huysmans réinsère dans *Certains* le texte admiratif écrit l'année précédente.
En juin, Cézanne se rend chez Chocquet, à Hattenville, puis repart pour Aix.
Durant l'été, Renoir et sa famille rendent visite à Cézanne ; ils louent le domaine de Montbriant, propriété du beau-frère de Cézanne, et y demeurent plusieurs mois.
De retour à Paris à la fin de l'année, Cézanne, invité par Octave Maus à exposer avec le groupe des XX à Bruxelles, accepte cette proposition.

1890

En janvier, il envoie donc trois œuvres à Bruxelles : une esquisse de *Baigneuses* et deux paysages dont l'un pourrait être la *Maison du Pendu ;* cette participation est mentionnée par Signac dans le compte rendu qu'il fait pour la revue *Art et Critique* (1er février).
Pendant cinq mois, Cézanne accomplit, en été, en compagnie de sa femme et de son fils, son unique voyage hors de France, qui le mène à Neuchâtel, Berne, Fribourg, Vevey, Lausanne et Genève. A cette époque apparaissent les premiers symptômes du diabète.
De retour à Aix, il travaille au Jas de Bouffan, et entreprend probablement la série des *Joueurs de cartes* (Merion, Barnes Foundation ; New York, Metropolitan Museum ; Paris, M. du Jeu de Paume et coll. part ; Londres, Courtauld Institute).

1891

Au début de l'année, il se trouve à Aix.
Paul Alexis entreprend un voyage dans le Midi et en revient, selon Signac, avec quatre œuvres offertes par le peintre.
Cézanne refuse d'exposer au Salon des Indépendants.
Après avoir installé sa femme et son fils à Aix, il se rend à Paris. C'est alors qu'il devient un fervent pratiquant de la religion catholique.
A deux reprises, en juin et en août, Albert Aurier, dans le *Mercure de France,* fait état des peintures de Cézanne exposées chez le Père Tanguy. *L'Écho de Paris* du 28 décembre publie les résultats de l'enquête menée *Chez les jeunes Peintres* par Jacques Daurelle : Émile Bernard et Louis Anquetin y proclament leur admiration pour Cézanne.

1892

L'artiste partage son temps entre Aix et Paris, où il demeure désormais 2, rue des Lions-Saint-Paul ; il séjourne quelque temps dans la forêt de Fontainebleau.

En janvier, Paul Alexis essaie de gagner le peintre à la cause des Indépendants, mais à nouveau celui-ci refuse sa participation.

Georges Lecomte fait une conférence sur Cézanne, publiée dans *L'Art Moderne* du 21 février, à l'occasion de la manifestation annuelle des XX à Bruxelles, et Émile Bernard lui consacre le n° 387 des *Hommes d'aujourd'hui*.

1893

Le peintre séjourne à Aix, Paris et Fontainebleau.

Il expose un *Autoportrait* chez Le Barc de Boutteville qui présente dans sa galerie *Les Portraits du prochain siècle,* exposition « d'art libre », signalée dans *La Plume* du 1er octobre par Jules Christophe.

1894

Cézanne passe la majeure partie de l'année à Paris, rue des Lions-Saint-Paul, et à Alfort.

Il renoue avec son ancien camarade de l'Académie Suisse, Oller ; il lui prête son atelier de la rue Bonaparte ainsi que quelques toiles, lui avance de l'argent et règle ses dettes chez le Père Tanguy.

A la vente de la collection Duret, le 19 mars, trois toiles de Cézanne obtiennent des prix honorables, entre 600 et 800 francs.

A la même époque, les journaux annoncent officiellement le legs Caillebotte. Gustave Geffroy profite de ces événements pour écrire un article sur Cézanne dans *Le Journal* du 25 mars.

En juin, la veuve de Tanguy — le vieux marchand de couleurs était mort l'année précédente — vend les collections de son mari : les tableaux de Cézanne sont cotés entre 45 et 215 francs.

Durant l'été, le peintre genevois A. Silvestre rend visite à Cézanne dans son atelier de Barbizon et y admire l'importante production du Maître où dominent les natures mortes.

En automne, Cézanne séjourne à Giverny chez Monet qui organise, au mois de novembre, un déjeuner où sont réunis Geffroy, Mirbeau, Rodin et Clemenceau.

Les dernières années :

1895

Cézanne est à Paris de janvier à juin, puis à Aix pour le reste de l'année.

En avril, il commence le *Portrait de Geffroy* (cf. notice n° 1).

En juillet, l'artiste se brouille avec Oller en visite à Aix.

Au mois de novembre, il loue une petite cabane à la carrière Bibemus où il entrepose son matériel lorsqu'il travaille « sur le motif ».

Ce même mois, le marchand Vollard, sur les conseils de Pissarro, Monet et Renoir, organise dans sa galerie, 39, rue Laffitte, une exposition des œuvres de Cézanne (plus d'une centaine de numéros). De très vives discussions s'ensuivent, mais les vrais amateurs commencent à se manifester, tels Auguste Pellerin et Isaac de Camondo. Peu après, Vollard se rend à Aix et achète à des particuliers toutes les toiles du peintre qu'il peut trouver.

1896

Deux de ses œuvres — L'Estaque et La Cour de ferme à Auvers (M. du Jeu de Paume) — sur les cinq que comprenait le legs Caillebotte, entrent au musée du Luxembourg, les trois autres ayant été refusées.

De janvier à juin, Cézanne réside à Aix ; en avril, il fait la connaissance de l'écrivain et poète Joachim Gasquet dont il exécute le portrait (cf. notice n° 2).

Dans un article intitulé Peinture, qui paraît dans Le Figaro du 2 mai, Zola qualifie son ancien ami de « grand peintre avorté ».

En juin, l'artiste suit une cure à Vichy, puis séjourne à Talloires, où le Lac d'Annecy lui fournit le motif de plusieurs œuvres (ainsi la toile conservée au Courtauld Institute de Londres).

De retour à Paris, il s'installe à Montmartre.

1897

De janvier à avril, Cézanne vit à Paris, 73, rue Saint-Lazare.

En mai, il séjourne à Mennecy, près Corbeil.

De nouveau dans le Midi en juin, il travaille principalement au Tholonet et à la carrière Bibémus.

Le 25 octobre, sa mère meurt ; il ressent si douloureusement cette perte qu'il décide de ne plus vivre au Jas de Bouffan.

1898

Cézanne reste à Aix jusqu'à l'automne, et fait de courts séjours à Montgeroult, Marines et travaille fréquemment à Château-Noir.

Du 9 mai au 10 juin a lieu, chez Vollard, la seconde exposition consacrée au peintre, représenté par soixante œuvres.

L'artiste se rend à Paris pour y demeurer presqu'un an, 15, rue Hégésippe-Moreau ; c'est là son dernier séjour de longue durée loin de la région aixoise.

1899

Le peintre travaille à Paris et dans les environs ; il se rend quotidiennement au Louvre avec son carnet de croquis et au musée du Trocadéro qui abritait une collection de moulages ; il entreprend une série de natures mortes très élaborées ainsi que le Portrait de Vollard (cf. notice n° 3).

Le 5 mai, lors de la vente de la collection du comte Doria, la Neige fondante à Fontainebleau (New York, The Museum of Modern Art), dont l'acquéreur est Monet, atteint 6 750 francs.

En juillet, après la mort de Madame Chocquet, qui avait hérité en 1898 de la collection de son mari, sept des trente et une toiles de Cézanne qui y figuraient sont vendues entre 1 700 et 6 200 francs.

Cette année-là, Cézanne accepte de participer au Salon des Indépendants en y envoyant deux natures mortes et un paysage.

De retour à Aix, il vend le Jas de Bouffan et loue un appartement 23, rue Boulegon. Ni sa femme ni son fils ne l'y rejoignent ; une gouvernante, Madame Brémond, s'occupera dès lors de lui (cf. notice n° 10).

Au mois de décembre, Vollard consacre à l'artiste une troisième exposition.

1900

Cézanne passe l'année entière à Aix.

Grâce à Roger Marx qui réunit à la Centennale un grand nombre de toiles d'artistes encore souvent contestés, trois œuvres de Cézanne figurent en place d'honneur ; parmi elles se trouve la *Nature morte au compotier* (coll. part.) que Gauguin avait auparavant achetée à Cézanne et qui appartient alors à Vollard. C'est précisément cette nature morte que Maurice Denis, ne connaissant pas encore personnellement Cézanne, représente dans son *Hommage à Cézanne* (Paris, Palais de Tokyo), peint cette année-là chez Vollard et exposé l'année suivante à la Société Nationale des Beaux-Arts, véritable manifeste de l'admiration des jeunes artistes contemporains.

1901

Comme l'année précédente, Cézanne demeure à Aix.
Il présente une nature morte et un paysage au Salon des Indépendants et une œuvre au Salon de La Libre Esthétique à Bruxelles.
En novembre, il acquiert un terrain aux Lauves, au nord d'Aix, et s'y fait construire une maison comprenant plusieurs petites pièces et un grand atelier.
Il se lie avec deux jeunes gens qui font leur service militaire à Aix, le poète Léo Larguier et le peintre Charles Camoin, qui lui a été recommandé par Vollard.

1902

L'artiste s'installe dans son nouvel atelier.
Il expose trois tableaux au Salon des Indépendants et deux, en tant qu'élève de Pissarro, à la Société des Amis des Arts d'Aix, fondée en 1894 sous la présidence d'un de ses camarades de jeunesse, Villevieille.
En septembre, il séjourne dans les Cévennes, chez les parents de Larguier. A la mort de Zola, le 29 septembre, le peintre éprouve un vif chagrin bien que les deux hommes ne se soient plus rencontrés depuis leur rupture en 1886.

1903

Cézanne vit toute l'année à Aix.
En mars, les collections de Zola passent en vente ; dix œuvres de jeunesse de Cézanne, dont la très belle *Nature morte à la pendule noire* (coll. Niarchos), sont mises aux enchères ; à cette occasion, se déclenche une des campagnes les plus violentes qui aient jamais été menées contre l'artiste (cf. notamment l'article de Henri Rochefort, *L'Amour du Laid,* dans *L'Intransigeant* du 9 mars).
Cézanne est représenté dans les expositions impressionnistes de Berlin et de la Wiener Sezession.

1904

Émile Bernard, au retour d'un voyage en Égypte, débarque à Marseille en février et se rend à Aix ; il engage avec Cézanne de longues conversations théoriques qu'il essaiera de prolonger dans sa correspondance ; en juillet, il publie un article sur le Maître dans *L'Occident.*
Cézanne envoie neuf toiles au Salon de La Libre Esthétique à Bruxelles.
Dans sa galerie de Berlin, Paul Cassirer présente des œuvres de Cézanne, Gauguin et Lautrec.
Au Salon d'Automne, fondé l'année précédente, une salle entière comprend trente peintures et deux dessins de Cézanne qui, à cette occasion, entreprend un dernier voyage à Paris, puis séjourne quelque temps à Fontainebleau, avant de regagner Aix.
En décembre, paraît, dans la *Gazette des Beaux-Arts,* un article où Roger Marx exprime toutes ses opinions favorables sur la personne et l'art de Cézanne.

1905

En janvier, Cézanne reçoit la visite de deux jeunes peintres, H.-P. Rivière et J.-F. Schnerb.

D'autres visites se succèdent, dont celle du marchand Gaston Bernheim-Jeune, à qui Cézanne vendait quelques toiles depuis 1902, et d'Herman-Paul qui avait exposé au Salon d'Automne de l'année précédente un portrait en pied du Maître.

Le *Mercure de France* (août et septembre), dans son *Enquête sur les tendances actuelles des arts plastiques,* pose la question : «Quel état faites-vous de Cézanne?»; la majeure partie des peintres y répond avec respect et parfois enthousiasme.

Cézanne présente dix toiles au troisième Salon d'Automne.

1906

En janvier, Maurice Denis et K.-X. Roussel séjournent à Aix; suivant l'exemple de Bernard en 1904, ils prennent des photographies de Cézanne au travail et Denis en fait le thème d'une de ses œuvres (France, coll. part.).

Le collectionneur allemand Karl-Ernst Osthaus, fondateur du Museum Folkwang d'Essen, se rend à Aix en avril et achète à l'artiste deux peintures (cf. notice n° 36).

Cézanne présente au Salon d'Automne dix œuvres et expose à la Société des Amis des Arts d'Aix une vue de Château-Noir.

Le 15 octobre, alors qu'il peint sur le «motif», il est surpris par un orage; il meurt le 22 octobre sans avoir revu les siens.

1907

Le cinquième Salon d'Automne consacre à Cézanne une rétrospective posthume comprenant cinquante-six œuvres, provenant notamment des collections Pellerin, Cézanne fils et Gangnat: cette manifestation a une influence considérable sur les peintres du temps.

S.G. et Ph. T.

Cette biographie a été établie principalement grâce à la *Correspondance* de Cézanne (recueillie, annotée et préfacée par John Rewald, Paris 1937) et aux premiers articles, ouvrages et témoignages parus sur le peintre (cf. bibliographie). D'autre part ont été particulièrement consultés l'*Histoire de l'Impressionnisme,* Paris 1955, et *Le Post-Impressionnisme,* Paris 1961, de John Rewald.

Maurice Denis, *Visite à Cézanne*, 1906, France, coll. part.

Catalogue

Notices des peintures, rédigées par John Rewald,
traduites par Marie-Geneviève de La Coste-Messelière,
en collaboration avec l'auteur.
Notices des aquarelles, rédigées par John Rewald et Adrien Chappuis,
traduites par Adrien Chappuis.

Les notices des peintures, rédigées par John Rewald,
sont établies à partir de la documentation qu'il a réunie
pour le catalogue raisonné de l'œuvre de Cézanne, qui sera publié prochainement.
Les notices des aquarelles sont rédigées en collaboration
par John Rewald et Adrien Chappuis.

1   Portrait de Gustave Geffroy

1895 (V. 692)
Huile sur toile. 1,16 × 0,89 m
Musée du Louvre,
Galerie du Jeu de Paume, Paris
(Donation anonyme
sous réserve d'usufruit, 1969 ;
R.F. 1969-29)

Les années 1894-95 représentent un tournant décisif dans la vie de Cézanne qui, depuis un quart de siècle, n'était plus guère apparu sur la scène artistique. A la vente de la collection de Théodore Duret, en mars 1894, trois toiles de Cézanne avaient obtenu des prix assez « honorables » (entre 600 et 800 francs). Le même mois parut l'annonce que Gustave Caillebotte, mort en 1893, avait légué sa collection à l'État. Gustave Geffroy, ami de Monet et de Rodin, avait alors publié une liste des œuvres rassemblées par le disparu, consacrant de courts paragraphes aux toiles les plus importantes. Énumérant les tableaux de Cézanne que comportait le legs, il les avait décrits ainsi :

— « *Les Baigneurs* [V. 276, aujourd'hui à la Fondation Barnes], une des toiles les plus célèbres de Cézanne, bleue et blanche, ferme et colorée comme une belle faïence, des figures nues, un paysage de rocs et nuages.
— Une marine méridionale [*L'Estaque*, V. 428, aujourd'hui au Louvre], une eau pesante et bleue, des collines rocheuses, la stupeur des choses sous la chaleur, paysage fortement construit, d'une attention et d'une franchise rares.
— Deux autres paysages : une société de personnages assis ou couchés au bord de l'eau [V. 232, aujourd'hui au musée de Boston] — une maison à toit rouge [*Cour d'une ferme*, V. 326, aujourd'hui au Louvre].
— Un vase blanc et bleu empli de fleurs [V. 222, aujourd'hui à la National Gallery de Washington] » (1).

Non content de cette preuve d'estime, Geffroy, quelques jours après, dans *Le Journal* (2), consacra un article spécial et fort élogieux à Cézanne qu'il n'avait encore jamais rencontré. L'artiste l'en remercia dans une lettre écrite d'Alfort le 26 mars 1894 :
« Monsieur, j'ai lu hier la longue étude que vous avez consacrée à mettre en lumière les tentatives que j'ai faites en peinture. Je voulais vous en témoigner ma reconnaissance pour la sympathie que j'ai rencontrée en vous » (3).
Lorsque, à l'automne de la même année, le peintre vint passer quelque temps à Giverny, Monet eut l'idée de convoquer un petit groupe d'amis pour un déjeuner en l'honneur de Cézanne.
« C'est entendu pour mercredi », écrit Monet à Geffroy le 23 novembre. J'espère que Cézanne sera encore ici et qu'il sera des nôtres, mais il est si singulier, si craintif de voir de nouveaux visages, que j'ai peur qu'il nous fasse défaut, malgré tout le désir qu'il a de vous connaître. Quel malheur que cet homme n'ait pas eu plus d'appui dans son existence ! C'est un véritable artiste et qui en est arrivé à douter de lui par trop. Il a besoin d'être remonté : aussi a-t-il été bien sensible à votre article » (4).
En fait, Cézanne assista au déjeuner, où Monet avait réuni, en plus de Geffroy, le romancier et critique Octave Mirbeau, en même temps que Rodin et Clemenceau. Au printemps suivant, encouragé par l'attitude sympathique de Geffroy, l'artiste lui envoya une courte lettre :
« Cher Monsieur Geffroy, les jours grandissent, la température est devenue plus clémente. Je suis inoccupé toutes les matinées jusqu'à l'heure où l'homme civilisé se met à table. J'ai l'intention de monter jusqu'à Belleville [où Geffroy habitait] vous

(1) Cité par G. Lesaulx, *Le Mémorial artistique hebdomadaire*, 24 mars 1894.
(2) *Le Journal*, 25 mars 1894.
(3) *Correspondance*, 1937, p. 216.
(4) G. Geffroy, *Claude Monet*, p. 65.

Gustave Geffroy (photographie)

serrer la main et vous soumettre un projet que j'ai tantôt caressé, tantôt abandonné et que je reprends parfois... » (5).

Ce projet était de peindre un portrait de Geffroy dans son bureau ; il se mit au travail au début du mois d'avril et continua, avec des séances presque quotidiennes, jusqu'à la mi-juin. Il est évident que le peintre disposa très soigneusement tous les objets sur la table de l'écrivain, depuis le petit plâtre par Rodin, coupé par le bord de la toile, jusqu'à la fleur en papier qu'il avait spécialement apportée. Il est probable qu'il arrangea aussi attentivement sur les étagères les reliures oranges et jaunes afin d'obtenir des accents de couleur là où il en avait besoin. L'effet prononcé de la vue plongeante est sans doute dû en partie au fait que les dimensions de la pièce ne permettaient pas à l'artiste de s'éloigner beaucoup de son sujet, quoique ce type de perspective corresponde à une tendance observée dans beaucoup de ses œuvres des dernières années.

Selon Geffroy, Cézanne travailla à tout en même temps, sauf au visage, qu'il laissa pour la fin, comme il l'expliqua à son modèle. Mais le 12 juin, il envoya un message à l'écrivain :

« Cher Monsieur Geffroy, étant sur le point de mon départ, et ne pouvant mener à bonne fin le travail qui dépasse mes forces, et que j'ai eu le tort d'entreprendre — je viens vous prier de m'excuser et de faire remettre au commissionnaire que je vous adresserai les objets que j'ai laissés dans votre bibliothèque. Veuillez agréer l'expression de mes regrets et mes salutations distinguées. »

Pourtant, Geffroy réussit à persuader le peintre de consacrer encore une semaine au portrait. Avant de partir pour Aix, Cézanne promit même de terminer la toile à son retour. Il écrivit d'ailleurs à Monet, le 6 juillet :

« J'ai dû quitter Paris, le terme auquel mon voyage à Aix était fixé étant arrivé. Je suis auprès de ma mère qui est d'un âge avancé et je la trouve infirme et seule. J'ai dû abandonner momentanément l'étude que j'avais entreprise chez Geffroy, qui s'est mis si libéralement à ma disposition, et je suis un peu confus du mince résultat que j'ai obtenu, et surtout après tant de séances, et des emballements et des découragements successifs. Me voilà donc retombé dans le Midi, dont je n'aurais peut-être jamais dû m'éloigner pour m'élancer à la poursuite chimérique de l'art. Pour terminer, je vous dirai combien j'ai été heureux de l'appui moral que j'ai rencontré auprès de vous, et qui me sert de stimulant pour la peinture. A mon retour donc à Paris, où je dois me rendre pour continuer ma tâche, car je l'ai promis à Geffroy » (6).

Il devait s'avérer que l'année 1895 allait enfin apporter à Cézanne une bonne dose « d'appui moral ». Quoique la donation Caillebotte — comprenant en tout soixante-cinq tableaux — suscitât une tempête de protestations, surtout de la part des peintres académiques, fort puissants alors, deux des cinq tableaux de Cézanne qu'elle contenait entrèrent finalement au musée du Luxembourg. D'autre part, cette année encore, un jeune marchand nouvellement établi, Ambroise Vollard, réussit à contacter sinon Cézanne, du moins son fils et à organiser la première exposition personnelle de l'artiste. Elle ouvrit en novembre 1895 dans la petite galerie de la rue Laffitte. Cézanne n'avait envoyé pas moins de cent cinquante toiles, qu'il fallait exposer par roulement, le local étant trop exigu pour qu'on puisse les accrocher toutes ensemble. Geffroy écrivit à cette occasion un autre article où il exaltait le peintre et prédisait que ses œuvres iraient un jour au Louvre (7).

Cézanne, pendant ce temps, était à Aix et travaillait à la carrière de Bibémus, vivant au Jas de Bouffan avec sa mère, alors âgée de 80 ans. Ce fut peut-être son état de santé qui l'obligea à rester dans le Midi plus longtemps qu'il ne l'avait prévu.

(5) Correspondance, 1937, pp. 218-219, lettre du 4 avril 1895.
(6) Correspondance, 1937, p. 220.
(7) Le Journal, 16 novembre 1895, repris dans La Vie artistique, 6ᵉ série, Paris, pp. 214-220.

1

Quoi qu'il en soit, et malgré ses promesses réitérées, Cézanne envoya finalement — le 3 avril 1896 — un commissionnaire chez Geffroy, pour reprendre son attirail, mais y laissa le portrait. Lui-même ne revint à Paris qu'à l'automne.

Cézanne et Geffroy ne devaient plus se revoir. Au cours des années suivantes, le peintre fit même à un autre homme de lettres devenu son ami, Joachim Gasquet, des remarques étrangement désobligeantes sur Geffroy. Les raisons de ce changement d'attitude n'ont jamais été élucidées. Geffroy, quant à lui, continua à admirer Cézanne, à le dire dans ses écrits, et à collectionner ses œuvres (il possédait, entre autres, la nature morte *Pommes et oranges,* Nº 22). Mais Geffroy était un libéral, défenseur ardent des causes de « la gauche », et du Capitaine Dreyfus, tandis que Cézanne avait, peu à peu, « viré à droite », sans pour autant approuver les convictions monarchistes de Gasquet. (Au moment où Cézanne faisait son portrait, Geffroy terminait la biographie du célèbre socialiste et révolutionnaire, Louis-Auguste Blanqui, qui avait passé près de la moitié de sa vie en prison.)

Le portrait de Geffroy se distingue par un chromatisme d'une richesse exceptionnelle. Observant Cézanne au travail, l'écrivain notait la manière dont il procédait, accumulant de minces pellicules de couleur, gardant toujours l'aspect frais et éclatant à sa peinture. Pourtant, le pigment est posé en couches assez épaisses sur les épaules du modèle, là où la veste bleue se détache sur la chaise pourpre, et sur le plastron de la chemise. Dans le fond apparaissent également des couches successives de couleurs. La finesse de la pâte sur le visage donne l'impression que le peintre laissait sécher chaque couche avant d'en poser une autre. (Vollard devait à son tour commenter cette manière de Cézanne, lorsque celui-ci fit son portrait, quelques années plus tard ; voir la notice Nº 3.) Malgré la minceur apparente de la couche picturale, chaque touche est posée avec un pinceau assez chargé ; par endroit, des lignes bleues viennent après coup préciser habilement des contours.

« De tous les portraits de Cézanne, a écrit Roger Fry, celui de Geffroy est probablement le plus célèbre. Ce succès est dû sans doute, en partie, au nombre de séances de pose auxquelles se soumit l'admirateur lucide qu'était le modèle. L'équilibre si parfaitement atteint naît de la coordination des directions multiples. Il suffit d'imaginer ce qui arriverait si les livres, derrière la tête du modèle, étaient placés verticalement, comme ceux des autres rayons, pour comprendre de quelle subtilité d'agencements dépend la force de cette étonnante structure. On ne peut guère concevoir de construction aussi complexe dont l'équilibre ne soit aussi fermement assuré. L'esprit du spectateur est tenu dans une sorte de suspense saisissant, par la correspondance inattendue de tous ces éléments conjugués. Comment ne pas admirer une imagination capable de coordonner si fermement des objets aussi disparates, un tel chassé-croisé de mouvements et de tensions plastiques ? Peut-être faut-il cependant admettre, pour éviter toute exagération, que depuis l'époque de Cézanne, d'autres constructions aussi complexes, aussi équilibrées ont été élaborées. Mais je crois qu'elles ont été réalisées au prix d'un sacrifice trop grand de la sensibilité, d'un refus trop déterminé de la qualité vitale des formes. Et c'est uniquement grâce à l'influence de Cézanne que de telles constructions ont été tentées. Cézanne a été le premier, parmi les modernes en tout cas, à concevoir cette manière d'organiser la complexité infinie de l'apparence en la ramenant à une structure géométrique. Il ne faut jamais oublier, pourtant, qu'il ne s'agit pas d'un schéma *a priori* superposé aux réalités visibles, mais bien plutôt d'une interprétation dégagée peu à peu de celles-ci par une longue contemplation. Rien ici ne suggère un procédé mécanique : la sensibilité de Cézanne était trop constamment en éveil pour ne pas éliminer toute trace de sécheresse qu'aurait pu susciter une construction aussi géométrique. L'accord, tel qu'il se fait en Cézanne, tel qu'il se montre si magistralement dans cette toile, entre une intelligence rigoureuse, abstraite, exigeante et une sensibilité exacerbée, toujours prompte à réagir. Voilà le miracle ! Il n'est pas étonnant qu'un si bel équilibre de dons exceptionnels — chacun d'eux étant déjà relativement rare — ne se produise qu'à de longs intervalles dans l'histoire de l'art. Pour une fois au moins, Cézanne même aurait pu admettre qu'il avait, selon son mot, « réalisé », tant est puissante l'impression d'une réalité vivante. Vasari aurait certainement dit que c'était la vie même et non une imitation, ce qui n'est qu'une autre façon d'exprimer l'idée de Cézanne selon laquelle l'artiste est l'intermédiaire par lequel la nature prend conscience d'elle-même » (8).

Fry, lorsqu'il fit ce commentaire, ignorait évidemment que Cézanne, en réalité, regrettait d'avoir entrepris ce portrait, trouvait la tâche au-dessus de ses forces, était mécontent du « mince résultat » et avait laissé cette œuvre... inachevée. Pourtant l'analyse passionnée de Roger Fry n'est nullement infirmée par ce qu'a dit Cézanne qui, comme l'avait observé Monet, en était « arrivé à douter de lui par trop ». En effet ce tableau se présente comme l'un des plus grands chefs-d'œuvre du peintre et de la peinture.

Pour les circonstances dans lesquelles ce portrait fut exécuté et pour les lettres de Cézanne et de Monet, voir G. Geffroy, *Claude Monet, sa vie, son œuvre*, Paris, 1924, t. II, chap. XIII et XIV, ainsi que J. Rewald, *Cézanne, Geffroy et Gasquet*, Paris, 1959.

(8) Fry, 1927, pp. 69-71.

2   Portrait de Joachim Gasquet

1896-97 (V. 695)
Huile sur toile. 65 × 54 cm
Galerie Nationale, Prague

Un an après avoir commencé et interrompu l'exécution de son portrait de Gustave Geffroy (Nº 1), Cézanne rencontra un autre homme de lettres, un Aixois cette fois, et dont le père avait été l'un de ses camarades d'école. Ce fut en automne 1896 que le poète débutant Joachim Gasquet fut soulevé d'admiration pour Cézanne en voyant deux de ses paysages dans une exposition de peinture locale à Aix. Sur ces entrefaites le père du jeune homme, citoyen cossu, devenu par héritage propriétaire d'une boulangerie, présenta son fils à l'artiste avec qui il avait maintenu, sinon des relations étroites, du moins des rapports cordiaux. Entre le peintre vieillissant et le poète volubile, d'un « lyrisme déchaîné » et passionnément attaché à sa Provence natale s'établit une amitié singulière. Cézanne offrit même un des deux tableaux exposés à Aix (V. 454) à son nouvel admirateur, de plus de trente ans son cadet.

Ce sont peut-être les opinions ardemment royalistes et chauvines du jeune poète qui contribuèrent à détacher l'artiste de Geffroy et l'amenèrent à ne plus le fréquenter. Il est possible que les Gasquet — père, fils et la femme de celui-ci —

Joachim Gasquet (photographie)

conversèrent à l'occasion en provençal avec Cézanne, ce qui devait resserrer encore davantage les liens entre eux. En tout cas, Joachim Gasquet et sa femme étaient des félibriges actifs.

Afin de vaincre la timidité de Cézanne devant de nouvelles connaissances, le boulanger suggéra à l'artiste de faire son portrait ; les séances commencèrent de suite. Selon les souvenirs de Marie Gasquet, Cézanne, « comme l'avait prévu son vieil ami, s'apprivoisait. Sa conversation, ahurissante d'érudition, réchauffée par l'enthousiasme de l'auditeur qui lui donnait la réplique, était un bel et profitable enchantement... Le portrait d'Henri Gasquet achevé, mis dans un coin tourné contre le mur, Cézanne voulut faire celui de mon mari » (1).

Ces souvenirs sont tant soit peu sujets à caution. D'une part, que le peintre ait permis au jeune couple d'assister aux séances de pose est pour le moins suprenant ; d'autre part, le portrait d'Henri Gasquet (V. 695) n'était pas vraiment « achevé » puisque les quatre angles de la toile étaient restés nus (ils ont depuis été couverts par une main étrangère) ; finalement, on peut s'étonner que Cézanne n'ait pas remis à son ami l'œuvre que celui-ci avait commandée, à moins qu'il n'ait eu l'intention — comme si souvent — de la reprendre et de la terminer ultérieurement. Il est vrai cependant que l'artiste s'attaqua ensuite au portrait du jeune poète au sujet duquel Marie Gasquet ne rapporte malheureusement aucun détail.

Il semble que Joachim Gasquet posa au Jas de Bouffan devant le paravent que Cézanne avait peint jadis pour son père (V. 3) ; en tout cas la bande verticale aux ornements floraux imprécis derrière la tête et l'épaule du poète pourrait en faire partie. L'homme porte un costume bleu foncé dont les lignes et certains plis sont restés blancs. Également blanc — du blanc de la toile — est le triangle du col de la chemise où des traces de crayon sont encore visibles. De même à l'extrême gauche du tableau sur toute la longueur se trouve un liseré de toile qui n'a pas été couvert non plus. Les cheveux sont à peine esquissés et le visage est rendu par une couche très mince de roses, jaunes, bleus pâles, qui indiquent, sans encore les définir, le front, les joues, le nez et le menton. C'est là qu'apparaît clairement cette « technique d'aquarelle » dont divers modèles de Cézanne, notamment Geffroy et Vollard, ont parlé à propos de leurs portraits. Ici les touches fortement diluées de térébenthine sont transparentes et attendent de toute évidence d'autres couches superposées qui les rendront plus cohésives. Au milieu de ces teintes provisoires, des taches sombres traduisent les yeux et une barre rouge la bouche, tandis que des hachures jaunes entourant le visage et appliquées sur le menton suggèrent une maigre barbe ou une barbiche blonde.

Une fois de plus, c'est le visage qui est la partie la moins poussée de ce portrait ; de nouveau Cézanne révèle comment il parvient par touches successives à l'image souhaitée, appliquant la couleur en pellicules diaphanes là où il s'agit de modeler en *modulant.* Alors que les vêtements sont brossés vivement d'une teinte uniforme et que le fond, à droite — d'un bleu de plomb — est uniquement animé par la texture des coups de pinceau presque ronds, aux variations de teintes à peine perceptibles, la zone la plus claire, le visage, n'a pas encore dépassé le stade de l'esquisse (encore que tous les éléments et tous les tons essentiels y soient déjà).

Nous ignorons pourquoi Cézanne n'a pas poursuivi son travail. Il est vrai qu'il y eut des malentendus pénibles entre le peintre et le poète, mais ceux-ci, du moins au début de leurs relations, furent vite éclaircis. Par la suite leurs rapports devaient s'espacer pour finalement tout à fait cesser et faire place, du côté du peintre, à sa crainte éternelle qu'on ait voulu lui « mettre le grappin dessus », ce qui n'était peut-être pas une appréhension injustifiée. Mais ce changement d'attitude ne

(1) M. Gasquet in *Le Tombeau de Cézanne,* Paris, Société Paul Cézanne, 1956, pp. 31-32.

2

devait se produire qu'au fil des années et l'artiste aurait donc eu le temps de consacrer encore à cette œuvre les séances de travail dont il avait besoin.

Évoquant l'impuissance à atteindre son objectif, dont Cézanne se plaignait si souvent, Robert Rey a écrit : « Et pourquoi cet objectif lui était-il demeuré si souvent inaccessible ? Parce qu'il l'avait placé au sommet des ambitions que les plus grands poètes ont nourries. Ses tragiques avortements révèlaient que la raison d'être de la peinture, telle que l'ont conçue les vrais maîtres, doit être cherchée ailleurs que dans les jeux où la partie se gagne d'avance. En regard des réussites les plus constantes et les plus assurées des Ziem et des Henner, le moindre de ses « ratages » prenait une majesté de chose sainte, comme la tunique déchirée d'un martyr qui aurait beaucoup souffert pour sa foi. Dès que son œuvre, avec ses maladresses, ses acharnements, apparut, toutes les facilités, toutes les conventions dont on s'était repu en l'attendant semblèrent écœurantes » (2).

Sur les rapports de Cézanne et Gasquet voir J. Rewald : *Cézanne, Geffroy et Gasquet,* Paris, Éditions des Quatre Chemins, 1959.

(2) R. Rey, *Cézanne, La Revue des Arts,* Nº 11, juin 1954, p. 80.

3   Portrait d'Ambroise Vollard

1899 (V. 696)
Huile sur toile. 103,3 × 81,3 cm
Musée du Petit Palais, Paris
(Legs Ambroise Vollard)

Vollard, le marchand de Cézanne qui avait demandé à l'artiste en 1899 de faire son portrait, a laissé des séances une description pleine de détails pittoresques. Il a raconté comment le peintre avait disposé pour lui une chaise en équilibre précaire sur une caisse, elle-même surélevée par quatre maigres supports, en sorte que, s'il cédait au sommeil sous l'effet d'une immobilité prolongée, il tombait immanquablement de ce siège instable. Il reçut non seulement l'interdiction de bouger, mais aussi de parler, et les moments de repos étaient des plus brefs. Les séances, qui commençaient à huit heures du matin duraient jusqu'à onze heures et demie. L'artiste procédait avec lenteur et difficulté ; il travaillait en même temps à une grande composition de baigneuses (probablement V. 720, à la Fondation Barnes) à laquelle il se consacrait apparemment lorsque son modèle n'était pas libre).

« Vollard pose tous les matins chez Cézanne, depuis un temps infini, écrit Maurice Denis dans son journal, le 21 octobre 1899, sans doute après un entretien avec le marchand. Dès qu'il bouge, Cézanne se plaint qu'il lui fasse perdre la *ligne de concentration.* Il parle aussi de son défaut de *qualités optiques ;* de son impuissance à *réaliser* comme les anciens maîtres (Poussin, Véronèse, Le Nain, il aime aussi Delacroix et Courbet) ; mais il croit avoir *des sensations.* Pour s'entraîner à peindre dès le matin, il se promène l'après-midi au musée du Louvre ou du Trocadéro [abritant alors une collection de moulages d'après des sculptures de toutes les

3

époques et toutes les nationalités] et dessine des statues, des antiques ou des Puget, ou il fait une aquarelle en plein air ; il prétend être ainsi tout disposé à bien *voir* le lendemain. S'il fait du soleil, il se plaint et travaille peu : il lui faut le *jour gris* » (1).

Vollard remarqua que Cézanne travaillait avec des pinceaux peu chargés de couleur, « ne peignant pas en pleine pâte, mais superposant des couches de couleurs aussi minces que des touches d'aquarelle ; la couleur séchait instantanément ». Et Vollard ajoute que, « pour qui ne l'a pas vu peindre, il est difficile d'imaginer à quel point, certains jours, son travail était lent et pénible » (2).

Lorsqu'après d'innombrables séances de pose, Vollard attira l'attention du peintre sur deux petits points de la main où la toile n'était pas couverte, Cézanne lui expliqua qu'il devait trouver le ton exact pour remplir ces minuscules espaces blancs : « Si je mettais quelque chose au hasard, je serais forcé de reprendre tout mon tableau en partant de cet endroit ! »

Après cent quinze séances (s'il faut en croire Vollard), le peintre dut repartir pour Aix, mais dit à son modèle : « Je ne suis pas mécontent du devant de la chemise. » Il avait l'intention de continuer le portrait et demanda à Vollard de laisser dans l'atelier le vêtement avec lequel il avait posé, mais celui-ci fut dévoré par les mites, et il fallut abandonner le projet. Malheureusement, le penchant irrésistible de Vollard pour l'anecdote et le mot d'esprit laissent planer quelque doute sur la véracité de ses propos. L'histoire du plastron de la chemise est amusante, mais ne doit pas être prise au pied de la lettre. La sobriété imposante de cette figure, la « présence » étonnante du modèle sont plus éloquentes que le verbiage de Vollard.

C'est une peinture sombre, avec un arrière-plan brun foncé, un peu rougeâtre au-dessus de l'horizontale qui le divise à droite et dont le ton s'accorde à celui de la main, mise en valeur sur la cuisse. Le mur extérieur, visible par la fenêtre, est gris-rose ; les deux disques sombres ne sont pas identifiables, mais les deux rectangles jaunes sont peut-être des cheminées. La main est brossée librement, dans un ton rouge rosé qui est le seul accent vivant de la toile. Sa position vient rompre la verticale rigoureuse formée par la tête et la chemise, de même que le genou croisé rompt la vue strictement frontale, et que la zone rouge, dans l'angle supérieur droit, atténue l'éclat un peu brutal de la main. Les yeux du modèle sont vides, comme ceux de la *Jeune Italienne* (V. 701).

Sur le costume de Vollard, d'un brun un peu plus clair que le fond, des traits noirs indiquent les contours, les plis, les froissements de l'étoffe. Les diagonales sur différents niveaux, de la partie inférieure, à droite et à gauche, s'expliquent assez mal. Il est difficile de penser qu'elles correspondent au plancher car elles ne coïncident pas avec les horizontales du mur, derrière les épaules du modèle. Selon Vollard, Cézanne avait, à sa demande, placé au mur une dizaine d'aquarelles qu'il jeta au feu dans un moment de mécontentement. Mais il n'est pas facile d'imaginer le fond du tableau ainsi décoré, d'autant plus qu'aucune œuvre de Cézanne ne montre un tel assemblage d'éléments rectangulaires.

Malgré les cent quinze séances de pose dont parle Vollard, l'empâtement est extrêmement réduit, sauf à droite du visage, sur les épaules, sur le col et le revers de la veste, c'est-à-dire là où Cézanne a voulu détacher des volumes, surtout en les séparant du fond plat. Pourtant, même là, les couches de peinture sont loin d'avoir l'épaisseur, « l'aspect croûteux » qu'elles prendront quelques années plus tard dans les portraits du jardinier Vallier. Quant aux riches tonalités de la chemise blanche, elles ne trahissent guère l'effort particulier que suggèrent les souvenirs de Vollard.

Voir la notice pour le *Nu debout* (V. 710), N° 97.

(1) M. Denis, *Journal,* Paris, La Colombe, 1957, I, p. 157.
(2) Voir A. Vollard, *Paul Cézanne,* Paris, Ambroise Vollard, 1914, chap. 6, « Mon portrait »

4   Portrait de l'artiste au béret

1898-1900 (V. 693)
Huile sur toile. 63,5 × 50,8 cm
Museum of Fine Arts, Boston
(Charles H. Bayley Fund
et donation partielle
d'Elisabeth Paine Metcalf)

C'est l'un des derniers portraits de Cézanne par lui-même ; Gowing pense même qu'il s'agit du tout dernier (1). L'artiste a la tête couverte — c'est le cas une fois sur trois dans ses autoportraits, comme si la chaleur du béret lui procurait un confort particulier.

Cézanne avait alors près de soixante ans et souffrait du diabète depuis une dizaine d'années ; mais son visage n'est pas ridé ; par contre la barbiche et la moustache commencent à blanchir. La ligne curieusement oblique des sourcils a un air quelque peu oriental.

La toile est couverte de couches très minces, surtout dans le veston. Le traitement pictural est analogue à celui du portrait de Joachim Gasquet (1896). Le fauteuil rouge derrière le peintre semble avoir fait partie de son mobilier pendant de longues années. C'est probablement le même qu'on voit dans différents portraits d'Hortense Fiquet, exécutés vers 1876-77, et également dans celui, postérieur, de leur fils (ancienne Collection Walter Guillaume). Le tableau a probablement été peint à Paris ou dans les environs, durant l'un des séjours que Cézanne y fit en 1898 et 1899 ; les autres toiles où figure le fauteuil rouge semblent toutes avoir été exécutées dans le Nord. Ceci explique peut-être en partie la froideur de la lumière qui accentue la précision particulière du style et exprime un détachement plus grand que le portrait inachevé de Gasquet. Gowing a remarqué ici l'absence de la « flamboyante énergie » qui caractérise les portraits des années précédentes, mais cette retenue est compensée, d'une certaine façon, par une sérénité excluant toute complaisance envers le « modèle » qui s'observe simplement dans un miroir.

Ce détachement de Cézanne confère un aspect quasi abstrait, où des surfaces plates presques immatérielles se juxtaposent dans un équilibre parfait. La tonalité sombre du veston et du béret encadrant le visage est amortie par la tache rouge vif du fauteuil dont la courbe est contrebalancée par l'épaule gauche du peintre. Mais même cet angle rouge manque d'épaisseur. L'arrière-plan est absolument neutre. Les détails de structure, la présence du papier peint sur le mur, la belle pâte granuleuse des auto-portraits précédents ont disparu. Il reste une image à la fois forte et subtile. Comme dans les autres images qu'il a données de lui-même, Cézanne apparaît ici grave, solitaire, et surtout distant.

Portraits et natures mortes sont des sujets tout indiqués pour les artistes travaillant habituellement en plein air, lorsque le mauvais temps les en empêche. Cézanne a cependant moins traité le thème du portrait à la fin de sa vie et ceux qu'il a exécutés ont été peints à l'extérieur aussi souvent que possible, tels ceux de son jardinier Vallier. La femme de Cézanne et son fils posaient désormais plus rarement. Revenir à son propre visage était naturellement une des solutions à ce dilemme, quoiqu'elle fût peu fréquemment employée par Cézanne vieillissant.

Il est permis de supposer que la plupart des artistes n'aiment guère scruter leurs traits dans leurs moments de souci et de doute. Ils y sont davantage plus disposés quand ils se sentent en sécurité et ont suffisamment confiance en eux pour affronter un tel monologue muet, mais empreint de lucidité ; aucun peintre, toutefois, n'est allé aussi loin que Cézanne dans l'élimination de toute complaisance, de toute chaleur pour donner ce reflet de lui-même. Les sentiments qu'il laisse parfois

(1) *An exhibition of paintings by Cézanne*, 1954, nº 61.

transparaître en peignant ses amis et surtout son fils ont disparu ici. Les traits qu'il étudie et construit sur la toile en touches habiles posées peut-être lentement mais avec assurance — sont ceux d'un homme qui a appris, au cours d'années amères, que le repli sur soi et la dignité sont les plus sûrs garants de sa force.

5 Paysan en blouse bleue

1895-97 (V. 687)
Huile sur toile. 80 × 63,5 cm
Coll. part., USA

« L'aboutissement de l'art, c'est la figure », confia Cézanne à Vollard (1) ; aussi s'y est-il consacré depuis les portraits de sa jeunesse façonnés au couteau jusqu'à ceux chargés de pigments de son vieux jardinier Vallier, ses toutes dernières œuvres. Ses modèles, il les a cherchés dans le cercle de sa famille et de ses camarades, puis — plus tard — parmi tous ceux qu'il rencontrait et qui étaient prêts à poser pour lui. Tout le monde ne l'était d'ailleurs pas ; Cézanne n'a portraituré aucun de ses collègues impressionnistes, pas même le bienveillant Pissarro, ni le vieux père Tanguy qui pourtant se prêta au pinceau de van Gogh. De même, il n'a pas souvent fait poser sa mère. En revanche, les hommes qui travaillaient les champs et les vignes du Jas de Bouffan se sont à différentes reprises mis à sa disposition, notamment pendant qu'ils jouaient aux cartes. (Peut-être ne pouvaient-ils pas lui échapper puisqu'il était le fils de leur patron ; peut-être les paya-t-il ?) Par la suite il s'est un peu enhardi en demandant à Gustave Geffroy et à Gasquet de poser pour lui ; mais c'est Vollard lui-même qui commanda son portrait. Cependant les commandes étaient rares, et en dehors de Vollard, seul Victor Chocquet semble avoir tenu à se faire peindre par Cézanne ; Madame Chocquet lui préféra Renoir.

Ce paysan isolé est un des laboureurs qui avait déjà été représenté dans deux des groupes de *Joueurs de Cartes* (V. 559 et 560) où il se tenait debout dans le fond, fumant une pipe. Ces deux compositions datent de 1890-92 environ, tandis que ce tableau semble exécuté quelques années plus tard. Ici l'homme est assis devant le paravent que Cézanne avait peint dans sa jeunesse (V. 3) ; on distingue à droite un des personnages du paravent, tenant une ombrelle. L'homme porte une blouse bleue de travail par-dessus une jaquette marron et un foulard rouge noué autour du cou. Le contraste entre le rouge et le bleu est amoindri non seulement par le revers de la jaquette qui prévient la rencontre directe des deux complémentaires, mais aussi par la teinte un peu pâle et par endroits légèrement mauve du bleu lui-même. Ce bleu est répété dans le fond, notamment dans le corsage de la femme du paravent. C'est donc ce bleu qui domine la toile où il côtoie également le marron de part et d'autre de l'homme. Les mains et le visage virent également tant soit peu au marron, quoique dans une tonalité plus rougeâtre. Le foulard rouge constitue la seule note vive tranchant avec ces harmonies atténuées.

Le tableau est brossé vivement et légèrement, la toile apparaissant un peu partout entre les touches du pinceau qui ne se rejoignent pas. Cela indique que Cézanne a travaillé simultanément à toute la surface de l'œuvre qui montre partout le même état d'avancement. Que Cézanne ait considéré ce tableau terminé ou non, est une question un peu oiseuse puisque aujourd'hui nous en admirons la parfaite

(1) A. Vollard, *Paul Cézanne, op. cit.*, p. 101.

unité et sommes habitués à ne pas insister sur une exécution léchée ou, comme Cézanne l'avait expliqué jadis à sa mère, sur ce «fini qui fait l'admiration des imbéciles. — Et cette chose que vulgairement on apprécie tant n'est que le fait d'un métier d'ouvrier et rend toute œuvre qui en résulte inartistique et commune. Je ne dois chercher à compléter que pour le plaisir de faire plus vrai et plus savant» (2).

Cézanne était suffisamment satisfait de ce tableau pour le montrer à son jeune ami Joachim Gasquet qui l'a mentionné dans un article paru au printemps 1898, le décrivant dans ce style un peu trop «suc et âme du terroir» qu'il affectait.

«Il y a, écrivit Gasquet, dans l'atelier du Jas de Bouffan quelques toiles où se reposent de leurs travaux de robustes paysans, au teint nourri de soleil, aux puissantes épaules, aux mains sacrées par les plus lourds labeurs. Un surtout, dans sa blouse bleue, décorée de son foulard rouge, les bras ballants, est admirable dans sa rudesse comme la pensée d'un coin de terre qui se serait soudain incarnée dans cette chair grossière et magnifique, cuite par le soleil et fouettée par le vent. D'autres, dans une salle de ferme, jouent aux cartes, en fumant... Tous sont sains, équilibrés, on les sent d'esprit juste, ils sont tranquilles, ils n'ont d'autres soucis que d'aimer la terre et la féconder... C'est d'eux... que j'ai appris à connaître tout à fait ma race. J'ai reçu d'eux une belle leçon...» (3).

On peut se demander si Cézanne ne s'est pas lassé à la longue de ce genre d'exégèse verbeuse et si son éloignement consécutif de Gasquet n'était pas motivé, au moins en partie, par la prise de conscience que le poète, tout comme Zola — et cela malgré les bonnes intentions de chacun d'eux — approchait la peinture par un biais littéraire qui passait totalement à côté de ce qu'il avait voulu atteindre dans sa peinture.

(2) *Correspondance*, 1937, p. 123 (lettre du 26 septembre 1874).
(3) J. Gasquet, *Le Sang provençal, Les Mois dorés*, mars-avril 1898, cité in J. Rewald, *Cézanne, Geffroy et Gasquet*, Paris, Éditions des Quatre Chemins, 1959, p. 34.

6 L'Homme aux bras croisés

Vers 1899. (V. 685)
Huile sur toile. 90,2 × 72,7 cm
Coll. Mrs Carleton Mitchell
Annapolis

Le modèle de ce tableau — et de *L'Homme aux bras croisés (avec palette),* du Solomon R. Guggenheim Museum — n'a pas été identifié, bien que, pour des raisons obscures, on le désigne souvent comme «L'horloger». Il est impossible de dire si ce personnage a posé à Paris ou à Aix. La facture des deux tableaux rappelle celle des portraits des Gasquet, qui sont de 1896-97 (N° 2) et de Vollard, peint en 1899 (N° 3). On les situe, pour cette raison, vers 1899, date que Douglas Cooper juge trop tardive.

Avant cette période déjà, Cézanne avait fait parfois plusieurs portraits d'un même modèle, mais jamais encore il ne l'avait représenté dans la même attitude — ce qu'il allait faire assez fréquemment dans ses toutes dernières années pour les tableaux représentant son jardinier Vallier. La différence entre la toile exposée et celle de la collection Guggenheim tient essentiellement à un angle de vue modifié en même temps qu'à un changement dans la disposition du fond dont la partie

6

inférieure plus sombre coupe, dans les deux cas, l'arrière-plan à peu près à la hauteur du coude de l'homme. Mais ici, elle est néanmoins placée légèrement plus bas, comme si le modèle se tenait debout, alors que dans l'autre version l'homme semble être assis. Ce tableau est en même temps plus sombre et plus dense, on dirait presque plus «fini». D'autre part, l'autre version — qui n'est pas forcément la seconde — montre le revers d'un chassis et une palette appuyés au mur, dans l'angle inférieur gauche. Ce détail traduit une tendance, apparente aussi dans d'autres œuvres, à animer les arrières-plans neutres : c'est le rôle que jouent, dans le portrait de Vollard, la fenêtre en haut à gauche, et les disques — non identifiés — visibles au travers.

Analysant la version exposée ici — où la palette ne figure pas — Erle Loran écrit : «Les distorsions, dans ce portrait, peuvent être comparées à celles qu'on trouve dans les œuvres du Greco. Les moyens plastiques sont analogues et aboutissent à des qualités expressives tout à fait comparables. La distorsion la plus apparente s'observe dans les traits qui ne sont pas à leur place par rapport à l'axe vertical de la tête. L'effet général est celui d'un mouvement ascendant à gauche... et descendant, ou renversé à droite... Le maxillaire supérieur, à gauche, dessine une poussée vers le haut et vers la gauche, tandis qu'à droite, les lignes de l'oreille et des cheveux lourds sont tombantes. La cadence linéaire, évidente dans les sourcils, montant à gauche, descendant, sinueux, à droite, reprend les mêmes rythmes. La bouche est torve, arquée vers le bas sur la droite, ce qui ajoute une tension singulière au visage, en accentuant l'impression générale de chute vers la droite, opposée au mouvement ascendant de l'œil et de la pommette à gauche.

«En termes d'espace, la partie frontale de la tête... crée un mouvement dynamique à partir de l'arrière-plan statique du mur... Un autre phénomène spatial représente un changement de points de vue : le sourcil et l'œil droit sont tracés comme s'ils étaient vus d'en-dessous... mais l'œil gauche semble vu d'en haut... Accidentel ou non, ce parti accroît l'illusion de l'espace, de «la vision autour» de la tête. Picasso et Braque ont poussé l'idée à sa conclusion extrême ; ils ont élaboré un système complexe de dessin intégrant deux ou trois vues différentes de la tête en une seule image, une vue frontale avec deux vues latérales, par exemple.» (1)

(1) Loran, 1943, pp. 90-91.

7   Paysan assis

c. 1900 (V. 1089)
Aquarelle sur papier blanc.
47 × 32 cm
Kunsthaus, Zurich

(1) A. Neumeyer, *Cézanne's Drawings,*
p. 49. Londres et New York, 1958.

C'est une étude pour le tableau V. 713 du catalogue de Venturi. Alfred Neumeyer a constaté que «le rapprochement de l'image et une position symétrique confèrent à la scène sa monumentalité presque hiératique. ...Tout comme dans les autres études de figures de la vieillesse de l'artiste, les couleurs sont ici renforcées d'une manière expressive. Le modèle est entièrement dessiné par le pinceau, la silhouette et la définition de la couleur locale étant une seule et même chose» (1).

7

8　Homme assis

1905-06 (V. 714)
Huile sur toile. 64,8 × 54,6 cm
Coll. Thyssen-Bornemisza
Lugano, Suisse

Le paysan ou le voisin de Cézanne qu'il a représenté ici — et dont on ignore le nom — a posé sur la terrasse devant l'atelier des Lauves. Cette toile illustre, une fois de plus, le fait que Cézanne « tirait » souvent des traits sur des zones très largement brossées et qu'il ne suivait aucun plan de travail pré-établi ; il arrivait ainsi que certaines sections essentielles — les traits du modèle par exemple — restaient imprécises, ou étaient laissées pour une séance ultérieure qui pouvait ne jamais survenir. La texture encore lâche des coups de pinceau, qui s'étend sur toute la surface, est cependant plus dense que sur d'autres toiles abandonnées des dernières années. C'est précisément à ce stade d'exécution, lorsque la toile est pratiquement

8

couverte et présente seulement quelques taches blanches, que le peintre éprouve les plus grands scrupules à donner de nouveaux coups de pinceau, scrupules dont il avait donné les raisons à Vollard, en lui expliquant la difficulté de remplir les vides laissés sur la main du marchand dans son portrait (N° 3).

La bande jaune horizontale formée par le mur bas est «couronnée» plus haut par le chapeau de paille de la même couleur. Le linge blanc sur le bras du modèle tempère la tonalité sombre de la figure bleue posant devant le feuillage bleu-vert (voir l'aquarelle d'après le même sujet, N° 7, dont le fond est plus clair et d'où les jaunes, si essentiels dans cette toile, sont absents).

9 Paysan au canotier

c. 1906 (V. 1090)
Mine de plomb et aquarelle
sur papier blanc. 48 × 31,5 cm
The Art Institute, Chicago

Quoique l'activité de Cézanne se fût étendue sur presque cinquante années, il n'avait pratiquement jamais peint de portraits en plein air avant de s'installer dans l'atelier des Lauves. Les exceptions sont étonnamment rares : quelques études de figures exécutées en 1866, abandonnées ou détruites, et un portrait de Victor Chocquet dans son jardin, peint vers 1889. Mais jamais l'artiste ne semble avoir fait poser de modèles au Jas de Bouffan, sous les marronniers ou près du bassin ; il est possible que les allées et venues des travailleurs agricoles (qu'il peignait à l'intérieur jouant aux cartes) le retenaient de travailler en plein air, et qu'il préférait s'isoler dans son atelier ou la serre.

Dès son installation aux Lauves, en été 1902, Cézanne se mit à profiter de la terrasse qui s'ouvre devant l'atelier, ombragée par un tilleul. Bien que son modèle favori fût son vieux jardinier Vallier (voir Nᵒˢ 12 à 16), il faisait aussi poser d'autres personnes de sa connaissance qui s'y prêtaient. C'étaient toujours des hommes, et parmi eux, ce paysan coiffé d'un canotier, assis sur une chaise près du muret derrière lequel monte la verdure du jardin. Une main repose sur sa cuisse, l'autre, encore inachevée, tient le haut d'une canne ; un ruban bleu foncé entoure le canotier clair. De nombreux traits de pinceau minces et nerveux font ressortir les formes sans les définir trop nettement, les volumes étant créés par les modulations de tons plus que par des contours. Comme il arrive souvent dans l'œuvre de Cézanne, certains détails ont été négligés ; la figure de l'homme, par exemple, où quelques traits de crayon montrent que le dessin préparatoire n'était effectivement rien d'autre qu'une mise en place qui devait être amplifiée par la couleur.

Une peinture à l'huile du même sujet (N° 8) accuse des différences marquantes. Les jaunes essentiels du chapeau, du mur et du sol, sont absents dans l'aquarelle, où le canotier est laissé blanc. Le fond de l'aquarelle est beaucoup plus clair et ses nombreuses touches rouges et roses ne réapparaissent que dans une seule tache sombre de la toile.

10 La Dame au livre

1902-04 (ou un peu plus tôt)
(V. 703)
Huile sur toile, 66 × 49,8 cm
The Phillips Collection,
Washington

Moins célèbre que la *Vieille au chapelet* (V. 702), ce tableau est pourtant aussi magistral, aussi riche en nuances, en densité chromatique, aussi opulent dans sa texture, aussi poignant en tant que document humain. Utilisant une brosse large, le peintre applique le pigment assez lourdement — en quelques couches, et avec un minimum d'empâtement — pour former une mosaïque de tons assourdis, posés spontanément en apparence, bien que ses lettres nous révèlent les longues hésita-

9

tions, les angoisses incessantes, éprouvées avant de parvenir à la certitude que chaque touche apporterait exactement la tonalité juste.

Seuls les manches et le corsage de la femme sont bleus, ou bleu-vert ; le jabot tire sur le bleu-noir, de même que le chapeau garni de fleurs bleues. La jupe est bleu-violet, avec des traces de vert. Le rideau qui tombe à gauche est imprimé de feuillages bruns sur fond bleu-noir. Le mur à droite est brun rougeâtre. Une bande bleue apparaît dans le cadre visible en haut à droite. Le seul accent vif et lumineux dans cette harmonie très sobre est donné par le jaune du livre que tient le modèle.

Bien qu'elle ait posé dans un autre tableau (N° 11), on ignore l'identité de la femme représentée. C'est peut-être Madame Brémond, gouvernante de Cézanne à Aix, d'autant plus que la robe-tailleur et les manches à triple volant étaient très à la mode dans les toutes dernières années du siècle. (Madame Brémond portait probablement ou aurait pu revêtir pour l'occasion des vêtements un peu démodés.) Cela rend moins plausible l'hypothèse, acceptée par Venturi, selon laquelle Madame Cézanne elle-même serait représentée ici. D'autre part, il pourrait s'agir aussi du modèle professionnel nommé Marie-Louise qui avait posé à Paris pour le *Grand Nu debout* (N° 97), auquel cas ce tableau daterait alors de 1899 environ, ce qui le rapprocherait davantage de la *Vieille au chapelet,* peinte vers 1895-96.

11   La Dame en bleu

c. 1904 (V. 705)
Huile sur toile. 88,5 × 72 cm
Musée de l'Ermitage, Leningrad

Cette femme assise est évidemment celle qui a posé, dans le même vêtement, pour le tableau N° 10. Cependant, l'aspect général de ce portrait est plus clair ; il y a moins d'ombres sur le visage, la robe-tailleur est d'une couleur un peu plus vive, davantage teintée de vert, tandis qu'à gauche la draperie brune à motifs de feuillages est remplacée par une zone plus sombre de mur (traversée à droite de lignes verticales ne figurant pas dans l'autre version), le tapis très coloré de la table, en bas à droite, avec son décor floral rouge et vert encadré de brun-roux, ajoute un accent très vif à la composition. Quant au livre jaune, il a disparu. Les verticales de l'arrière-plan auraient pu donner une certaine rigidité à la composition sans le bras plié de la femme qui remplit admirablement l'espace et accentue la pesanteur de la figure.

Analysant les portraits de Cézanne, Douglas Cooper a remarqué notamment que l'artiste « était parfaitement indifférent au visage du modèle ou à son caractère... Ses portraits ont une grande vitalité, mais cette vitalité tient à leur organisation plastique, non à la personnalité du modèle » (1). *Vitalité* n'est peut-être pas le mot juste pour cette impressionnante *présence* physique qui distingue les portraits de Cézanne, mais il est vrai que ceux-ci ne révèlent aucun état d'esprit particulier ; il est même généralement impossible d'évaluer l'âge approximatif des modèles. Cependant lorsque Cooper tente d'expliquer ce fait en disant que « les sensations de Cézanne procédaient de son esprit », il pose certainement le problème d'une façon à la fois simpliste et erronée.

(1) Cooper, 1938, p. 263.

Que Cézanne étudie un paysage, une nature morte ou un être humain, ses observations portent sur les rapports des couleurs entre elles, sa tâche étant de restituer sur la surface plane de la toile ce qu'il a observé en travaillant. «Pour l'artiste, dit-il à son fils, voir c'est concevoir, et concevoir, c'est composer. Car l'artiste ne note pas ses émotions comme l'oiseau module ses sons : il compose !» (2). Et à Gasquet, il expliqua : «On ne peint pas des âmes, on peint les corps.» En même temps il insista :

«Il y a une logique colorée... Le peintre ne doit obéissance qu'à elle. Jamais à la logique du cerveau ; s'il s'y abandonne, il est perdu. Toujours à celle des yeux. S'il sent juste, il pensera juste. La peinture est une optique, d'abord. La matière de notre art est là, dans ce que pensent nos yeux. La nature se débrouille toujours, quand on la respecte, pour dire ce qu'elle signifie» (3).

(2) «Cézanne parle...» dans L. Larguier, *Le Dimanche avec Paul Cézanne* Paris, l'Édition, 1924, p. 133.
(3) Gasquet, 1921, pp. 88 et 100.

12 Le Jardinier Vallier

1900-06 (V. 716)
Huile sur toile. 107 × 72,4 cm
Coll. part., France

Cézanne a rêvé toute sa vie de peindre des nus en plein air, et surtout, à la fin de son existence, de faire des études préparatoires pour les grandes compositions de baigneuses qui l'absorbaient alors. Mais, pour différentes raisons, il ne put jamais réaliser ce projet. Toutefois, lorsqu'il s'installa dans son atelier des Lauves, à l'été 1902, il put souvent faire poser des modèles vêtus, sous le tilleul de la terrasse. Cela lui permit d'observer des personnages à la lumière naturelle, même s'ils étaient dans l'ombre. C'était là, pour le peintre, une expérience nouvelle, après les nombreux portraits qu'il avait faits de sa femme, de son fils, de quelques amis, presque toujours à l'intérieur. Cependant les portraits antérieurs sont, en général, plus clairs que ceux des dernières années, traités, malgré la lumière du jour dans une veine beaucoup plus sombre, due non seulement à une accumulation de couches de pigments superposées, mais aussi au choix de couleurs plus opaques, plus sombres et terreuses.

«Le portrait de son jardinier» a écrit Roger Fry, à propos de cette toile «est caractéristique d'un grand nombre de portraits qu'il a peints à cette époque. Ici, la pose choisie est moins frontale, il y a dans les contours, une ampleur, une liberté voulues, très différentes de la précision et de l'austérité qu'on trouve dans le portrait de Geffroy (N° 1). Le tableau est d'une profonde densité chromatique, nourrie par les lueurs sombres des indigos, que rompent des violets ou des verts et qui contrastent avec des rouges et oranges terreux et somptueux» (1).

La toile s'étant avérée insuffisamment haute ou la figure ayant paru trop trapue à l'artiste, il a ajouté une bande au-dessous du genou de l'homme assis, ce qui lui a permis d'y introduire l'horizontale du siège, allégeant ainsi la masse sombre du modèle qui occupe tout le rectangle du tableau.

(1) Fry, 1927, p. 81.

12

13 Le Jardinier Vallier vu de face (Portrait présumé de Cézanne)

1905-06 (V. 717)
Huile sur toile. 100,3 × 81,3 cm
Coll. part., Suisse

Selon Joachim Gasquet, les portraits du jardinier Vallier représenteraient également un vieux mendiant ainsi que Cézanne lui-même : Gasquet affirme en effet que le peintre, après le départ de son modèle, mettait les vêtements de celui-ci pour pouvoir continuer son travail. L'histoire n'est guère crédible, non seulement parce que Gasquet avait perdu tout contact avec le peintre en 1905, et qu'il est loin d'être toujours — nous le savons désormais — une source digne de foi, mais surtout parce

13

qu'on imagine difficilement Cézanne travaillant devant un grand miroir sur la terrasse des Lauves.

La toile est moins haute que pour les autres versions (elle n'a pas été allongée), mais plus large de quelques centimètres, ce qui a permis à l'artiste de donner à la carrure du personnage assis, de face, une ampleur encore accentuée par le poids du grand manteau jeté sur les épaules. L'exécution est peut-être plus travaillée si possible, plus chargée d'empâtements de pigments superposés, que dans les deux autres versions. Mais la masse sombre du paysan tassé sur lui-même est allégée par l'écharpe claire nouée autour du cou, et par la main plus articulée sur les genoux.

« Je procède très lentement », écrit Cézanne au jeune peintre Émile Bernard, « la nature s'offrant à moi très complexe ; et les progrès à faire sont incessants. Il faut bien voir son modèle et sentir très juste ; et encore s'exprimer avec distinction et force » (1).

Ce fut probablement ce tableau que le poète Jean Royère, que Cézanne avait connu par l'intermédiaire de Gasquet, vit dans l'atelier des Lauves et auquel il a fait référence comme « une tête de paysan avec une barbe ondulante [sic], tête d'une noblesse extraordinaire » (2). L'artiste lui confia qu'il y avait travaillé depuis des mois, ajoutant : « les yeux n'y sont pas encore, ils n'ont pas encore été réalisés ». Et aux peintres Rivière et Schnerb, Cézanne a déclaré devant un portrait d'homme qui pourrait être celui-ci : « Si je réussis ce bonhomme, c'est que la théorie sera vraie » (3). Ce qui est remarquable dans cette réflexion, c'est que Cézanne ne cherchait pas à conformer sa peinture aux théories énoncées par lui-même pendant les dernières années de son existence, mais qu'il avait adopté l'attitude inverse : c'étaient ses œuvres qui devaient décider de la justesse de ses idées théoriques.

Bien que les trois versions sombres du portrait de Vallier soient passées par les mains de Vollard, elles n'ont jamais jusqu'ici été montrées ensemble. L'occasion de les voir côte à côte qu'offre cette exposition révèlera peut-être des indices qui permettront d'établir leurs dates respectives et l'antériorité de l'une ou de l'autre.

(1) *Correspondance,* 1937, p. 261
lettre du 12 mai 1904.
(2) J. Royère, *Paul Cézanne, Erinnerungen, Kunst und Künstler,* juillet 1912
(3) Rivière et Schnerb, *L'atelier de Cézanne, La Grande Revue,* décembre 1907, p. 482

14   Le Jardinier Vallier

1905-06
Huile sur toile. 107,4 × 74,5 cm
National Gallery of Art
Washington
(don d'Eugène et Agnès Meyer,
1959)

Parce que Vallier porte ici une casquette à visière, cette toile a souvent été intitulée *Le Marin.* C'est la plus grande des toiles pour lesquelles Cézanne a fait poser son jardinier. A en juger par les modulations vert sombre du fond, Vallier a posé sur la terrasse. La rude figure occupe toute la toile, à laquelle a été ajoutée — comme pour le N° 12, V. 716 — une bande de quinze centimètres environ dans la partie inférieure, sous le genou, pour faire figurer la diagonale rouge de la chaise, et pour tempérer ainsi la masse pesante du corps.

La toile est complètement recouverte et les coups de pinceau sont si larges que la dernière des épaisses couches superposées semble presque appliquée au couteau. La veste et la casquette sont bleu sombre, avec des touches de pourpre, tendant parfois vers le noir. Le visage et les mains hâlés ont la même teinte brique que la

14

chaise. Le mur, derrière le modèle, est brun foncé, et le sol d'un brun légèrement plus clair.

Toute la toile présente de lourds empâtements, particulièrement sur le visage, surtout dans la partie droite, où des ombres profondes détachent fortement le nez. Il y en a également dans la barbe, sur la tempe — où les pigments accumulés deviennent granuleux — autour de la main droite ainsi qu'autour de l'épaule gauche, le long de la ligne qui détache celle-ci du fond. Ces empâtements témoignent d'un labeur acharné et de nombreuses séances de pose silencieuses.

Cézanne nous donne ici une représentation dense, impressionnante, d'un homme enfermé dans son propre univers, et qui ne laisse transparaître aucune émotion. Il y a cependant une grandeur immense dans cette image poignante, obsédante, d'un vieil homme parvenu au terme d'une vie longue et dure, scruté ainsi par un autre vieillard.

On pense à ce que Santayana a dit de Marcel Proust : « La vie qui passe est pleine de temps gaspillé et... rien ne peut jamais être rattrapé ou vraiment possédé sauf sous la forme de l'éternité qui est également... la forme de l'art. »

15 Le Jardinier Vallier

1906 (V. 718)
Huile sur toile. 65 × 54 cm
Coll. part., Suisse.

Selon la tradition, ce serait le dernier des portraits de Vallier ainsi que la dernière œuvre à laquelle Cézanne ait travaillé. Après être resté exposé pendant plusieurs heures à un violent orage en revenant d'avoir travaillé sur « un motif » — probablement dans le quartier de Beauregard où il avait peint le *Cabanon de Jourdan* — Cézanne avait été ramené sans connaissance sur une charrette de blanchisseur chez lui, rue Boulegon. Mais le lendemain, 16 octobre 1906, dès l'aube, il se levait pour monter aux Lauves afin de s'y consacrer à un portrait de son jardinier, posant sous le tilleul devant son atelier. (Il en revint mourant et succomba une semaine plus tard.)

Ce tableau — où le modèle est vu de profil — est sensiblement plus clair et aussi moins grand que les trois autres versions. Comme Cézanne l'avait expliqué à son fils : « Il n'y a ni peinture claire ni peinture foncée, mais simplement des rapports de tons. Quand ceux-ci sont mis avec justesse, l'harmonie s'établit toute seule. » (1).

Reste à savoir si les autres représentations du jardinier n'avaient pas été également commencées sur des gammes plus claires pour s'assombrir au fur et à mesure que l'artiste s'acharnait sur elles. Car dès qu'il posait un ton foncé, Cézanne devait harmoniser le reste. Seulement, ici, il avait fait poser l'homme habillé d'une blouse plus ou moins blanche et coiffé d'un chapeau de paille, ce qui, dès l'abord, lui permit d'échapper aux tons presque noirs des vêtements et de la casquette, en accord avec le fond, qui avaient dominé les toiles précédentes. Ce fond n'est guère plus clair ici (il n'y a pas de vert, comme si l'homme avait posé contre le mur de l'atelier), mais le tableau lui-même n'en est pas moins lumineux, avec le personnage se détachant d'une manière vibrante, intense et superbement plastique.

(1) « *Cézanne parle...* », dans L. Larguier, *Le Dimanche avec Paul Cézanne*, op. cit., p. 137.

15

Dans l'un des passages les plus émouvants de la biographie qu'elle a consacrée à Roger Fry, Virginia Woolf évoque l'une de ses conférences : « Avec des pauses et des saillies le monde de la réalité spirituelle surgissait de projection en projection — dans les œuvres de Poussin, de Chardin, de Rembrandt, de Cézanne — avec ses sommets et ses plaines, tous reliés, restitués d'une certaine manière comme un tout et dans leur entier sur le grand écran... Et finalement, le conférencier, après un long regard derrière ses lunettes, s'est arrêté. Il montrait une œuvre tardive de Cézanne et il était déconcerté. Il secoua la tête ; sa baguette restait sur le sol. Cela, dit-il, échappait à toute analyse dont il soit capable. Alors, au lieu de demander : « Projection suivante », il s'inclina, et l'auditoire quitta la salle... » (2).

Là où Roger Fry demeurait sans voix, qu'il soit permis au présent commentateur d'en faire autant.

(2) V. Woolf, *Roger Fry — A Biography*, Londres et New York, Harcourt Brace Jovanovich, 1940, chap. XI, sect. 7.

16 Le Jardinier Vallier

1905-06 (V. 715)
Huile sur toile. 65,5 × 55 cm
The Trustees of the Tate Gallery, Londres

A différentes époques de sa vie, Cézanne a « exploité » certains modèles favoris en les peignant de nombreuses fois. Durant sa jeunesse, il s'adressa à son père et encore davantage à son oncle Dominique. Ensuite ce fut le tour de son ami Victor Chocquet et plus tard de certains laboureurs du Jas de Bouffan, notamment ceux qu'il fit poser pour la série des *Joueurs de cartes,* également peints individuellement. Pendant de longues années, il a représenté inlassablement sa femme ainsi que son fils, mais vers la fin de sa vie, il a complètement cessé de faire des portraits d'Hortense ou du jeune Paul. C'est alors qu'il trouva en Vallier un modèle toujours disponible. C'était son jardinier et son homme à tout faire qui même le frictionnait. L'artiste lui a consacré une dizaine d'œuvres, toiles et aquarelles, choisissant en général deux aspects nettement distincts : il l'a représenté en trois grandes toiles sombres et rembrandtesques, longuement travaillées, où l'homme est vu de face ou de trois-quarts, jusqu'aux genoux (Nos 12, 13, 14). Ou, comme dans ce tableau « en pied », le modèle est assis sur un tabouret sur la terrasse devant l'atelier, dans une lumière tamisée par le feuillage d'un tilleul. Mais il y a encore une toile, supposée être la dernière de Cézanne, où Vallier est vu strictement de profil (N° 15) et une aquarelle qui répète la même pose (V. 1102). Dans toutes ces œuvres, le jardinier a été peint dehors, assis, avec souvent le muret en évidence qui sépare la terrasse du jardin.

Sur les deux toiles et sur une des aquarelles cependant, où Vallier est vu en pied, le muret n'apparaît pas. L'homme semble assis près du mur de l'atelier dont le crépis jaune est visible à gauche, à côté d'un pan intensément bleu (qui rappelle la porte bleue du *Cabanon de Jourdan*). A droite, des verts sombres, opposés à des violets sourds, indiquent la végétation du jardin ; le sol est ocre, animé d'ombres. L'exécution et les couleurs rappellent — elles aussi — le paysage du *Cabanon de Jourdan* (N° 65).

Le tableau n'est pas terminé. Il est plus poussé, cependant, qu'une seconde version du même sujet (V. 1524) où le bas du visage et le haut du chapeau — deux formes qui se répondent — laissent apparaître la toile nue. Quant aux deux aquarelles où Vallier est représenté dans la même attitude, (V. 1092 et 1566), elles sont fondées sur un chromatisme tout à fait différent : le mur jaune et bleu à gauche est absent, la chemise du modèle est entièrement blanche et le pantalon ne montre que quelques légères indications de bleu pâle ; les fonds sont constitués par un chatoiement de touches superposées où domine le mauve.

« Ce portrait, selon Adrian Stokes, exprime une grande liberté et une inspiration directe. Le cône formé par la cuisse et les genoux, magnifique pièce de dessin, se répercute comme par des harmoniques profondes et merveilleuses dans le cône du chapeau et ceux des lourdes chaussures. Ensuite les cônes de la tête et des coudes, et d'autres formes similaires au-dessous des genoux, dans les feuilles, dans les plis de la chemise, aucune d'elles ne paraît forcée : c'est une claire, simple et splendide notion des volumes que Cézanne suscite dans notre pensée, par la lente et délicate harmonie chromatique qui se dégage de chaque point de cette toile » (1).

(1) A. Stokes, *op. cit.,* p. 24.

17   Nature morte avec l'Amour en plâtre

c. 1895 (ou plus tôt) (V. 706)
Huile sur papier monté
sur panneau. 70 × 57 cm
Courtauld Institute Galleries
Londres

Il est difficile de savoir si cette nature-morte fut peinte à Paris ou à Aix. *L'Amour* en plâtre se trouve encore dans l'atelier de Cézanne aux Lauves, mais il peut bien y avoir été apporté de Paris. Quant à la draperie d'un bleu intense, ornée d'un motif en bleu plus foncé, elle apparaît dans des arrangements de natures mortes ne pouvant être identifiées avec une époque ou un lieu particuliers. On sait pourtant qu'elle ne figure pas dans des œuvres postérieures à 1894 environ et qu'elle est utilisée fréquemment avec plusieurs des accessoires ayant rapport avec Aix, dont certains sont demeurés dans l'atelier de l'artiste. *L'Amour* et le moulage d'un écorché (conservé lui aussi, mais sans sa tête) qu'on voit dans le tableau posé par terre, au fond de cette composition, se retrouvent dans d'autres peintures et dans de nombreux dessins.

On a affaire ici à une complexe et fascinante réunion d'objets vus comme s'ils étaient observés d'un point de vue élevé. Cette particularité tient en partie, peut-être, au fait qu'il s'agit d'œuvres exécutées dans de petits ateliers où l'artiste compensait le manque de recul par une vue plongeante prononcée.

En fait le moulage de plâtre s'impose en gros plan, ce qui le rend plus grand que nature (il mesure en réalité 46 cm mais atteint près de 61 cm dans ce tableau). *L'Amour* domine les éléments soigneusement groupés autour de lui en une construction spatiale complexe. Les proportions du moulage semblent quelque peu

17

exagérées par rapport aux fruits et aux oignons disposés à ses pieds. (Des oignons apparaissent aussi sur une autre nature morte approximativement de la même date, N° 21, où ils jouent un rôle plus important et plus décoratif. Cette dernière toile fut probablement peinte à Aix).

Lawrence Gowing, le premier, « déchiffra » entièrement cette composition compliquée : « Le sujet est complexe. Au centre, parmi des oignons et des pommes, sur la table, se trouve un moulage en plâtre d'après le *Cupidon* de Puget au Louvre. Au-delà, à droite, on voit sur le sol la partie inférieure d'un tableau d'après l'*Anatomie* [*L'Écorché*] attribuée à Michel Ange. Une seconde toile sur le plan oblique de laquelle le Cupidon se détache, est placée à ses côtés et une troisième occupe la gauche du tableau ; elle représente une nature morte de pommes sur une nappe bleue qui est disposée sur la table, au premier plan, et qui, à première vue, ne s'en distingue pas facilement. Il s'agit de la partie droite d'une autre nature morte de cette période [de la collection Chester Dale à la National Gallery de Washington]. Ainsi, le tableau comporte un moulage et la représentation d'un moulage, des pommes réelles et des pommes peintes, une nappe et une nappe peinte. Il est à remarquer qu'il n'y a pas ici la moindre trace de cette incongruité inséparable de la formule d'un « tableau dans un tableau » comme elle a été utilisée par maints artistes depuis le XVe siècle jusqu'à Chirico. Nous sentons un accord entre la sculpture baroque, les éléments de la vie domestique et les tableaux : le thème, en réalité, est association et fusion sur lesquelles est fondé le style de la maturité de Cézanne » (1).

(1) L. Gowing, *Cézanne,* Edimbourg et Londres, Tate Gallery, 1954, n° 50. Gowing 1956, p. 191 et Reff 1977, p. 30, datent cette œuvre du début des années 1890 ; Cooper 1954, p. 380, la date vers 1895, comme le faisait Venturi.

18 Nature morte aux pommes

1895-98 (V. 736)
Huile sur toile. 68,6 × 92,7 cm
The Museum of Modern Art,
New York
(Coll. Lillie P. Bliss)

Regarder un tableau inachevé, c'est presque regarder par-dessus l'épaule de l'artiste pendant son travail — ce que Cézanne n'aurait pas toléré. Savoir ce qui est « fini » est un problème extrêmement complexe dans le cas de Cézanne car de nombreux tableaux paraissant achevés (comme les portraits de Geffroy et de Vollard, Nos 1 et 3) semblaient lui demander encore pas mal d'effort. Cette question trouverait plus facilement sa réponse si Cézanne avait signé ses œuvres, indiquant par là qu'il pensait avoir atteint son but. Mais il apposa rarement sa signature sur ses tableaux et cessa de le faire à la fin de sa vie. Ainsi, ce ne sont pas seulement les œuvres dont une partie de la toile est laissée à nu qui doivent être tenues pour « inachevées », et les œuvres inachevées ne sont pas nécessairement d'une moindre qualité ou d'un moindre intérêt. En fait, la distinction entre les tableaux achevés et inachevés de Cézanne est si ténue qu'elle est presque dépourvue de signification.

Dans un tableau inachevé, le profane voit surtout ce qui s'y trouve et aussi, plus ou moins, ce qui manque, mais à l'artiste une œuvre de cette nature suggère bien davantage. Elle montre quelles étaient les priorités du peintre lorsque, devant la

18

toile vierge, il se mit à tracer les lignes et à appliquer les couleurs qu'il tenait pour essentielles. Elle indique aussi comment le peintre poursuivait sa tâche, conservant à chaque stade un équilibre parfait entre les harmonies tonales et les directions linéaires.

Il semble cependant, que Cézanne n'ait pas toujours choisi la même manière de faire : différents tableaux témoignent de différents procédés. Certaines toiles laissées presque nues révèlent un réseau complet de traits longs tracés au crayon avant que n'intervienne le pinceau (dans la présente nature morte, quelques vagues indications au crayon apparaissent sous la mince couche de peinture). Dans d'autres tableaux des taches de couleur éparpillées sur toute la surface contraignent l'artiste à trouver les tons justes qui vont les relier entre elles. On finit par se demander alors comment Cézanne pouvait travailler en même temps sur tous les éléments de la toile, puisque chaque nouvelle touche de couleur suggère immédiatement d'autres développements pour maintenir l'équilibre précaire qu'il recherchait dans le moindre coup de pinceau. Dans d'autres tableaux enfin, l'artiste semble s'être concentré sur une seule zone, tout en couvrant le reste d'un réseau vibrant de lignes apparemment tracées pour atténuer le contraste entre la partie de la composition déjà couverte et la partie encore nue.

A toutes ces questions s'ajoute le problème de l'épaisseur de la peinture : à quel stade — une fois la toile entièrement couverte — le travail est-il terminé ? Il y a des tableaux, particulièrement dans les dernières années (V. 717, N° 13, par exemple), où l'incroyable épaisseur de la croûte prouve que Cézanne appliquait une couche après l'autre jusqu'à ce que la surface finisse par présenter un véritable relief et que, dans certaines parties, les pigments séchés semblent coagulés. Il est évident — et Cézanne tenait cela de Frenhofer, le héros du *Chef-d'œuvre inconnu* de Balzac — qu'il est toujours possible d'ajouter des coups de pinceau à ceux déjà donnés et que le véritable dilemme pour l'artiste est de savoir quand s'arrêter. A la fin de sa vie, Cézanne expliqua à Maurice Denis qu'il ne parvenait pas, selon ses propres mots, à «rendre sa sensation du premier coup ; alors, je remets de la couleur, *j'en remets comme je peux.* Mais lorsque je commence, je cherche toujours à peindre en pleine pâte comme Manet, *en donnant la forme avec le pinceau* » (1).

Ainsi cette nature morte fut entreprise d'un seul jet ; de nombreuses zones, importantes et uniformes, recouvertes d'une mince couche de couleur, n'ont pas encore leur texture, leur pleine densité, mais ont été évidemment remplies pour mettre en valeur les objets placés sur la table ainsi que le rideau à motifs de la partie supérieure gauche. Par opposition, les fruits présentent de vifs accents verts, rouges et jaunes ; cependant, il n'est pas du tout certain que leurs couleurs puissantes n'aient été finalement atténuées après que les zones environnantes aient pris un caractère plus accusé. Quoiqu'il en soit, ces couleurs constituent la clé de l'ouvrage projeté ; c'est autour d'elles que le tableau est construit. Les autres tons, pour la plupart, sont neutres, appliqués en touches légères, posées en tous sens, et parfois en vrilles ou arabesques. Il semble que le pinceau ait ici cherché à éliminer fébrilement la blancheur de la toile pour mieux affirmer l'intensité des couleurs des fruits. Les motifs du rideau sont indiqués, ici et là, par des coups de brosse d'un rouge sombre et quelques accents bleus, tandis que les contours des fruits, forment contraste avec cette facture ébauchée, affirment nettement leurs formes et leurs courbes.

Bien qu'il soit fascinant d'étudier la manière dont Cézanne progressait dans son travail, on néglige trop souvent la première démarche créatrice par laquelle il abordait ses natures mortes. Elle consistait ici à réunir avec soin les fruits, les

(1) Cézanne cité par Maurice Denis, *Théories, 1890-1910,* 4ᵉ éd., Paris, Rouart et Watelin, 1920, p. 257.

ustensiles, à disposer les plis de la serviette, à suspendre le rideau pour animer l'arrière-plan, à introduire deux verticales sous la forme d'un verre et d'un pichet et surtout à placer les pommes, les citrons, les prunes vertes (?) là où leurs couleurs seraient nécessaires. Rien n'est laissé au hasard, depuis ces prunes vertes placées à l'écart dans une coupe blanche, jusqu'à l'unique poire verte à demi cachée par la serviette; depuis le grand citron central, au premier plan, jusqu'au petit à droite de la coupe; depuis les pommes rouges luisantes, «nonchalamment» dispersées sur la table jusqu'aux taches du même rouge à la partie inférieure du rideau. Tout résulte d'une volonté méticuleuse.

Il n'est pas impossible que l'exécution des tableaux de Cézanne ait varié en fonction des problèmes particuliers auxquels, dans chaque cas, il se trouvait confronté. Comme Odilon Redon devait le dire dans une note de son journal en 1908 : «Le peintre qui a trouvé sa technique ne m'intéresse pas. Il se lève chaque matin sans passion, et, tranquillement et paisible, il poursuit le labeur commencé la veille. Je lui soupçonne un certain ennui propre à l'ouvrier vertueux qui continue sa tâche, sans l'éclair imprévu de la minute heureuse. Il n'a pas le tourment sacré dont la source est dans l'inconscient et l'inconnu ; il n'attend rien de ce qui sera. J'aime ce qui ne fut jamais» (2).

(2) O. Redon, *A soi-même : journal,* Paris, Floury, 1922, p. 105.

19

19 Pommes, bouteille et verre

1895-98 (V. 1617)
Mine de plomb et aquarelle
sur papier blanc. 31 × 48 cm
Coll. M. et Mme Adrien Chappuis,
Tresserve, France

Dans ce dessin enrichi de couleurs, les traits de crayon répétés soulignent la rondeur des fruits et placent quelques ombres. Adroitement les touches d'aquarelle mettent de brillants accents rouges, répandent un peu de jaune et laissent le blanc du papier marquer les lumières. L'impression d'espace est créée principalement par le plat de la table, lui-même animé par les formes rondes des fruits. La bouteille, le verre et la fenêtre font sentir la profondeur et la hauteur. Il en résulte une image unissant des indications délicates à d'éclatantes affirmations.

20 Bouquet de pivoines dans un pot vert

Vers 1898 (peut-être plus tôt)
(V. 748)
Huile sur toile. 57,5 × 65,5 cm
Coll. part., Paris

Chaque toile inachevée de Cézanne éclaire d'un jour nouveau sa méthode, si toutefois il est possible de parler de « méthode » à son propos. Pour ce bouquet de pivoines, le problème était évidemment le mélange intime des fleurs rouges ou roses et des feuilles vertes, problème qui devait être résolu par les subtiles variations colorées des pétales et le dessin précis des feuilles pointues. De même que, dans ses portraits, Cézanne réservait souvent le visage pour la fin, de même il s'est attaqué ici aux éléments secondaires avant d'aborder le bouquet. Il est naturellement impossible de dire par quoi il a commencé ; on croit pouvoir distinguer de vagues traces de crayon ; puis Cézanne a établi le fond aux harmonies grises, mauves et roses et le pot vert émeraude, qui offraient l'un et l'autre des surfaces plus ou moins uniformément colorées, avant de se consacrer plus explicitement à la masse des fleurs qui constitue le sujet principal du tableau. Le contour des feuilles est indiqué par des coups de pinceau bleus et leur tonalité verte est une des dominantes de la toile.

A partir des fleurs déjà esquissées, nous pouvons imaginer des zones encore vides entre les feuilles, zones où apparaît le blanc d'ivoire de la toile. Cézanne n'en a ébauché que deux petites, sur le rebord du vase, comme s'il avait prévu de progresser à partir de là vers les trois fleurs dont les couleurs et les formes sont indiquées dans la partie supérieure. Il a ainsi fixé les pôles extrêmes, en haut et en bas : restait à établir la liaison entre eux. Mais la délicatesse des nuances, la vivacité des formes dans le feuillage, la souplesse des courbes dans les fleurs, la vibration de la touche, suffisent à provoquer une merveilleuse sensation de foisonnement et de créativité. C'est du moins ce que pensait Braque, qui a possédé, et aimé, cette toile :

« Le peintre n'atteint la *poésie* que s'il transcende son propre talent et se dépasse lui-même, disait-il à un ami. Rembrandt, par exemple, dans ses dernières œuvres, Corot dans ses meilleures figures, et, naturellement, Cézanne. Degas, quant à lui, n'a pas ce don. Comparez un Cézanne avec un Degas et vous verrez que l'un est pétri de talent, de maîtrise, tandis que l'autre possède une vie picturale, une réalité picturale qui lui est propre » (1).

(1) *Metamorphosis and Mystery* (d'après des entretiens de Braque avec John Richardson) repris de *The Observer* (Londres) dans le catalogue de l'exposition *George Braque — An American Tribute*, New York, 1964.

20

21 Nature morte aux oignons

1896-1898 (V. 730)
Huile sur toile. 66 × 82 cm
Musée du Louvre,
Galerie du Jeu de Paume, Paris
(Legs Auguste Pellerin,
1929 ; R.F. 2817)

Devant un mur nu, formant un arrière-plan vide d'une étendue exceptionnelle chez Cézanne, les objets s'entassent sur la table à la ceinture chantournée. La composition est volontairement décentrée, mais la bouteille sombre « jaillissant » à gauche, et la chute des plis blancs de la nappe à droite — l'une et l'autre admirablement détachées sur le fond gris-bleu verdâtre — parviennent à créer un équilibre parfait. Au centre du premier plan, l'artiste a posé une assiette blanche avec deux oranges (?) et deux oignons. La diagonale qui part de la pousse de l'oignon le plus clair au bouchon de la bouteille, après être passée par une autre pousse déformée par la transparence du verre, est reprise par le grand verre placé entre l'assiette et la bouteille. Les formes rondes, répétées, des fruits et des légumes sont partout mises en valeur, les arabesques vertes des pousses d'oignons flexibles, dont l'une paraît surgir des plis de la nappe, et se prolonge au-delà ; d'autres émergent à gauche de la bouteille. Nulle part ailleurs, Cézanne n'a montré un recours aussi ingénieux à ces éléments décoratifs.

La perspective de la table semble un peu gauche ; tandis que le devant est absolument parallèle au plan du tableau (avec un couteau noir qui en dépasse légèrement), la ligne du plateau, sur le côté, et la direction de la ceinture chantournée, au-dessous, sont complètement divergentes. En même temps, les gros plis de l'étoffe blanche débordent de la surface de la table (ce qui est assez fréquent dans l'agencement des natures mortes de Cézanne).

La couleur est appliquée en couches minces, sauf près de la bouteille, qui était peut-être plus grande à l'origine, et placée un peu plus à droite. C'est le seul empâtement de la toile, comme si, à l'origine, la bouteille touchait presque le verre à pied et avait ensuite pris la place d'un second verre, dont on devine encore la bordure ovale. Cette ligne ovale semble pourtant avoir été tracée *sur* la panse de la bouteille.

Les teintes sont claires et finement nuancées. Les tonalités des oignons vont d'un coloris presque blanc au rose et au rouge. Il y a quelques fruits jaunes parmi eux, l'un notamment à l'extrême gauche, tandis qu'en bas à droite, la plinthe est un peu plus foncée que la table. Les plis tombants de la nappe blanche sont modulés de subtiles tonalités vertes. Par son chromatisme, le tableau peut être rapproché stylistiquement du portrait de Geffroy, qui est de 1895, et du paysage de Bibémus peint vers 1897 (N° 37). L'hypothèse de Gowing suggérant une date autour de 1895 est également plausible (1) ; même une date plus avancée, 1890-94, a été proposée. Cette œuvre séduisante, délicate, d'une réussite heureuse et indéfinissable, semble inaugurer, une nouvelle étape dans l'évolution de Cézanne : une phase où les coups de pinceau se chargent d'un pigment plus épais, où la touche se fait plus vibrante — malgré une exécution souvent laborieuse — où la surface de la toile devient moins lisse, où les couleurs tendent parfois à s'assombrir, mais où la conception du peintre dépasse tout réalisme pour atteindre le détachement, la liberté glorieuse, l'attitude objective, indépendante, devant la nature, qui fut celle de ses dernières années.

(1) Gowing, 1956, p. 191.

21

22   Pommes et oranges

Vers 1899 (V. 732)
Huile sur toile. 74 × 93 cm
Musée du Louvre,
Galerie du Jeu de Paume, Paris
(Legs Isaac de Camondo,
1911 ; R.F. 1972)

Cette nature morte est peinte sur une toile blanche dont l'apprêt est visible dans la nappe, en bas à gauche. Comparée à la composition de la *Nature morte* aux oignons (N° 21), disposée devant un grand mur nu, celle-ci présente un agencement encombré, presque mouvementé, d'objets disparates, de couleurs et d'éléments décoratifs. Deux draperies différentes garnissent le fond : à gauche, apparemment suspendu, le tapis à carreaux brun-roux violacé et motifs rouges et verts foncés qui était encore dans l'atelier de Cézanne aux Lauves à la veille de la dernière guerre ; à côté, une tenture brun-beige ornée de feuillages vert-clair, avec quelques traces de rouge, tombant en cascade vers la grande nappe blanche aux plis multiples, sur laquelle sont groupées faïences, pommes et oranges. A gauche, derrière l'assiette inclinée, et à demi caché par la nappe, un petit fruit vert fait écho au ton vert d'un sofa. Le mur brun foncé, en haut à droite, peut être rapproché de celui du portrait de Vollard. (Cela indiquerait que cette nature morte a été peinte dans l'atelier de Cézanne à Paris, rue Hégésippe-Moreau, en 1898-99, bien que le pot à lait semble avoir fait partie des ustensiles dont il se servait à Aix.

Caché par la nappe blanche, le plan qui supporte les éléments de cette nature morte est assez mal défini. On ne voit qu'un pied de table, à droite, tandis qu'à gauche, le plateau semble reposer sur le sofa dont le bois et la garniture verte apparaissent en-dessous de l'assiette. Le pichet blanc à fleurs se détache à peine du rideau à droite, en raison de la richesse décorative de ce dernier, tandis que la forme pleine des fruits oranges contraste avec la blancheur de la nappe et de la coupe. Les draperies de la partie supérieure, et la nappe dans la partie inférieure, meublent pratiquement tout l'espace laissé libre par les éléments de la nature morte. Quoique particulièrement chargée, cette composition correspond visiblement à une intention précise de l'artiste ; en effet, selon la remarque de David Sylvester, «Une pomme ou une orange était probablement le meilleur sujet possible pour lui : d'abord parce que, tout en travaillant d'après nature, il pouvait disposer le fruit à sa guise ; ensuite, parce que le motif ne contenait pas de charge émotionnelle assez forte pour l'empêcher d'exprimer ses propres sensations ; enfin parce que de tels éléments offrent, beaucoup plus facilement que le paysage, la possibilité de trouver ces grandes formes claires et régulières — comme des ordres d'architecture — nécessaires à la création d'un art monumental » (1).

Cette nature morte eut Gustave Geffroy pour premier propriétaire.

(1) D. Sylvester, «*Still Life with Teapot*», by Cézanne, *The Listener*, Londres, 18 janvier 1962.

22

23 Nature morte au rideau et au pichet à fleurs

Vers 1899 (V. 731)
Huile sur toile. 54,7 × 74 cm
Musée de l'Ermitage, Leningrad

Cézanne a peint six natures mortes montrant le même pichet décoré de fleurs et, au fond, le même rideau brunâtre à motifs de feuillages. Ce rideau apparaissant dans une œuvre très antérieure, *Mardi-Gras,* dont on sait qu'elle a été exécutée à Paris, on peut présumer que ces six toiles ont été également faites à Paris, bien que l'une d'elles — celle du Louvre, N° 22 — montre une seconde draperie, ou un tapis, utilisé plus tard par Cézanne dans son atelier d'Aix.

« A première vue », note John Richardson, « le tableau représente simplement un sujet de nature morte classique, mais un examen plus attentif révèle certaines anomalies. Par exemple, l'assiette de fruits placée au centre est inclinée si dangereusement qu'elle semble sur le point de glisser vers le spectateur. D'autre part, le plateau de la table penche vers la gauche, comme s'il allait sortir de la toile, et la perspective du bord est inexacte. Nous avons l'impression tantôt de regarder les objets d'en bas, tantôt d'en haut, comme si l'artiste avait changé son angle de vue. Il n'y a rien d'arbitraire dans ces libertés prises par Cézanne. Au contraire, en calculant subtilement la manière dont les choses nous apparaissent, et en établissant les relations tonales avec une précision quasi scientifique, il a doté cette nature morte d'un poids supplémentaire de réalité tangible, et a augmenté notre expérience des formes dans l'espace. Pour deux autres variantes plus élaborées du même sujet (V. 732 et 742), Cézanne adopte un point de vue encore plus oblique, d'une manière qui annonce les natures mortes cubistes des années 1908-09.

« Loin d'être en désaccord avec l'ensemble très travaillé de la toile, le morceau « inachevé », dans l'angle inférieur droit joue un rôle pictural important. La transparence de la serviette apporte une note de spontanéité indispensable, et accentue la solidité de tous les autres éléments de la nature morte. Il est important d'ailleurs de se rappeler que Cézanne ne pensait jamais en termes de tableaux « finis » ; il avait le courage de s'arrêter avant de détruire une œuvre par un dernier coup de pinceau fatal » (1).

En dépit de la thèse séduisante de cet auteur concernant le coin non terminé de la toile, un examen attentif révèle qu'en dessous de la serviette blanche inachevée se trouve la table avec son plateau, son pied et son côté qui paraissent parfaitement finis. Il semblerait donc que Cézanne ait estimé que le coin « nu » de la table — tel qu'il apparut auparavant — nuisait à l'harmonie de la composition, n'équilibrant pas suffisamment la partie gauche supérieure avec l'ample rideau décoré de feuillages. La serviette blanche jetée à cet endroit après coup devait rétablir l'équilibre, mais une fois mise en place et son rôle de contrepoids assuré, l'artiste n'éprouva apparemment pas le besoin de pousser son exécution au même point que le reste de l'œuvre.

(1) J. Richardson, *Master Paintings from the Hermitage and the State Russian Museum, Leningrad,* Washington, National Gallery of Art, 1975, p. 88.

23

24   Nature morte. Pot à lait et fruits

Vers 1900 (V. 735)
Huile sur toile. 45,8 × 54,9 cm
National Gallery of Art,
Washington (don de la W. Averell
Harriman Foundation, en mémoire
de Marie N. Harriman, 1972)

Le sujet est vu d'en haut, comme le sont souvent les dernières natures mortes de Cézanne, et aussi certains portraits. Sur la table apparemment inclinée, une assiette de fruits, soigneusement inclinée, elle aussi, accentue l'impression de vue plongeante. Le pot à lait à pans coupés figure dans des compositions antérieures, également traitées en vue plongeante. L'emploi répété du pichet, durant de nombreuses années, peut laisser penser que Cézanne le conservait à Aix ; les dimensions de son atelier, tant au Jas de Bouffan que, plus tard, rue Boulegon, lui laissaient peu de recul et ont peut-être favorisé la tendance qu'il avait à observer ses sujets d'en haut.

Entre le mur bleu clair ombré d'un bleu moyen à gauche et le rideau bleu, à droite, apparaît une bande marron clair, dont les motifs floraux sont peut-être ceux d'un papier peint. La table n'est pas d'aplomb, la ligne supérieure de son plateau, à droite derrière les objets, ne se raccorde pas à la même hauteur avec la partie située à gauche du pichet. De tels décalages sont fréquents dans les constructions des natures mortes de Cézanne, comme si le fait de concentrer son attention sur chaque élément individuel l'avait empêché de raccrocher des lignes interrompues.

Les fruits sont tous de couleur orangée, à l'exception d'une pomme rouge foncé, au premier plan. La tonalité de la pêche de droite tend à se rapprocher de l'orange du bois de la table. Deux oranges et un citron sont posés à gauche près de l'assiette blanche et du pot également blanc dont le décor constitue un écho aux tons du rideau. Les fruits, l'assiette, le pot, tous fermement cernés d'un trait bleu, sont peints en épaisseur, l'accumulation des pigments s'atténuant progressivement à mesure que l'on s'éloigne du centre de la composition. La saillie foncée de la poignée du tiroir crée un espace fictif entre la surface de la peinture et le spectateur, jouant le rôle que Cézanne assigne généralement à un couteau posé en biais et dont le manche dépasse du bord de la table ; dans d'autres cas, cette illusion de profondeur est assurée par les plis d'une nappe ou d'un tapis débordant du support qui regroupe les éléments de la nature morte.

La densité de la touche, aussi bien que la construction attentive de la composition et la gamme chromatique, rompue par une seule note rouge décentrée, donnent une impression de solidité, à partir d'objets clairement individualisés, mais dont chacun demeure partie intégrante d'un tout puissamment structuré.

24

25

25 Pyramide de crânes

1898-1900 (V. 753)
Huile sur toile. 37 × 45,5 cm
Coll. part., Zurich

Cette nature morte semble avoir été peinte de très près, peut-être dans le petit escalier de Cézanne rue Boulegon à Aix. Plus tard, l'artiste emporta ces crânes (sans mâchoires) dans l'atelier des Lauves qu'il fit construire en 1902, et où ils sont encore.

Les trois crânes inférieurs (dont l'un est en partie caché) sont brunâtres et celui du dessus est blanc. Ils se détachent sur un fond bleu foncé qu'anime, en bas à gauche, un tissu rougeâtre froissé. Les crânes sont groupés sur un linge blanc dont on distingue les plis à droite. Le contour incisif de l'étoffe tranche sur la gauche avec une zone marron clair, correspondant peut-être au plateau d'une table. Cette ligne reprend et accentue la verticale passant par le crâne supérieur, tandis que les obliques convergentes de l'étoffe et de l'ombre bleue dans l'angle inférieur droit créent — avec le tissu rougeâtre à gauche — un effet de construction triangulaire. Ici et là, de minces touches de bleu précisent les contours des crânes, les alvéoles des yeux et des nez. Les trous bleu-noir des orbites et des fosses nasales répondent au fond sombre et suscitent une image obsédante où le jeu des crânes éclairés et des vides profonds, caverneux, compose une image fascinante, presque abstraite. La plasticité des volumes arrondis semble littéralement jaillir de cette petite toile.

Peint plutôt légèrement, par de petits coups de pinceau, souvent donnés en diagonale, avec parfois deux ou plusieurs couches de couleurs superposées, le tableau n'a pas la « croûte » épaisse, la surface intensément élaborée et dramatique d'une autre pyramide de crânes, exécutée un peu plus tard (V. 759). Au contraire, malgré le sujet macabre, s'en dégage une sorte d'élégante sérénité qui semble conjurer la menace de la mort. C'est une œuvre contemplative, dénuée de tout sentiment de crainte.

26 Trois crânes

1902-06 (V. 1131)
Mine de plomb et aquarelle
sur papier blanc. 47,7 × 63 cm
The Art Institute, Chicago

Les tons qui dominent dans cette œuvre se rattachent à l'atelier des Lauves; ils sont proches de ceux des paysages peints à l'aquarelle non loin de l'atelier entre 1902 et la mort de l'artiste. Des touches de couleur légères, transparentes, successivement ajoutées les unes aux autres, particulièrement dans la draperie, font ressortir par leur accumulation les formes et le décor. Au-dessus de la partie inférieure assez chargée, la lumière va s'éclairant vers le fond et le haut. Cependant l'aspect le plus surprenant est produit par l'absence complète de couleurs dans les sphères des trois crânes, car leur rondeur n'est pas obtenue par du modelage, mais par la densité des parties qui les entourent et par les accents forts marquant les cavités oculaires et nasales. C'est la confirmation la plus pertinente de cette observation de Léo Marchutz que dans les aquarelles de Cézanne «toutes les couleurs jouent le rôle d'ombres, les lumières sont sans couleur, et l'unité de la surface est créée par le blanc du papier».

26

27 Crâne sur une draperie

1902-06 (V. 1129)
Mine de plomb et aquarelle
sur papier blanc. 31,7 × 47,5 cm
Coll. part.

Georges Rivière parle d'une toile peinte dans l'atelier des Lauves en 1903, représentant «une tête de mort sur un tapis» (1). Il n'existe cependant aucun tableau avec un seul crâne, alors qu'il y en a un montrant trois crânes groupés sur une draperie (V. 759). Il paraît vraisemblable que Rivière a fait erreur quant au genre d'exécution et qu'il entendait désigner cette aquarelle.

Des verts et des rouges vifs colorent la draperie, les ombres du crâne sont d'un bleu vert; le crâne a été préalablement dessiné au crayon. Il faut particulièrement observer que l'étoffe richement décorée, avec ses arêtes droites, est exécutée librement à l'aquarelle sans être tracée d'abord au crayon. Tandis que son motif est serré par endroits, il se continue à droite en quelques touches rapides et plus espacées. Au milieu des plis qui conservent leur ordonnance rigide en dépit de la vivacité des ornements, le crâne trône avec sa blancheur immuable — contraste de matière molle et de matière dure, aussi bien qu'opposition de couleurs riches et de pâleur macabre.

(1) Rivière, 1923, p. 224.

27

28   Le Balcon

c. 1900 (V. 1126)
Mine de plomb et aquarelle
sur papier blanc. 56,5 × 40,4 cm
The Philadelphia Museum of Art
(coll. A.E. Gallatin)

Alfred Neumeyer a observé : «Les formes de cette grille de balcon surgissent d'une manière imposante et presque menaçante. Le peintre leur a prêté un mouvement de rotation qui fait vibrer les couleurs du fond» (1). L'écran qui s'avance à gauche n'est pas facile à interpréter. Le catalogue de l'exposition Knoedler de 1963 parle d'une porte-fenêtre (2); cela pourrait aussi bien être le vantail mi-ouvert d'une fenêtre. La grille n'appartient sans doute pas à un balcon, mais à une fenêtre descendant jusqu'au plancher.

Les courbes compliquées de cette grille ont nécessité un dessin à la mine de plomb assez fini, dont les lignes ont été retracées ensuite en bleu de telle sorte que l'on pourrait parler de «staccato». A gauche et vers le haut, le croquis préparatoire n'a pas été rehaussé de couleurs; celles-ci sont réservées au fond — sans doute le paysage sur lequel donne cette fenêtre — où le bleu et le vert dominent, agrémentés de quelques touches rouges et roses.

(1) A. Neumeyer *Cézanne Drawings*,
Londres et New York, Thomas Yoseloff,
1958, p. 60.
(2) *Cézanne Watercolors,* 1963, n° 53, p. 51.

28

29

29 Étude de feuillage

1900-04 (V. 1128)
Mine de plomb et aquarelle
sur papier blanc. 44,8 × 56,8 cm
The Museum of Modern Art,
New York
(Coll. Lillie P. Bliss)

La première esquisse au crayon semble avoir été imprécise, avec des traits répétés marquant les ombres. Mais en dépit de ces indications préparatoires, le sujet est exclusivement traité par la couleur, surtout par des touches vertes et bleues légères, délicates, qui sont souvent posées les unes sur les autres et laissent entre elles du papier blanc à découvert. Elles communiquent l'impression d'une luxuriante touffe de feuillage où sont insérées d'occasionnelles touches rouges entourant des espaces vides comme si elles devaient représenter des roses presque blanches. Quelques lignes bleues sortent de ce fouillis pour y disparaître ; elles indiquent évidemment des tiges.

30 Nature morte : pommes, poires et casserole

1900-04 (V. 1540)
Mine de plomb et aquarelle
sur papier blanc. 28,1 × 47,8 cm
Musée du Louvre,
Cabinet des Dessins (R.F. 28115),
Paris

(1) *Cézanne dans les Musées Nationaux*,
1974, n° 65, p. 156.
(2) Gowing, 1977, p. 65.

Selon Geneviève Monnier : « Les contours des objets sont toujours cernés au pinceau et à l'aquarelle bleue... mais des touches de couleurs vives (rouges, bleues, jaunes) modèlent les volumes avec une souplesse et une fluidité jamais rencontrées jusqu'à présent » (1).

Et L. Gowing a observé que cette aquarelle « est d'une extraordinaire luminosité. Les plus simples progressions de couleurs primaires sont arrangées dans l'ordre : du rouge au jaune, puis du jaune, à travers le vert, au bleu. Le point culminant, qui est toujours le plus près de l'œil, est constitué par le manche bleu-violet de la casserole qui se projette là où les gammes des couleurs convergent. L'aquarelle est étonnante non seulement par sa luminosité, mais encore parce que ses éléments formels ont un caractère tellement physique et sensuel... » (2).

31 Nature morte. Pommes sur un dressoir

1900-06 (V. 1142)
Aquarelle. 48 × 62 cm
Coll. part.

Nature morte d'un caractère plutôt gai, presque somptueux, œuvre achevée où cependant le clair du papier laissé à nu est à l'origine de la lumière pour ainsi dire autonome qui fait vivre l'image. C'est une particularité de certaines œuvres de

30

31

Cézanne de ne comporter aucun éclairage traditionnel venant d'un côté ou de l'autre, voire du ciel. Aux clairs du papier s'accordent d'autres tons clairs, et des tons dégradés jusqu'à la saturation. Il y a dans cette aquarelle un équilibre extraordinaire de formes en mouvement et d'éléments stabilisateurs, si bien que les objets assemblés paraissent avoir une secrète tendance à l'expansion.

Quelques touches de blanc de zinc, notamment sur le bord de l'assiette, ont provoqué une oxydation et la formation de taches sombres.

La célèbre nature morte du *Kunsthistorisches Museum* de Vienne (V. 1135) montre un sujet du même genre, mais placidement stable et traité par une couleur dense qui forme les volumes par sa plénitude, par le poids différencié des valeurs.

32   Nature morte à la théière

1902-06 (V. 734)
Huile sur toile. 58,4 × 72,4 cm
National Museum of Wales, Cardiff

David Sylvester a écrit à propos de cette nature morte de premier ordre : «A la vue des quatre sphères cernées par l'ellipse de l'assiette, au centre de la *Nature morte à la théière,* nous ne savons pas vraiment si ce sont — et dans ce cas lesquelles sont — des pommes, des oranges ou des abricots, et nous n'en avons pas cure. Ce que nous éprouvons, en les regardant, ce que nous éprouvons physiquement, dans notre corps, c'est le sentiment d'avoir devant les yeux la forme d'une sphère, une forme parfaitement compacte, qui ne peut toucher qu'en un seul point d'autres formes semblables, une forme qui a un centre de gravité très précis. Ce qui, peut-être, nous rend si profondément conscient de cette forme — qui, naturellement, n'est pas plus une sphère géométrique que les profils d'une colonne dorique ne sont des lignes droites — c'est avant tout la relation entre les formes des quatre fruits dans l'assiette et des deux autres posés sur la table, et la forme de la théière — également sphérique à l'exclusion du bec et de l'anse — qui se singularise des autres en ce qu'elle est deux fois plus grosse et blanche, formant contraste avec les jaunes et les oranges lumineux des fruits. Sa forme rime avec celle des fruits et joue le rôle de la rime dans des vers, à savoir à la fois rassembler ce qui est dispersé et renforcer notre prise de conscience de la forme des mots qui composent la rime.

«... Parmi les contradictions qu'offre l'art [de Cézanne], il n'en est sans doute pas de plus profonde que celle existant entre le sentiment de la fugacité de la vie et celui de sa permanence. Dans la *Nature morte à la théière,* plus encore et même beaucoup plus même, dans les grandes toiles tardives de la Sainte-Victoire, nous éprouvons, séparément, ces deux sentiments contradictoires, l'un d'une manière aussi poignante que l'autre : la tristesse à en désespérer que tout ce que nous voyons, et qui nous réjouit, meurt pour nous dès l'instant même où nous le percevons. Et il y a l'affirmation sereine que ce que nous regardons à l'instant demeurera toujours. Nous devons affronter au plus profond de nous-mêmes le problème de la vie et de la place qui est la nôtre dans cette vie, mais cet affrontement est en même temps exalté par l'acceptation totale du fait intolérable que la mort et l'immortalité n'ont une signification que l'une par rapport à l'autre» (1).

(1) D. Sylvester, *op. cit.*

32

33   Table de cuisine : pots et bouteilles

1902-06 (V. 1148)
Mine de plomb et aquarelle
doublé par une feuille cartonnée
21,2 × 27,2 cm
Musée du Louvre,
Cabinet des Dessins (R.F. 31172),
Paris

(1) *Cézanne dans les Musées Nationaux*,
1974, n° 66, p. 158.

« La couleur est posée en rapides coups de pinceau superposés et apparemment désordonnés ne suivant pas du tout l'esquisse préalable : « La forme et le contour des objets nous sont donnés par les oppositions et les contrastes qui résultent de leurs colorations particulières » (Cézanne). Les objets posés sur cette table, s'ils sont vus à distance, se recomposent, en effet, dans la lumière », observe Geneviève Monnier (1).

Dans cette aquarelle les volumes les plus forts sont la boîte rouge à gauche du centre et la grosse bouteille bleue située à l'arrière. Le tube orangé couché pas tout à fait horizontalement au premier plan stabilise un certain mouvement glissant.

33

34   Pommes, bouteille, dossier de chaise

1902-06 (V. 1155)
Mine de plomb et aquarelle
sur papier blanc. 44,5 × 59 cm
Courtauld Institute Galleries, Londres

(1) *Watercolour and Pencil Drawings by
Cézanne*, 1973.
(2) Ibid., n° 98, p. 170.

Lors de l'exposition de dessins et d'aquarelles de Cézanne à Newcastle et Londres, Lawrence Gowing notait dans le catalogue : «Le coup de pinceau qui est une forme distincte et voulue n'existe que par rapport au papier. Le papier en fait partie. Ensemble ils constituent une unité nouvelle, une entité de figure et de surface. Ce qui reste du blanc lui-même l'affirme ; le papier brille dans son nouvel état, tout en s'associant à l'analogie de la nature. Dans cette nature morte... les arcs de couleur, alternativement convexes et concaves, imbriqués dans le blanc du papier, se répètent comme autant d'échos qui, tout en reculant, escaladent les fruits pour culminer dans le dossier de la chaise. On dirait qu'ils sont élaborés cérémonieusement ; toutefois les innombrables heures passées au Louvre à étudier comment les rythmes des creux et des saillies font sentir les volumes ont dû contribuer à façonner une image comme celle-ci» (1). Dans le même catalogue Robert Ratcliffe souligne l'affinité étroite entre ce dossier de chaise audacieusement tracé et le dessin d'une pendule de style rococo (Chappuis, N° 1223) (2).

34

35   Nature morte au vase pique-fleurs

Vers 1905
Huile sur toile. 81,3 × 100,7 cm
National Gallery of Art,
Washington
(don d'Eugène
et Agnès Meyer, 1959)

Cette grande composition est entièrement dominée par une harmonie brun foncé, la même que celle du *Portrait de Vollard* (N° 3), dont on sait les innombrables séances de pose qu'il a demandées. Cette tonalité majeure, qui contribue à l'extraordinaire densité de l'œuvre, est illuminée par trois accents blanc rosé : le pichet, la nappe, le pique-fleur godronné (ce vase n'apparaît dans aucune autre nature morte de Cézanne, mais il s'agit d'un modèle très courant dans les anciennes faïenceries, notamment celle de Moustiers, dans les Alpes, qui produisait, entre autres, des céramiques blanches en usage dans toute la Provence). Les fruits, probablement des pêches, ont des tons jaune-orange et rouge ; seul, le plus proche de nous — placé à l'origine encore plus en avant — et celui qui est à moitié caché dans les plis à gauche — sont vraiment rouges ; il s'agit peut-être de pommes.

La table, d'un brun clair, se détache sur un arrière-plan plus foncé. La tenture est l'étoffe à motifs de feuillages brun bleuté que Cézanne a souvent utilisée. Bien que la pâte soit moins épaisse ici que dans d'autres œuvres de cette époque, l'exécution en a certainement été lente ; par endroits, la première couche de pigments semble avoir séché avant qu'une nouvelle couche ne lui ait été superposée. Le long des contours du pichet et des courbes des fruits, une croûte épaisse indique que la peinture a dû parfois se coaguler.

L. Gowing a observé qu'ici «le bleu verdâtre pousse contre l'orange-rosé du pique-fleurs pour mieux le modeler ; cet orange rosé devient plus foncé à travers le tableau et se transforme en une couleur vibrante de mastic. L'image est moulée par la progression de l'orange au-delà du vert-bleu jusqu'au violet... même le blanc est teinté de rouge foncé» (1).

(1) Gowing, 1977, p. 64.

36   La Carrière Bibémus

c. 1895 (V. 767)
Huile sur toile. 65 × 81 cm
Museum Folkwang, Essen

Il s'agit probablement d'une des premières vues de la carrière Bibémus peintes par Cézanne. Les ocres des pierres sont rompus par des taches vertes, les ombres sont bleues, le ciel d'un bleu clair. L'ensemble est brossé légèrement, mais les formes sont précises et les lignes, nettement tracées, délimitent en général des plans de différentes couleurs. Des arêtes vives sont accentuées même si quelques pierres gris-bleu, non taillées, situées à mi-distance sont moins clairement définies.

«Le contraste entre la proximité et l'éloignement, comme l'a remarqué Kurt Badt, semble, dans les œuvres de Cézanne, être annulé par une unité primordiale et ses paysages, particulièrement à la fin de sa vie, sont réussis quand ils sont peints selon les méthodes utilisées pour ses compositions à figures où le sujet principal, tout en étant important et tout en s'imposant, au centre du tableau, est en même temps éloigné dans l'espace, à l'horizon de l'espace réel... Quoique le motif central,

35

englobant le noyau de toute la structure formelle, se trouve à distance ; les tableaux de Cézanne donnent assez fréquemment l'impression (tout à fait opposée à celle créée, en général, par les œuvres d'autres artistes) que l'espace est avancé vers le premier plan. Bien qu'il soit immobile, il semble pourtant avoir été projeté du lointain, et même d'en être sorti. Tout se passe comme si l'objet constituant le motif et qui est représenté à distance déterminait l'espace, comme si ce motif communiquait ses pouvoirs propres à d'autres objets plus voisins et par extension de ceux-ci, créait véritablement l'espace » (1).

Cette toile sereine, un des chefs-d'œuvre de Cézanne autour des années 1895, fut achetée pour le Museum Folkwang à Essen par son fondateur, Karl Ernst Osthaus, après une visite faite à Cézanne, à Aix, en avril 1906. A cette occasion, l'artiste lui montra plusieurs toiles dont les motifs étaient des broussailles, des rochers et des montagnes qui s'entremêlaient. «Le principal, dans un tableau, expliqua-t-il, est de trouver la distance. C'est là qu'on reconnaît le talent d'un peintre.» Et ce disant, «ses doigts suivaient les limites des divers plans sur ses tableaux. Il montrait exactement jusqu'où il avait réussi à suggérer la profondeur et où la solution n'était pas encore trouvée » (2).

A son retour d'Aix, Osthaus s'arrêta à Paris et acheta à Vollard deux paysages, dont celui-ci qui fut enlevé à son institution et vendu sous Hitler «parce qu'un si mauvais tableau ne mérite pas d'être accroché dans un musée allemand». Le Museum Folkwang a pu racheter cette œuvre en Amérique après la Seconde Guerre mondiale.

(1) K. Badt, *The Art of Cézanne*, traduit par S.A. Ogilvie, Berkeley et Los Angeles, University of California Press, 1965, p. 163.
(2) K.E. Osthaus, *Cézanne, Das Feuer*, 1920 (traduction française : *Marianne*, 22 février 1939).

37   Bibémus : le rocher rouge

c. 1897 (V. 776)
Huile sur toile 91 × 66 cm
Paris, Musées Nationaux,
(ancienne collection
Walter-Guillaume ; R.F. 1960-14)

Comme M. Michel Hoog l'a observé : «Ici la masse des arbres traitée en petites hachures régulières est curieusement interrompue par la paroi rouge orangé d'un rocher en surplomb, qui contraste par sa couleur, mais aussi par sa facture, avec le reste de la toile » (1).

En effet, l'exécution curieusement «scintillante» des buissons et des arbres semble être un retour à des œuvres comme les *Arbres au Jas de Bouffan* (V. 474, 475), peintes quelques dix ans plus tôt. Pourtant, le feuillage est ici traité plus librement ; il n'est pas aussi strictement soumis à un schéma rigoureux de plans diagonaux. Les touches du pinceau entremêlées avec brio et les riches nuances des verts et des bleus sous un ciel bleu clair semblent presque entrer en conflit avec la route rouge orangée aux ombres violettes et surtout avec la surface unie et plate du rocher ocre.

Du point de vue de la composition, la surcomposition totalement asymétrique et brutale du rocher à cette vue de forêt est un élément tout à fait inhabituel dans les paysages de Cézanne. Mais une borne blanche, en bas à gauche, dont la stabilité se détache de la végétation luxuriante et dont la solidité fait écho au roc à droite établit un équilibre miraculeux.

(1) *Cézanne dans les Musées Nationaux*, 1974, n° 47, p. 120.

36

37

38

38 La Montagne Sainte-Victoire
vue de la carrière Bibémus

c. 1897 (V. 766)
Huile sur toile. 64,8 × 81,3 cm
The Baltimore Museum of Art
(legs de Miss Etta et de
la doctoresse Claribel Cone)

Cézanne s'est placé ici aux bords d'une profonde excavation au-delà de laquelle se dressent de grands rocs oranges aux arêtes aiguës, là où des blocs de pierre ont été extraits. Au-dessus, plane la Sainte-Victoire comme si elle était toute proche. Pourtant, entre la carrière et la montagne, s'étend une vallée avec le village du Tholonet ; vers la gauche, on ne peut voir les gorges des Infernets avec le barrage Zola. A droite du point d'observation se trouvait le cabanon où le peintre rangeait son matériel. Ce tableau constitue la vue la plus panoramique de la pittoresque carrière que Cézanne ait peinte ; d'ordinaire il étudiait des formations rocheuses depuis un point de vue plus rapproché.

Cézanne semble avoir cessé de travailler au Jas de Bouffan avant la mort de sa mère en octobre 1897. Au mois d'août de cette année, il invitait un ami à le rejoindre dès huit heures du matin à Bibémus ou, plus tard, pour déjeuner au Tholonet — au bout d'une longue descente abrupte (sa voiture l'attendait probablement dans ce village pour le ramener à Aix après le repas). L'artiste continua à peindre à la carrière tout au long du mois de septembre. Il est probable que ce paysage fut exécuté à cette époque car il présente, tant dans la couleur que dans l'exécution, certaines similitudes avec le portrait de Geffroy de 1895 (N° 1).

Les rochers et le sol ponctués de verts brillants sont d'un orange soutenu. Entre eux et le ciel très bleu s'élève la paroi bleu violacé et rose de la montagne, cernée d'un trait délicatement bleuté. Des traits de pinceau bleu-noir apparaissent également ailleurs. Il y a une plus grande accumulation de touches au centre. Bien que ce tableau soit complètement recouvert, les deux angles supérieurs sont peints légèrement, en particulier celui de droite.

De tous les paysages de Bibémus, c'est le plus majestueux.

39 La Carrière Bibémus

1898-1900 (V. 778)
Huile sur toile. 65 × 54 cm
Collection Sam Spiegel, New York

Harmonie vert et ocre de formes emmêlées, sous un ciel pâle où se découpe, solitaire, un jeune pin parasol. Depuis le premier plan au centre, le sol, ocre foncé, s'élève, en formant un triangle, vers un bloc de pierre jaune, dont les parois verticales prennent un caractère dramatique sous l'éclairage du soleil, précisément au point de rencontre avec le triangle laissé dans l'ombre. (De tels effets de lumière sont rares dans l'œuvre de Cézanne.) Les verts s'allègent en bas et dans la zone

39

médiane, pour devenir progressivement plus bleus vers l'arrière-plan ; à droite, où ils rivalisent en hauteur avec le pin, ils sont plus foncés que le ciel sur lequel ils se détachent (créant ainsi un autre contraste accusé de lumière).

Les coups de pinceau sont généreux et fréquemment appliqués en diagonale. Ici et là, de rares indications linéaires viennent définir les formes dans le fouillis de la végétation et des pierres. Mais toute l'exécution témoigne d'une assurance parfaite et d'une maîtrise pour exprimer ici la relation intime entre les formes étranges et la couleur soutenue qui attiraient Cézanne à la carrière Bibémus.

40 Rochers et branches à Bibémus

1900-04 (V. 785)
Huile sur toile. 61 × 50,2 cm
Musée du Petit Palais ; Paris
(Legs Ambroise Vollard)

L'auteur de cette notice se souvient d'une visite faite à Vollard au cours de laquelle le vieux marchand sortit avec peine ce tableau d'un placard, plaça sur un siège la toile non encadrée et la fit lentement tourner sur elle-même afin de déterminer où se trouvait le haut. Aucune conclusion ne fut formulée à cette occasion ; cependant (bien que le tableau ne soit pas facile à « lire »), il paraît évident qu'il doit être vu tel qu'il est montré ici, avec dans l'angle supérieur à droite le petit rectangle gris-bleu représentant le ciel.

L'élément sans doute le plus « trompeur » de cette œuvre est l'arbre au centre, avec ses branches qui paraissent tomber à terre. En fait, il semble y avoir *deux* arbres ou, du moins, une branche morte tombée dont la tige effleure le tronc élancé d'un jeune arbre parfaitement vertical dont les branches débordent de la partie supérieure gauche du tableau. Quant au sol ondulé qui se perd dans le lointain, il s'agit probablement non d'un chemin, mais d'une section rocheuse de la carrière que l'artiste peut avoir observé d'un point de vue tout autre et peut-être plus élevé.

Le fond et le premier plan sont ocres ; à gauche, derrière les branches, l'ocre devient rouge-orange. Vers la droite, on distingue des indications de cubes et une ligne légèrement incurvée qui pourrait représenter une arche. Au-dessus, des arêtes vives rappellent les coupes en gradins si apparentes sur le tableau N° 36.

Les branches sont tracées avec un pinceau bleu, la végétation abonde en verts émeraude et en bleus souvent appliqués par petites touches diagonales. Il y a une étroite dépendance entre les verts du premier plan et les ocres du fond. Les blocs de pierre, à droite, sont plus largement brossés, souvent en touches verticales. Malgré cette différence d'exécution, la toile est totalement recouverte. Alors que les coups de pinceau en diagonale semblent remonter à des périodes antérieures de Cézanne, le schéma chromatique et une certaine luxuriance de texture placent l'œuvre au tournant du siècle.

41 Rochers et caverne

1895-1900
Aquarelle sur papier blanc.
30,5 × 46,4 cm
Galerie Beyeler, Bâle.

Il est pour ainsi dire certain que ce motif est à localiser dans la carrière de Bibémus. Les taches gris-bleu, ocre pâle, rose et vertes sont accumulées le long de lignes sombres tracées sans dessin préalable à la mine de plomb. Les rocs érodés et entassés forment un sujet peu lisible et pratiquement abstrait, précurseur du style de Kandinsky. En le représentant, l'artiste lui a conféré une monumentalité qui dépasse celle qu'offre le site naturel.

42 Rochers près des grottes au-dessus de Château-Noir

1895-1900
Aquarelle sur papier blanc.
30,2 × 44,5 cm
Coll. Mattioli, Milan.

L'ensemble confus de ces rochers est rehaussé de tons ocres du genre de ceux qui apparaissent partout dans la carrière de Bibémus toute proche. Pour qui veut déchiffrer avec succès ces masses enchevêtrées de pierres cernées de buissons, et parfois à moitié cachées dans des arbres (maintenant disparus) une certaine familiarité avec le sujet est indispensable.

En dépit de son caractère à première vue abstrait, cette aquarelle représente ce motif inhabituel et quasi secret d'une façon étonnamment fidèle.

Peut-être à cause de l'absence d'un croquis préalable à la mine de plomb, les lignes bleues tracées au pinceau sont plus emphatiques. L'arbre nu à droite leur doit toute sa configuration, sans rehauts de couleurs.

43 Rochers près des grottes au-dessus de Château-Noir

1895-1900
Mine de crayon et aquarelle.
44,5 × 30 cm
Coll. part., New York.

Dans ses aquarelles Cézanne n'utilisa pas souvent cette technique particulière de hachures : des touches courtes jetées selon un certain rythme. Dans cette aquarelle, elle servait excellemment à faire ressortir le contraste entre la large et solide surface du rocher dans le fond et le feuillage papillotant par devant. De plus, elles suggèrent la vibration d'une lumière clignotante, et par là font naître une sensation de mouvement dans cet ensemble essentiellement stable.

41

42

44 Rochers près des grottes au-dessus de Château-Noir

1895-1900 (V. 1044)
Mine de plomb et aquarelle
sur papier blanc. 47 × 30,5 cm
Coll. M. et Mrs
Joseph Pulitzer Jr.,
Saint-Louis

Cézanne a traité ce sujet plusieurs fois; dans chaque étude, la lumière est différente et l'intérêt porté aux blocs de pierre, aux buissons, ou, en bas, au creux raviné, est autre. Parce que l'artiste a ici détaché les blocs plus résolument du fouillis qui les entoure, leurs formes particulières apparaissent plus clairement que dans les autres études. Les rehauts de couleurs sont par ailleurs plus clairsemés, conférant un rôle plus important au dessin, particulièrement détaillé. Chappuis date cette page de 1895 environ.

43

45 Rochers près des grottes au-dessus de Château-Noir

1895-1900
Mine de crayon et aquarelle
sur papier blanc. 45,7 × 29,6 cm
Coll. part., New York.

Le caractère de cette œuvre se distingue des autres études, plus tranquilles ou plus fluides, faites d'après le même motif. A la manière d'un puissant rythme musical, trois accents semblent surgir du bas et s'élancer vers la droite. Les deux blocs massifs en haut suggèrent un mouvement ascendant vers la gauche, comme poussés dans cette direction. Un ton ocre soutenu domine le centre de la feuille. Les légères hachures au crayon n'ont pas toutes été recouvertes de couleur. Leur grisaille s'incorpore à l'ensemble des touches et cela donne un dessin cohérent qui paraît abstrait jusqu'à ce qu'on compare cette image délicate avec une photographie prise sur les lieux. Certaines lignes ont été retracées au pinceau en bleu-gris, conférant un aspect de solidité à cette œuvre subtile.

44

45

46 Rochers près des grottes au-dessus de Château-Noir

1895-1900 (V. 1043)
Mine de plomb et aquarelle
sur papier blanc. 31,4 × 47,6 cm
The Museum of Modern Art,
New York
(Coll. Lillie P. Bliss)

La mise en place au crayon se voit bien, elle va dans les détails et comporte quelques accents noirs appuyés qui ne furent guère renforcés par la couleur; au sommet, aucune couleur ne fut appliquée. Par endroits, cependant, les indications du crayon sont reprises en bleu avec un pinceau à pointe fine. En général, d'ailleurs, les touches de couleur prennent soin de suivre les traits de la mise en place; tandis qu'elles se concentrent là où il y a des ombres, le papier est laissé à découvert dans les larges parties ensoleillées. Il n'y a là que des rappels de cet ocre qui, dans les creux, s'accompagne de bleus et de tons allant au brun-rouge. Il y a relativement peu de touches vertes, comme si les rochers devaient être isolés de la forêt qui les entoure.

46

47 Dans le parc de Château-Noir

c. 1898 (V. 779)
Huile sur toile. 92 × 73 cm
Paris, Musées Nationaux
(ancienne coll. Walter-Guillaume ;
R.F. 1960-15)

André Lhote a écrit à propos de ce paysage :

« Un tableau peut être porté à son maximum d'intensité colorée à la condition que l'harmonie choisie soit extrêmement réduite. Si l'on veut employer une couleur à l'état pur, que toutes les autres soient diminuées à l'extrême ; si l'on opte pour des tons également saturés, que ce soient un froid et un chaud qui, se fortifiant réciproquement, paraissent purs par contraste. Ils auront été préalablement altérés, dans la mesure même où leur opposition doit les intensifier. Et tous les autres tons s'effaceront, ils ne seront pas présents, actifs, mais suggérés par le jeu des décharges complémentaires.

« Les modulations multipliées amplifient l'échelle des objets, de même que les détails différenciés et suffisamment isolés les uns des autres amplifient l'échelle d'une composition dessinée ou modelée.

« L'ordre, la simplicité, dans des tableaux très riches en éléments analytiques, proviennent de la disposition des détails. C'est pourquoi le rythme, ou répétition de deux ou trois directions dominantes, doit être particulièrement recherché. Les branches, si nombreuses, les replis du terrain, offrent de multiples directions. Il n'y a qu'à choisir celles qui se montrent le plus fréquemment et dédaigner les autres. *La nature propose tout à la fois, elle accorde donc toujours ce qu'on lui demande.* Mais il faut savoir quoi lui demander. »

A. Lhote, *Traités du paysage et de la figure*, Paris, Éditions Bernard Grasset, 1958, commentaire pour pl. I.

48 Intérieur de Forêt

1898-1899 (V. 784)
Huile sur toile. 61 × 81 cm
The Fine Arts Museum
of San Francisco
(don du fonds
Mildred Anna Williams)

Ce tableau fut probablement peint vers 1898-99. Cézanne séjourna un certain temps à Paris et dans les environs, mais il est difficile de déterminer si cette toile a été exécutée dans la forêt de Fontainebleau ou quelque part du côté du Tholonet. Les subtiles tonalités vertes et la couche picturale relativement mince relient ce paysage assez étroitement aux *Rochers dans la forêt,* (Metropolitan Museum, New York ; N° 58), mais la montée jonchée de rocs pourrait être aussi celle conduisant à la crête derrière Château-Noir si ce n'est qu'à cet endroit les rochers et les arbres ne sont généralement pas aussi volumineux ni les troncs si rouges. Comme dans le N° 58, il n'existe pas la moindre ouverture dans le fourré qui permette à un sentier même étroit de mener au cœur des bois sombres.

Certains rochers présentent des teintes ocres assez semblables à celles des blocs de pierre au voisinage de la carrière Bibémus, mais le feuillage des arbres est d'un vert vif contrastant avec les sombres sapins autour de Château-Noir et le ciel d'un bleu pâle est très différent de celui de la Provence.

Le tableau présente une superbe unité de couleurs et de texture, obtenue moins par des contrastes qu'à travers l'harmonie subtile des tons assourdis. Dans le feuillage de la partie supérieure gauche, détonne une soudaine note rouge.

48

49 Pins et rochers (Fontainebleau ?)

c. 1897 (V. 774)
Huile sur toile. 81,3 × 65,4 cm
The Museum of Modern Art,
New York
(Collection Lillie P. Bliss)

Ce tableau est traditionnellement daté de 1900 environ, mais la minceur de la couche picturale et l'exécution par assez petites couches, souvent appliquées en diagonale, plaident pour une période légèrement antérieure. Les teintes violâtres des rochers rapprochent quelque peu cette toile du N° 58, mais on ne peut être sûr qu'elle représente la forêt de Fontainebleau.

La pâte est plus mince dans les parties verticales à gauche et à droite alors qu'au premier plan et au centre, on peut percevoir plusieurs couches aux subtiles variations de couleurs. Quelle que soit son importance le long des troncs d'arbres rouges et élancés, aux branches nues, pour la plupart, le feuillage paraît presque transparent contre le ciel bleu dont les tonalités dominent la toile.

« Cézanne n'est pas un Impressionniste, expliquait Pissarro au jeune Matisse. Il n'a jamais peint le soleil, il peint toujours le temps gris. »

« Au premier coup d'œil » écrit Alfred Barr, commentant les souvenirs de Matisse, « les *Pins et rochers* semblent impressionnistes, mais quand on l'étudie il prend une signification profonde de permanence et de stabilité. Pourtant cette stabilité a un air mystérieusement impondérable, une structure sans masse réalisée dans l'espace ; le sentiment de permanence qui s'en dégage semble dépendre moins du monde sensible que de celui de l'esprit.

« Récemment Matisse, revenant après cinquante ans à ses conversations avec Pissarro, remarqua qu'un paysage impressionniste est un moment de la nature, alors qu'un Cézanne est un moment de l'artiste. » (1)

(1) A. Barr, *Masters of Modern Art,* New York, The Museum of Modern Art, 1954, p. 21.

50 La citerne dans le parc de Château-Noir

c. 1900 (V. 780)
Huile sur toile. 74,3 × 61 cm
Estate of Henry Pearlman,
New York

La matière est posée avec une brosse assez chargée, mais en petites touches (au cours des années suivantes, Cézanne aura tendance à élargir ses coups de pinceau). La note dominante est l'orange-ocre brillant du plan intermédiaire, au-delà duquel surgit un grand rocher plus clair, peint dans une gamme de tons gris-bleu. Devant lui, deux troncs d'arbres élancés soulignent l'aplomb vertical de la composition, compensé par un bloc plus carré à l'extrême droite et, à gauche, par les pieux obliques qui se rejoignent au-dessus de la citerne. Une ombre profonde, d'un bleu presque violet, enveloppe le muret de la citerne, devant lequel une autre grande tache presque violette semble rompre toute intention de symétrie.

49

50

51

La végétation derrière la citerne est d'un vert foncé, mais l'œil, en gagnant le haut de la toile, et en suivant la succession des plans, rencontre des bruns de plus en plus soutenus et des bleus, proches des verts, dans un miroitement où se mêlent les troncs d'arbres, les feuillages, la lumière atténuée, le sol foncé. Sans aucune indication spécifique d'espace, les couleurs et la direction des touches, couvrant sans interruption la toile jusqu'en haut, donnent l'impression d'un fourré envahissant, dense et mystérieux.

51   Château-Noir

1900-04 (V. 796)
Huile sur toile. 73,7 × 96,6 cm
National Gallery of Art,
Washington
(don d'Eugène et Agnès Meyer, 1958)

Les taches vertes du feuillage tempèrent à gauche le contraste du bleu et de l'ocre. La zone bleue intense du ciel est animée par les arabesques bleu foncé des branches dépouillées, placées d'abord un peu plus bas. Elles rappellent celles que Cézanne avait déjà tracées sur ses panoramas de la vallée de l'Arc. Au-dessous du ciel et des branches, la forme allongée du Mont du Cengle se découpe en bleu plus uni.

Le bâtiment, la terrasse, le terrain au bas de celle-ci, ont la même couleur ocre. La porte de la remise se dessine en rouge sous les fenêtres pseudo-gothiques reflètant le ciel bleu. A gauche, se devine le chemin qui mène de Château-Noir à la Maison Maria, devant laquelle l'artiste avait planté son chevalet.

Les empâtements se situent, comme toujours chez Cézanne, autour des lignes séparant deux couleurs : les troncs et les branches d'arbres, les arêtes de la maçonnerie.

Le soin avec lequel le peintre s'est plié aux nécessités d'une composition harmonieuse peut s'observer dans la manière dont il a légèrement déplacé les branches nues (peut-être celles d'un arbre mort ?), mais surtout dans le fait qu'il a élargi la toile de cinq centimètres au moins sur chacun des côtés. Il a obtenu ainsi un plus grand espace entre l'à-pic de la terrasse et le bord de la toile — ce qui lui a permis de détacher plus nettement le mur ocre — et d'augmenter d'une zone étroite la forêt. Les deux bandes latérales, toutes deux semblables, sont d'une texture différente de la toile originale, mais elles ont été ajoutées avant que l'œuvre ne soit terminée, car de nombreux coups de pinceau se prolongent de part et d'autre des lignes d'assemblage ; la couche picturale est toutefois moins dense sur la bande de gauche que sur celle de droite.

La date de 1904 communément admise pour l'exécution de ce paysage indique que Cézanne allait encore travailler à Château-Noir après son installation dans l'atelier des Lauves.

52   Château-Noir

1903-04 (V. 794)
Huile sur toile. 73,6 × 93,2 cm
The Museum of Modern Art,
New York
(don de Mrs David M. Levy)

Les composantes du « motif » sont réduites à des éléments picturaux, à des taches de couleur dans une trame irrégulière de coups de pinceau. En raison de l'étrange manière dont Cézanne se soumettait humblement à ses perceptions, tout en les dominant, il demeurait attaché à l'aspect permanent de la nature plutôt qu'il ne se laissait distraire par le charme des effets évanescents de la lumière. Son souci était de traduire intégralement ses observations sur la surface plane de la toile.

Bien qu'auparavant Cézanne ait souvent juxtaposé plusieurs courtes touches de la même couleur, il semble désormais emprunter à sa palette une teinte différente chaque fois qu'il y nourrit son pinceau, pinceau épais et chargé de peinture, de sorte qu'il peut appliquer de larges taches sur la toile. Celles-ci s'unissent en une surface opaque et sont assemblées d'une façon si dense qu'elles perdent leur individualité au profit d'empâtements indistincts.

Tout en étant posés avec une remarquable autorité, ces empâtements se mêlent si librement que la surface semble vivante. C'est de cette cohésion du travail apparemment lâche du pinceau, de la compacité de sa texture, de la richesse des nuances subtilement fondues ou opposées que se dégage une image de puissance suprême ou, comme Cézanne l'aurait plus modestement exprimé, une « harmonie parallèle à la nature ».

Ce paysage était accroché dans la chambre de Monet. Un jour, comme le peintre le montrait à un visiteur venu à Giverny en compagnie de Georges Clemenceau, il dit simplement : « Eh oui, Cézanne, c'est le plus grand de nous tous » (1).

Aux quatre angles du tableau — notamment en haut et en bas à gauche — il semble y avoir eu intervention d'une main étrangère dans l'intention de couvrir la toile laissée souvent à nu par Cézanne. Mais nous nous refusons à soupçonner Monet d'avoir voulu « parfaire » ainsi l'œuvre d'un peintre qu'il admirait.

(1) Monet cité par M. Georges-Michel, *De Renoir à Picasso*, Paris, 1954, p. 24.

53   Château-Noir

c. 1904 (V. 797)
Huile sur toile. 70 × 82 cm
Coll.part., Suisse

Le tout premier plan offre des modulations de vert derrière lesquelles s'étagent en diagonale des taches bleu-vert, les verts tournant parfois au jaune et les bleus à un violet terne. Le ciel est traité selon la même technique, mais avec des bleus plus clairs mêlés à des verts plus légers. La montagne Sainte-Victoire, dont le sommet émerge à peine, est d'un bleu plus foncé. L'ensemble des bâtiments, soulignés de traits bleus rectilignes, prend un aspect cubique. La façade — d'un jaune assourdi — donne le ton dominant de la composition, teinté d'ombres mauves-roses bleutées ; la porte de la remise est rougeâtre. Ainsi est créé un singulier contraste entre la

52

53

végétation animée du premier plan, la structure rigide et le ciel plat mais d'une riche texture. La toile blanche reste visible principalement sur trois côtés et dans les verdures.

La couche picturale, tout en gardant une densité certaine, est beaucoup plus mince que dans les autres versions du même sujet qui pourraient l'avoir précédée ; là, les couches superposées de pigments forment une croûte rugueuse. Cependant, toutes les valeurs tonales sont équilibrées et coordonnées, en sorte que cette toile ne doit pas être considérée comme une étude préparatoire, ni comme une œuvre « inachevée », mais plutôt comme une œuvre simplement « interrompue » à ce stade d'exécution. Adrian Stokes l'a commentée ainsi : « Ce merveilleux tableau est une des dernières œuvres de Cézanne. Elle appartient à une série des derniers paysages brossés avec une matière plus épaisse que les précédentes et plus librement. Dans ces derniers tableaux, la mosaïque est plus atténuée ; cependant il y a moins de souci pour les volumes pris en eux-mêmes que pour leur interdépendance ; l'esprit en est plus tumultueux sans toutefois perdre le calme et souvent un certain ton emphatique. Mais nous devons nous rappeler que dans leur vieillesse les grands peintres reviennent souvent à leur style primitif, perfectionné par l'expérience des ans.

« En représentant ce château perdu dans les arbres, au sommet de la Sainte-Victoire, il nous fait sentir la présence de sommets puissants et de grottes profondes au romantisme enchanteur.

« Cette toile est légère d'inspiration. Si l'on excepte les zones demeurées vierges et quelques notes sombres, il n'y a pas de tons accentués ou de touches vigoureuses. Cependant, même ces couleurs neutres scintillent, incandescentes.

« Les fragments de toile vierge sont abondants dans les tableaux de Cézanne de la seconde moitié de la carrière.

« Il s'était fait une règle, pour chaque peinture, de ne jamais mettre une seule touche, dont il ne sentait pas absolument la nécessité. Bon nombre de ses tableaux sont, à cause de cela, en un certain sens, « inachevés ».

« D'un autre côté, il est à noter que la couleur de ses tableaux venait au secours du dessin. Dans ses derniers tableaux, spécialement, il est possible que l'usage croissant des couleurs à aquarelle renforça sa tendance à faire usage de ces omissions intentionnelles » (1).

(1) A. Stokes, *Cézanne,* Paris, Fernand Nathan, 1953, p. 20.

54 Rochers près des grottes au-dessus de Château-Noir

c. 1904 (V. 786)
Huile sur toile. 65 × 54 cm
Coll.Mme Jean Matisse
France

Le groupe de rochers auquel, sous différents aspects, Cézanne a consacré une série de toiles et d'aquarelles, est vu ici de très près. Il domine la toile et s'impose immédiatement, sans premier plan dirigeant l'œil vers sa masse rugueuse ; sa présence massive atténue presque l'enchevêtrement de troncs d'arbres et de branches qui obstrue le pan de ciel bleu. Les couleurs sont les tons rompus que l'artiste

54

préférait dans nombre de ses dernières toiles, mais ici elles sont plus subtilement riches et plus nuancées que dans toute autre représentation de ce site. Cézanne a renoncé au contraste si saisissant des rochers ocres et des verdures pour reconstruire son motif dans des tonalités délicates qui s'entremêlent dans une infinité de variations.

La toile est entièrement recouverte, mais le pinceau qui si souvent sert à déterminer après coup des formes lorsqu'elles se chevauchent comme elles le font ici joue un rôle moins décisif que de coutume. Il apparaît seulement dans les traits sombres qui représentent la végétation devant les rochers. Ces traits vagues constituent en même temps la seule indication de profondeur et sont posés si finement — notamment devant la grosse pierre à droite — qu'on ne peut les associer avec aucun des arbres qui s'élèvent derrière cette pierre.

«Il faut avoir le sentiment de la surface, a dit Matisse, savoir la respecter. Regardez Cézanne : pas un point dans ses tableaux qui s'enfonce ou qui faiblisse. Tout doit être ramené au même plan dans l'esprit du peintre » (1).

En faisant cette constatation, Matisse a fort bien pu penser tout particulièrement à ce paysage qui lui appartenait. C'est une des plus pures et des plus complètes «réalisations» du «vieux Cézanne».

(1) Matisse cité par G. Diehl: «A la recherche d'un art mural», Paris, *Les Arts et les Lettres,* 19 avril 1946 (communiqué par M. Dominique Fourcade).

55   Château-Noir

c. 1904 (V. 1036)
Mine de plomb et aquarelle
sur papier blanc. 41,9 × 55,2 cm
Coll. Mrs Potter Palmer II

Quoique cela paraisse être la vue frontale, la façade de Château-Noir regarde en réalité le Sud vers la vallée qui s'étend en direction de la montagne Sainte-Victoire. Celle-ci se trouve derrière l'aile du «Château», vue ici du côté ouest, près de la Maison Maria. L'artiste s'était installé sur le chemin conduisant de cette maison au bâtiment principal. (Le chemin avance vers la gauche de l'aquarelle, tourne soudainement près de la citerne (N° 50), pour continuer ensuite droit vers la terrasse de Château-Noir dont le mur de soutènement ocre apparaît clairement à droite.) La caractéristique la plus importante de cette aile, qui regarde en direction de la ville d'Aix, était constituée par une large porte cochère rouge sous une rangée de fenêtres pseudogothiques. Cézanne l'a représentée à plusieurs occasions, attiré de toute évidence par cette note rouge au-delà des flots de verdure. Depuis lors, le rouge s'est affaibli, les arbres ont poussé ou ont péri, mais le site a conservé son ambiance étrangement hantée, quoique les murs jaunes de cet ensemble isolé aient cessé de dominer la scène. Le soleil et le ciel bleu continuent cependant à conférer à l'architecture grotesque de Château-Noir une grandeur impressionnante, telle qu'elle émerge de la végétation désordonnée qui paraît l'engloutir, tandis que les murs menacent de tomber en ruine après de longues années d'exposition aux intempéries et de négligence.

55

56 Pin et rochers près des grottes au-dessus de Château-Noir

c. 1900 (V. 1041)
Mine de plomb et aquarelle
sur papier blanc. 46 × 35,5 cm
The Art Museum,
Princeton University,
New Jersey

Un incendie de forêt a récemment détruit toute la végétation qui bordait la crête rocheuse allant de Château-Noir à la carrière Bibémus. Pour une photographie du motif, voir Erle Loran. Celui-ci observe : « Cette aquarelle pourrait servir à démontrer que forme et espace ne peuvent être créés par des valeurs tonales et par des plans colorés quand la structure linéaire est largement décorative et à deux dimensions » (1).

(1) Loran, 1943, p. 117 et pl. 33 avec
photographie du motif.

57 Pistachier dans la cour de Château-Noir

c. 1900 (V. 1040)
Mine de plomb et aquarelle
sur papier blanc. 34,5 × 43,3 cm
The Art Institute, Chicago

Au milieu de la petite cour de Château-Noir s'élevait — et s'élève toujours — un pistachier tordu. Derrière, on aperçoit le toit incliné d'un bâtiment secondaire, plus loin un groupe de pins, et, dans le fond, à peine indiqué, le contour ascendant de la Sainte-Victoire. De nos jours, ce contour est caché par les arbres qui ont beaucoup grandi depuis que Cézanne travaillait là, il y a quelque soixante-quinze ans. Avec son soin habituel l'artiste a reproduit le tronc d'arbre tordu, en partie creux, de même que les quatre blocs qui marquent sa position par rapport au sol de la cour. A droite, une pierre paraît avoir été taillée pour fermer un puits et, aujourd'hui encore, occupe la place où Cézanne l'avait observée.

Comme pour la plupart des aquarelles de vieillesse, quelques traits de crayon fixèrent d'abord l'aspect général des formes ; ensuite l'image proprement dite fut exécutée avec de la couleur. Quand le pinceau suivait la ligne d'une branche, la couleur se confondait avec le crayon ; là où les formes sont moins linéaires, des touches de couleur très diluées s'enchevêtrent et sont posées les unes sur les autres, produisant ainsi un tissu de couleurs dense et pourtant lumineux. Le grand miracle de la technique employée par Cézanne dans ses aquarelles des dernières années est que ces touches, se couvrant entièrement ou en partie, demeurent transparentes et légères malgré leur accumulation. Ce sont les témoins de son procédé incroyablement délicat et contrôlé, unique en son genre.

58 Rochers à Fontainebleau

c. 1897 (V. 673)
Huile sur toile. 73,3 × 92,4 cm
The Metropolitan Museum
of Art, New York
(Coll. H.O. Havemeyer,
legs de Mrs. H.O. Havemeyer)

Quand Vollard posa pour son portrait en 1899, il remarqua que Cézanne appliquait ses couleurs en couches très minces, comme des touches d'aquarelle. Elles séchaient immédiatement : il pouvait ainsi superposer les coups de pinceau là où il n'était pas satisfait du résultat. Ce témoignage est quelque peu surprenant car, au tournant du siècle, l'artiste semble avoir travaillé surtout avec des pinceaux très chargés en pigments, si bien que la toute première couche même était assez épaisse.

57

C'est dans des œuvres *antérieures* comme ce paysage, comme *L'Amour en plâtre* (que Gowing date de 1892), le *Portrait de Geffroy* de 1895, ou la *Nature morte aux oignons,* que l'exécution rappelle sa technique à l'aquarelle. Tous ces tableaux datent du milieu des années quatre-vingt dix et constituent le point de départ de cette exposition.

Bien que M. Douglas Cooper ait obtenu des dirigeants du Metropolitan Museum le changement du titre traditionnel, localisant le motif à Fontainebleau — car il s'agirait, selon lui, des environs de Château-Noir, cela ne paraît pas du tout être le cas. Aussi bien la couleur, différente du chromatisme des tableaux peints à Château-Noir, que la lumière bleue et froide, indiquent un motif nordique, de même la

58

ligne d'horizon plane apparaissant au loin à gauche. On sait que Cézanne a travaillé non loin de Fontainebleau vers 1897, date confirmée par l'exécution de ce paysage ; il semble donc n'y avoir aucune raison de changer le titre du tableau.

La peinture est appliquée si légèrement que la toile apparaît en de nombreux endroits. Néanmoins, on n'a nullement l'impression que cette couche mince ne soit qu'une préparation dans l'attente d'une application plus dense de pigments ; bien au contraire, la « technique d'aquarelle » est ici un procédé intentionnel. En effet, en de nombreux endroits, la couleur paraît presque avoir été frottée légèrement sur la surface. Cette exécution délicate non seulement affine la lourdeur du sujet, mais produit aussi une grande variété de teintes où domine un bleu violacé.

Des masses tumultueuses de rochers aux couleurs sombres sont disséminées sur toute la largeur du tableau au-dessous des arbres aux feuillages emmêlés qui masquent le ciel mais laissent filtrer un rayon de lumière rouge et orange tombant sur le gros bloc central. Dans une analyse subtile du tableau où il perçoit « un sentiment de catastrophe », Meyer Schapiro cite à juste titre un passage de *L'Éducation Sentimale* de Flaubert :

« Le chemin fait des zigzags entre les pins trapus, sous des rochers à profils anguleux, tout le coin de la forêt [de Fontainebleau] a quelque chose d'étouffé, d'un peu sauvage et de recueilli... La lumière... atténuée sur les premiers plans par une sorte de crépuscule, étalait dans les lointains des vapeurs violettes, une clarté blanche... les roches... finissaient par emplir tout le paysage, cubiques, comme des maisons, plates, comme des dalles, s'étayant, se surplombant, se confondant, telles que les ruines méconnaissables et monstrueuses de quelque cité disparue. Mais la furie même de leur chaos fait plutôt rêver à des volcans, à des déluges, aux grands cataclysmes ignorés » (1).

(1) Cité par Meyer Schapiro, *Cézanne*, Paris, Nouvelles éditions françaises, 1973, n° 36.

59   Paysage bleu

1904-06 (V. 793)
Huile sur toile. 102 × 83 cm
Musée de l'Ermitage, Leningrad

Selon A. Barskaya (1), le *Paysage bleu* a été peint durant la même période que le *Château-Noir* (N° 52) et présente avec lui une étroite affinité. « Cézanne, visiblement, a laissé la toile inachevée, écrit A. Barskaya, il y a de grandes [?] zones où l'enduit blanc préparatoire n'a pas été recouvert, et dans la partie inférieure de la toile, on peut voir des gouttes de peinture liquide. Il est possible que la déchirure — aujourd'hui réparée — au centre, soit le résultat d'un coup donné par l'artiste dans un moment d'exaspération, ce qui lui arrivait assez souvent. Pourtant, en abandonnant la toile à peu près à mi-chemin, Cézanne, involontairement peut-être, nous permet un regard sur les arcanes de son travail artistique. Par le seul maniement du pinceau, sans recours à aucune indication topographique, l'artiste a créé une composition de formes qui se fondent et qui donnent l'impression d'un espace profond. »

Inachevé ou non, le paysage est avant tout un exemple de l'exécution presque turbulente qui caractérise bon nombre des dernières œuvres de Cézanne. Ce ne

(1) A. Barskaya, *Paul Cézanne*, Leningrad Aurora Art Publishers, 1975, p. 189.

59

peut être par hasard qu'il choisit un motif comme celui-ci, pratiquement dépourvu d'éléments structurels — l'angle d'un bâtiment apparaît vaguement, noyé dans les bleus et les verts environnants — et dans une gamme de couleurs aussi réduite. Il put ainsi mettre l'accent sur le travail du pinceau, posant des couches multiples sur les éclaboussures vives et étroitement enchevêtrées de tons saturés ; il put même pousser les couleurs au-delà de celles de la nature, s'exprimer dans des bleus profonds qui semblent traduire une émotion plus qu'une perception.

Lawrence Gowing (2) pense que ce paysage a été peint à Fontainebleau et le date en conséquence de 1905 environ. Mais la colline à l'arrière-plan pourrait aussi bien être située dans la région des Lauves. En fait, la question de l'emplacement exact est de peu d'importance dans des tableaux comme celui-ci (sauf pour en déterminer la date), car, comme Kandinsky l'a dit à propos des œuvres de Cézanne, « Ce n'est pas un homme, une pomme, ou un arbre qui est représenté : tous ont été utilisés par Cézanne pour former une chose qui s'appelle un tableau et qui est une création d'une résonance purement intérieure, picturale » (3).

L'angle supérieur gauche du tableau est rempli d'une tache bleu opaque qui jure tant soit peu avec le reste et fait penser à un remplissage abusif par une main étrangère, tel qu'il peut être observé parfois dans d'autres œuvres de Cézanne. Cependant, le ton vert sombre en-dessous de cette tache gênante semble bien posé *par-dessus* ce bleu. Peut-être Cézanne lui-même y a-t-il mis ce ton au hasard pour couvrir la toile nue et n'a-t-il pas eu l'occasion de l'harmoniser avec le reste ? Il faut admettre, pourtant, que telle n'était pas sa manière de procéder. Le tableau étant passé directement de Vollard dans la collection Morozoff, la possibilité d'une intervention d'autrui semble devoir être écartée. Sauf preuve du contraire, Vollard n'a pas « tripoté » les œuvres de Cézanne (voir la *Sainte-Victoire* de l'Ermitage de Leningrad, N° 79), et le collectionneur russe ne l'aurait certainement pas fait non plus.

(2) Gowing, 1977, pp. 68-69.
(3) W. Kandinsky, *Ueber das Geistige in der Kunst,* Munich, Piper, 1912.

60 Sous-bois

1900-02 (V. 1527)
Huile sur toile. 79,5 × 64,5 cm
Galerie Beyeler, Bâle

Clément Greenberg a décrit le style tardif de Cézanne en ces termes : « L'illusion de la profondeur est construite en respectant la surface plane d'une façon plus évidente, plus obsessionnelle. Les facettes des plans peuvent jouer alternativement entre la surface et les images qu'elles créent, pourtant elles ne font qu'un avec la surface comme avec les images. Distinctes, bien que sommairement posées, les touches de peinture carrées vibrent et se dilatent à un rythme englobant l'illusion aussi bien que l'agencement plat de la surface. L'artiste semble modérer son exigence d'exactitude de la teinte en passant du contour à l'arrière-plan, et ni ses coups de pinceau ni les facettes créant les plans ne demeurent aussi serrées qu'auparavent. Davantage d'air et de lumière circulent à travers l'espace imaginé. La monumentalité n'est plus obtenue au prix d'une sèche atmosphère confinée. A mesure

60

que Cézanne suggère la profondeur avec du bleu outre-mer qu'il place sous les contours brisés, l'ensemble de la toile donne l'impression de se dégager pour ensuite se ré-envelopper. Reprenant la forme rectangulaire dans chacune de ses parties, le tableau tend aussi à faire éclater les dimensions de cette forme.

« Les touches oblongues du pinceau sont placées ici d'une manière si peu rapprochée que non seulement elles révèlent de substantiels espaces blancs, mais surtout laissent à découvert la « structure » de l'ensemble. En effet, les horizontales du chemin forestier n'ont pas encore été couvertes de couleurs et ainsi ne se trouvent point absorbées, comme elles le sont, par exemple, dans une toile analogue (V. 789). La comparaison de ces deux paysages assez semblables indique que cette œuvre représente, pour ainsi dire, une phase moins poussée que l'autre qui, elle, est achevée. A ce titre, elle illustre le procédé employé par Cézanne lorsqu'il dépasse le stade de la simple esquisse sans toutefois aller jusqu'à l'œuvre achevée. Malgré certaines différences de coloris, ces deux tableaux doivent dater à peu près de la même époque » (1).

(1) C. Greenberg, *Cézanne,* 1951, réimprimé dans *Art and Culture,* Boston, 1961, pp. 55-56.

61   Arbres, Le Tholonet

1900-04
Huile sur toile. 81,3 × 65 cm
Coll. part., USA

Les coups de pinceau énergiques, posés dans différentes directions, montrent avec quelle assurance Cézanne, à la fin de sa vie, abordait ses toiles. L'éclat des taches de vert et de bleu-violet qui se chevauchent rarement — chacune étant faite de quelques touches juxtaposées — est rendue « lisible » par les traits bleu foncé dessinant les troncs et les branches des arbres. Les rythmes de ces lignes accentuées et la facture plus mouvementée du feuillage et du ciel contribuent également à créer une image luxuriante. Cette image (bien que techniquement inachevée) est totalement cohérente, parce que l'artiste n'a pas recouvert la toile gris clair zone par zone, mais semble avoir distribué simultanément ses touches de couleurs sur toute la surface.

Parfois, dans l'enchevêtrement des arbres du centre, apparaissent de petits espaces de toile nue, là où les rapports de couleurs sont tendus. Tout en bas, on perçoit les traces d'une première couche de couleurs très diluée à la térébenthine et qui a peut-être été enlevée avec un torchon. Alors que, dans nombre de toiles très travaillées, les pigments forment des croûtes épaisses, ici le tableau a été laissé dans son premier état, pourrait-on dire, et la couleur — au contraire de la pellicule très mince qui apparaît souvent dans les œuvres antérieures — est appliquée avec un pinceau très chargé. C'est cette technique, associée à l'emploi de teintes assourdies, qui caractérise les dernières œuvres de Cézanne.

61

62 Village derrière les arbres

c. 1898 (V. 438)
Huile sur toile. 65 × 81 cm
Kunsthalle, Brême

Ce tableau, d'une densité merveilleuse aux tons saturés d'ocre orangé et de bleu-vert, est poussé à un rare degré de finition. Depuis ce qui paraît être une route, parallèle au premier plan du tableau, au-delà de laquelle se dressent quelques arbres, le sol semble descendre vers un groupe assez important de maisons serrées les unes contre les autres. En raison de la pente du terrain, seule la partie haute des constructions est visible. Leurs toits font écho aux tons orangés plus sombres du premier plan. Les cubes et les triangles de ces bâtiments sont nettement définis au milieu de la végétation. A une certaine distance, des champs s'étendent jusqu'à l'horizon, caché par le feuillage de grands arbres. A l'extrême-droite, au loin, un éclatant losange vert-émeraude reprend les couleurs du deuxième arbre, à gauche, qui se détache puissamment de son voisin d'un bleu-vert très sombre à côté duquel se trouve, afin d'accentuer le contraste, un tronc blanchâtre.

L'exécution, fougueuse mais contrôlée, utilise généralement un pinceau très chargé, qui pose le pigment en couche épaisse. La direction des touches suit souvent les textures des différents éléments : branches feuillues, faîtes des toits, champs. Ici et là, une accumulation de coups de brosse témoigne d'un effort de Cézanne pour établir clairement les lignes où deux couleurs se rencontrent (troncs d'arbres, murs des maisons, toits, etc.). Le ciel bleuté se fond harmonieusement avec les cimes des arbres.

La localisation du motif prête à discussion et il est difficile de dater la toile (de toute façon, la suggestion de Venturi, vers 1885, doit être rejetée). Le tableau est souvent considéré comme un paysage de Provence ; il n'en est rien. En dépit du fait que Cézanne a travaillé dans relativement peu d'endroits autour de Paris durant les dix dernières années de sa vie, aucun de ces sites ne peut être identifié d'une façon certaine avec la vue représentée. Il ne semble pas y avoir de rapports avec Fontainebleau ou ses environs ; force est donc d'accepter la suggestion de Rivière pour qui la toile montre le village de Marines (1). Rivière tenait sans aucun doute ce renseignement de son gendre Paul Cézanne fils. Il est établi que l'artiste se trouvait à Marines et non loin de là, à Mongeroult, pendant l'été de 1898, quand il y rencontra le jeune peintre Louis Le Bail. Malheureusement cette charmante région au nord de Pontoise a beaucoup souffert pendant la Seconde Guerre mondiale, si bien que tout espoir de retrouver le motif doit être abandonné.

(1) Rivière, 1923, p. 222.

63 Le Jardin des Lauves

Vers 1906 (V. 1610)
Huile sur toile. 65,5 × 81,3 cm
The Phillips Collection,
Washington

Peint sur une toile gris-bleu-jaunâtre, ce paysage est organisé en trois zones horizontales distinctes. Le premier plan est formé par une bande de toile à peine recouverte, où, sous le mur sombre de la terrasse, presque tout entier d'un violet éteint, sont appliquées, en quelques coups de brosse hâtifs, des taches de vert clair ; au-delà du mur, des touches carrées de bleu, de vert, d'orange et de rose sont

62

assemblées sans rigueur et laissent apparaître entre elles de nombreux espaces de toile nue. La partie supérieure est occupée par le ciel, teinté de rose au milieu ; autour de ce point central, d'autres taches de couleurs sont distribuées librement. A droite, le ciel est bleu ; en haut à gauche, on voit ce qui paraît être un nuage sombre bleu-gris et bleu, répondant au mur sombre du bas.

A certains endroits — particulièrement à gauche et dans le ciel — la couleur diluée a été légèrement frottée, ou peut-être essuyée après avoir été appliquée sur la toile ; la peinture était par moments si liquide qu'elle a même coulé. Mais en général, il n'y a qu'une seule couche de pigment, dont les touches se chevauchent quelquefois. L'ensemble des taches multicolores n'a pas encore atteint le stade où l'artiste appliquait, d'habitude, quelques lignes bleues au pinceau pour imposer un ordre et mettre en valeur certains éléments du sujet. Néanmoins, même à ce stade précoce, il n'y a aucun tâtonnement ; ce qui a été mis sur la toile occupe sa juste place dans l'œuvre à naître, qui semble s'épanouir comme un bouton prêt à éclore sous les yeux du spectateur.

Herbert Read a commenté la déclaration souvent citée de Cézanne selon laquelle il souhaitait remplacer le modelage par la *modulation.* Selon H. Read, l'artiste faisait allusion à «l'accord d'une zone de couleur avec les zones colorées voisines : processus continuel pour concilier la multiplicité et l'unité du tout. Cézanne a découvert que la solidité, ou la monumentalité d'un tableau dépendent tout autant de ce patient travail de «maçonnerie» que d'une conception architecturale d'ensemble. Le résultat, en ce qui concerne l'application du pigment, est la rupture apparente de la surface plane d'une zone colorée en une mosaïque de facettes colorées distinctes. Cette manière de procéder se fit de plus en plus évidende au fur et à mesure de l'évolution de Cézanne ; elle est très frappante dans un tableau comme *Le Jardin des Lauves.* Dans toutes — ou presque toutes — les toiles exécutées après 1880, chaque détail isolé montre la même mosaïque structurant la surface. Mais il ne faut pas oublier que le fragment choisi ainsi pour en décomposer les plans est complètement intégré au tout que forme le tableau. Pour Cézanne, la justification d'une pareille technique est qu'elle constitue une bonne méthode de construction. Comme dans un monument achevé, nous ne devons pas être conscients des différentes parties dont l'ensemble constitue l'unité » (1).

(1) H. Read, *Concise History of Modern Painting,* New York, Praeger, 1959, pp. 18-19.

64 Les Grands Arbres

1902-04
Mine de plomb et aquarelle
sur papier blanc. 47 × 58 cm
Coll. Dr et Mrs A.W. Pearlman,
New York

Le catalogue de l'exposition Knoedler dit : «Cette composition dynamique où les contorsions des arbres à gauche et à droite sont contrôlées par l'accent vertical et calme d'un jeune arbre, se retrouve dans une toile de *Les Grands Arbres* (V. 760), où cependant les intervalles sont plus resserrés. Venturi donnait à notre aquarelle le titre *Arbres dépouillés dans la furie des vents,* mais une vraie tempête n'est pas nécessaire pour expliquer ces formes contorsionnées ; Cézanne fut assez souvent poussé par son propre sens dramatique à faire sien l'aspect actif et expansif des branches d'arbres» (1).

Les couleurs de cette aquarelle ont quelque peu pâli et le papier a considérablement jauni.

63

65   Le Cabanon de Jourdan

1906 (V. 805)
Huile sur toile. 65 × 81 cm
Coll. Riccardo Jucker, Milan

En juillet 1906, Cézanne indiqua dans une lettre à son fils qu'il travaillait « chez Jourdan » (1), et en octobre, après que de grosses pluies et des orages avaient mis fin aux fortes chaleurs de l'été, il lui annonça qu'il montait au Quartier de Beauregard (2), au nord-est d'Aix, où il exécutait des aquarelles (voir N° 66). Si l'emplacement exact du cabanon de Jourdan n'est pas connu, c'est un fait qu'un commerçant aixois nommé Jourdan possédait de grands biens immobiliers dans le secteur de Beauregard — il était même conseiller municipal de Saint-Marc, une commune voisine. Le cabanon de Jourdan, qui passe pour être le dernier paysage peint par Cézanne, est un bâtiment bas d'un ocre vif sous un ciel bleu, percé à gauche d'une porte d'un bleu intense, celui des charrettes paysannes en Provence (Van Gogh a

64

65

représenté l'une de ces voitures bleues dans une vue de la Crau près d'Arles). A droite de la maison, à l'arrière-plan sous les arbres, apparaît une forme sombre qui pourrait être un puit provençal typique, en forme de ruche. Au-delà, vers la droite et plus près du premier plan, un mur se dresse dans l'ombre bleue. Le premier plan ocre est traversé par une succession de taches d'un vert vif. Le travail du pinceau est enlevé et d'une force magistrale.

C'était au moment où l'artiste travaillait à ce tableau, peu avant sa mort, que l'influent critique réactionnaire Camille Mauclair publia son ouvrage *Trois Crises de l'art actuel,* dans lequel, au chapitre intitulé «La Crise de la Laideur en Peinture», il proclama: «Quant à M. Cézanne, son nom restera attaché à la plus mémorable plaisanterie d'art de ces dernières années… Cet honnête homme… peint en province pour son plaisir et produit des œuvres lourdes, mal bâties, consciencieusement quelconques, des natures mortes d'une assez belle matière et d'un coloris assez cru, des paysages de plomb, des figures qu'un journaliste qualifiait récemment de «michelangesques» et qui sont tout bonnement les essais informes d'un acharné qui n'a pu remplacer le savoir par le bon vouloir. (J'insiste avec la plus sincère courtoisie sur ce «bon vouloir». Je ne doute pas que M. Cézanne, loin des snobs et ne se croyant nullement le grand homme qu'ils inventent, soit fou de peinture et fasse tout son possible. Mais quoi! Saluons l'intention, mais l'esprit souffle où il veut, et ce n'est pas toujours chez ceux qui l'appellent le plus ardemment. Et il n'a jamais soufflé chez M. Cézanne.)» (3).

Mémorables plaisanteries d'art et paysages de plomb, en effet!

(1) Correspondance, 1937, p. 279, lettre du 24 juillet 1906.
(2) Correspondance, 1937, p. 296, lettre du 13 octobre 1906.
(3) C. Mauclair, Trois Crises de l'art actuel, Paris, Bibliothèque Charpentier, 1906, pp. 304-305.

66   Le Cabanon de Jourdan

1906 (V. 1078)
Mine de plomb et aquarelle
sur papier blanc. 48 × 62,8 cm
Coll. part., Zurich

Cette aquarelle exceptionnellement large, étroitement apparentée à la toile N° 65 (V. 805), pourrait être le dernier paysage peint par Cézanne, celui qu'il avait entrepris lorsque, sur le chemin du retour, il s'écroula au milieu d'un violent orage et perdit connaissance. La situation exacte de ce cabanon n'est pas connue.

Un dessin à la mine de plomb assez achevé établissait d'abord tous les caractères principaux; quelques-uns des traits furent ensuite suivis par la pointe d'un pinceau bleu. Les touches d'aquarelle bleu-vert — avec çà et là des roses dans la végétation et au premier plan — sont plus larges que toutes les autres touches. La maison elle-même est laissée presque blanche, à l'exception de quelques indications de jaune pâle, alors que dans le tableau du même sujet ses murs ocre constituent l'accent décisif. Pareillement, le bleu soutenu du ciel qui contraste de façon saisissante avec l'ocre du cabanon, est ici absent, le ciel et le premier plan étant restés blancs. Le chromatisme de la peinture et de l'aquarelle est ainsi radicalement différent. L'arbre à droite esquisse une voûte qui établit l'équilibre par rapport à la cheminée pointue du cabanon.

67   Rue de village

1895-1900 (V. 845)
Mine de plomb et aquarelle
sur papier blanc. 35,5 × 44,5 cm
Coll. part.

Des vues semblables à celle-ci sont rares parmi les aquarelles tardives de Cézanne: une rue étrangement déserte, où dominent les blocs des maisons, coiffées de toits à pente raide. On ne connaît pas l'endroit, mais l'aspect des maisons permet de penser que c'est un village du Nord, peut-être celui du tableau Village derrière les arbres (N° 62), dont on suppose qu'il fut peint à Marines, où l'artiste travailla en 1898.

66

67

Pour commencer, le crayon a mis en place les lignes principales, presque toutes droites ; le pinceau ensuite leur ajoutait les ombres bleues, laissant le papier blanc dans les parties claires, comme tant de fois dans les œuvres de Cézanne. Le rouge des toits est partiellement adouci par de transparentes touches de bleu distribuées au-dessus. A cause du caractère géométrique du motif, même les ombres sont clairement définies par des formes rectilignes. Il appartient à l'arbre de droite et à celui esquissé à gauche d'introduire des courbes libres dans ce magistral ensemble de verticales, d'horizontales et de diagonales.

Les couleurs semblent avoir pâli à la suite d'une trop longue exposition à la lumière. Le premier propriétaire de cette aquarelle fut Joachim Gasquet.

68 Arbres se reflétant dans l'eau (Lac d'Annecy ?)

1896
Mine de plomb et aquarelle
sur papier blanc. 31 × 45,5 cm
Coll. part.

Quelques indications légères et vagues au crayon sont étoffées par des touches larges, superbement orchestrées, de jaune-vert, de vert et de bleu. L'identification du sujet n'est pas certaine. Lawrence Gowing pense qu'il s'agit plutôt d'une vue de la Marne, en 1888, parce qu'il perçoit des ombres reflétant un pont dans le miroir du fleuve, sans que l'on voit le pont au-dessus de l'eau. Selon lui, la palette, d'où le violet-bleu est à peu près banni, est très proche de celle de la *Montagne Sainte-Victoire* (V. 1023).

En dépit de l'extrême acuité visuelle de Gowing, il semblerait plutôt que la grande liberté que l'on observe dans l'exécution de cette œuvre ne permet pas cette comparaison. D'ailleurs, le chromatisme de ce paysage, en tons fondus et sourds, est tout à fait exceptionnel.

69 Arbres et Maisons

c. 1900 (V. 977)
Mine de plomb et aquarelle
sur papier blanc. 28 × 43,5 cm
The Museum of Modern Art,
New York
(Coll. Lillie P. Bliss)

(1) *Cézanne Watercolors*, 1963, n° 29, p. 37.

Côté droit, une allée de grands arbres mène vers le fond ; à gauche, on voit une cour de ferme à sol incliné et un bâtiment rural. Selon le catalogue de l'exposition Knoedler : « L'intérêt de Cézanne pour un sujet tel que celui-ci montre combien il fut fasciné par des rapports picturaux entre des plans architecturaux clairement définis et les... effets mouvants produits par des feuillages. Il n'a pas recherché à représenter une image complète, mais une structure picturale satisfaisante, toutefois la réalité palpable des formes est rendue dans l'architecture comme dans les feuillages » (1).

68

69

70   Plan d'eau à l'orée d'un bois

c. 1900 (V. 936)
Mine de plomb et aquarelle
sur papier blanc. 44 × 57,5 cm
The St-Louis Art Museum

Venturi pensait que cette aquarelle représentait un *Coin du lac d'Annecy* et c'est également sous ce titre qu'elle fut classée dans le catalogue de l'exposition Knoedler en 1963 (1). Il semble cependant que le style général de cette œuvre s'accorderait mieux avec la date de 1900 environ qu'avec celle de 1896, année où Cézanne séjournait à Talloires.

Il faut admettre que certains aspects de ce paysage peuvent être interprétés différemment, la distance du rivage opposé par exemple, les branches de l'arbre, ou certaines touches de couleurs dans le ciel. Lorsque l'on suit et interprète soigneusement les traits enchevêtrés du crayon, on s'aperçoit que quelques traits, qui pourraient être regardés comme des profils de montagnes formant le fond, sont en fait des détails d'arbres laissés incomplets. Ainsi la détermination du site représenté demeure en suspens.

Le papier a probablement légèrement jauni ; il est d'ailleurs couvert presque entièrement d'une couche beige-rosé — régulièrement étendue — qui peut avoir pâli. Les parties les plus sombres, résultant de couleurs superposées, semblent avoir moins passé que les touches légères de bleu et de rose.

(1) *Cézanne Watercolors,* 1963, n° 51, p. 50.

70

71 La Forêt. Le parc de Château-Noir

1900-04 (V. 1056)
Mine de plomb et aquarelle
sur papier blanc. 55,3 × 42,6 cm
The Newark Museum

Le court chemin conduisant de la Maison Maria (peinte par Cézanne en 1895 environ, V. 761) à Château-Noir apparaît ici au premier plan. Il passe à travers une épaisse forêt qui d'un côté couvre la colline semée de rochers jusqu'à la crête abritant les grottes, et qui, de l'autre, invisible ici, descend vers la route du Tholonet. De gros chênes, dispersés, comme un chapelet irrégulier, dans la pinède, indiquent vraisemblablement la présence d'un cours d'eau souterrain. A l'endroit où la route s'infléchit brusquement en direction de Château-Noir, se trouve une ancienne citerne. Une chaîne avec un seau était suspendue à trois piquets réunis au sommet ; l'un de ces piquets apparaît à l'extrême droite. C'est grâce à cette route, ouverte il y a bien longtemps à travers le fouillis des arbres — des troncs morts continuent à être portés par leurs voisins — que la lumière du jour pénètre jusqu'au lieu représenté, car la végétation dense y répand beaucoup d'ombre et de fraîcheur. Obscurité et lumière, rochers durs et arbres sveltes, bleus et verts, formes naturelles et formes façonnées par l'homme, tout cela attirait souvent Cézanne en ce lieu, où d'ailleurs il peignit également une toile (N° 50).

72 La Cathédrale d'Aix vue de l'atelier des Lauves

1904-06 (V. 1077)
Mine de plomb et aquarelle
sur papier blanc. 31,8 × 47 cm
Alex Hillman
Family Foundation, New York

Dans le ciel des touches de blanc de zinc, qui s'étaient oxydées, ont été lavées. La vue est prise de la fenêtre du milieu au premier étage de l'atelier. Dans le catalogue de l'exposition de Newcastle et Londres, Lawrence Gowing a observé que Cézanne, «peignant une aquarelle de la fenêtre de son atelier, trouva que la tour de la cathédrale dans la ville avait des ombres palpitantes ; parmi les contours enchevêtrés bleu d'outre-mer et vert, il y avait des fruits sur l'arbre. Dans ses travaux durant trente ans, il n'y avait rien eu de pareil et le seul élément similaire se trouvait dans l'une des eaux-fortes qu'il avait faites à Auvers. Cependant la plénitude de la couleur, tissée comme des guirlandes d'un bout à l'autre de la page, n'avait jamais été possible auparavant» (1).

La couleur ici est d'une densité exceptionnelle et les multiples touches superposées produisent un effet vacillant semblable à l'air qui tremble dans la chaleur.

(1) *Watercolour and Pencil Drawings by Cézanne*, 1973, p. 22.

71

72

73

73 Sous-bois

c. 1895 (V. 1544)
Mine de plomb et aquarelle
sur papier blanc. 43,5 × 31,1 cm
Coll. part., Lausanne

Si jamais l'on pouvait qualifier d'élégante une aquarelle de Cézanne, ce serait celle-ci, avec ses couleurs délicates et ses rythmes exquis. La sveltesse des troncs d'arbres, l'absence de gros blocs et la qualité de la lumière semblent indiquer qu'il s'agit d'un endroit boisé situé dans le Nord plutôt qu'aux environs de Château-Noir.

Le dessin minutieux à la mine de plomb a gardé une certaine autonomie en ce sens que ses lignes — notamment dans les branches — n'ont pas toutes été reprises au pinceau. Les couleurs sont assez discrètes ; elles se composent surtout de vert (dans les troncs d'arbres), de bleu pâle et de rose.

74 La terrasse du Jardin des Lauves

1902-06 (V. 1072)
Mine de crayon et aquarelle
sur papier blanc. 43 × 54 cm
Coll. Mr. et Mrs.
Eugène Victor Thaw, New York

Dans le catalogue de l'exposition Knoedler, on lit que de cet endroit Cézanne pouvait voir le « profil caractéristique » de la Sainte-Victoire (1), mais ce n'est nullement le cas. De cette terrasse devant son atelier, l'artiste apercevait au sud la chaîne lointaine de l'Étoile avec le Pilon du Roi, et quand il montait dans l'atelier, les toits de la ville d'Aix et la tour de la cathédrale — comme le montre, par exemple, le N° 72 avec le Pilon du Roi droit au-dessus de cette tour. S'il désirait contempler la Sainte-Victoire, le peintre devait monter jusqu'au sommet des Lauves (par le chemin situé à la gauche du jardin tel qu'on le voit ici). De là, il devait regarder vers le levant au-delà du paysage ondulé s'étendant au pied de la montagne, comme on peut le voir dans l'aquarelle (N° 87) et dans maints paysages similaires.

Les couleurs de cette page sont très fraîches ; il y a des verts légers et des bleus tendres avec des accents de jaune-orange dans les lignes horizontales du muret. Par l'ouverture de ce muret un sentier descend à travers les buissons et les arbres jusqu'au petit canal d'irrigation qui limite la propriété côté sud. Le tout est exécuté en larges touches de couleurs, avec très peu d'indications linéaires, qui apparaissent surtout dans l'arbre à droite.

(1) *Cézanne Watercolors*, 1963, n° 63, p. 56.

75 Maison au bord de l'eau

c. 1898 (V. 1551)
Mine de plomb et aquarelle
sur papier blanc. 31,5 × 47,5 cm
Coll. part., Bâle

Il existe une autre version du même paysage (V. 935), probablement antérieure (vers 1888) ; toutefois, il ne semble pas absolument certain que ces deux aquarelles soient séparées par un intervalle de dix ans. Les multiples reflets sur l'eau sont observés avec un authentique plaisir de peintre. La rangée d'arbres dans le fond est plantée sur une digue qui retient l'eau. A gauche, derrière le tronc d'arbre incliné, esquissé cursivement, on distingue un bâtiment arrondi avec une voûte en plein cintre s'ouvrant sur le devant (à moins qu'il ne s'agisse d'un pont ou d'un viaduc).

74

75

76

76   Arbres dépouillés au bord de l'eau

c. 1904 (V. 1552)
Aquarelle sur papier blanc.
Coll. Mr. et Mrs.
Eugène Victor Thaw, New York

Comme il est écrit dans le catalogue de la collection de Mr. et Mrs. Eugène V. Thaw : « Dans ce bel exemple de la manière dont Cézanne exécutait ses aquarelles dans les dernières années, des touches légères, transparentes, baignent la scène dans du bleu lavande, du vert et du jaune, nourrissant les contours tout en gardant leur indépendance. Les diagonales de la partie supérieure et l'arbre principal se fondent dans les lignes à prédominance horizontale de la partie centrale. La différence entre des éléments solides d'une part et l'eau et l'air, d'autre part, est accusée par la fréquence des touches qui est la plus forte là même où la terre, le bois et l'eau se rencontrent » (1).

A. Neumeyer a observé : « La magie de cette aquarelle provient du suprême équilibre entre le dessin tangible des arbres nus et les touches vaporeuses de violet et de vert, qui ne se rapportent à aucune forme définie. En bas, ces touches indiquent l'orientation horizontale-verticale de ce que l'on pourrait appeler l'espace potentiel ; en haut, elles s'infléchissent diagonalement et créent un écho aérien coloré aux diagonales des arbres. De plus, par les différences d'intensité des couleurs, elles indiquent la distance par rapport au spectateur et le poids de la matière. Ligne et couleur ne sont pas isolées, mais remplissent l'une et l'autre de multiples fonctions esthétiques. Il en résulte un univers ordonné, allégé de ce qui caractérise matériellement chaque chose » (2).

Ces deux analyses montrent la variété des réactions provoquées par les œuvres de Cézanne : des observations semblables sont exprimées différemment, des aspects divers sont saisis. Pour conclure, il reste peut-être à signaler le puissant mouvement qui part d'en bas à droite vers la gauche, pour se déployer en éventail dans l'arbre. Il est vrai que la première des citations a déjà indiqué ce développement, mais en sens inverse.

(1) *Drawings from the collection of Mr. and Mrs. Eugène V. Thaw ;* intr. par E.V. Thaw, cat. par F. Stampfle et D. Denison, New York, Airport Morgan Library, 1976, n° 100, p. 91.
(2) A. Neumeyer, *op. cit.,* p. 62.

77   Le Pont des Trois Sautets

c. 1906 (V. 1076)
Mine de plomb et aquarelle
sur papier blanc. 40,6 × 53,5 cm
Cincinnati Art Museum
(Don de John J. Emery)

Durant le mois d'août 1906 régnait une chaleur insupportable et Cézanne se faisait conduire par un fiacre au pont des Trois Sautets près de Palette (voir sa lettre du 14 août à son fils) (1). Là, sur les bords ombragés de la rivière de l'Arc, il se sentait quelque peu soulagé de la canicule qui l'incommodait.

A propos de cette aquarelle, Erle Loran écrit : « Le feuillage est rendu hardiment par des à-plats de couleurs, les plans se superposent d'une façon plutôt abstraite. A un certain degré, les formes et l'espace sont définis par la répartition énergique des lumières et des ombres, mais sans les lignes dessinées arbitrairement par-dessus les plans colorés, l'espace demeurerait imprécis... L'arbre vertical et vigoureux à droite coupe le pont et en partie aussi l'espace situé au-delà ; il est à la fois le moyen de «retour» du fond au premier plan, et situe plus clairement le pont dans l'espace. Dans la composition l'arbre apporte l'opposition indispensable d'une ligne droite à la courbe dominante du pont» (2).

Il faut insister sur le fait — ici nettement apparent — que certains traits à la mine de plomb sont appliqués *par-dessus* les taches de couleurs, leur imposant ainsi une certaine «structure». Il est probable que c'est également le cas pour d'autres aquarelles de Cézanne; mais seulement un examen attentif à la loupe, rendu difficile par la transparence des touches, pourrait préciser avec plus ou moins de certitude.

(1) *Correspondance,* 1937, p. 284.
(2) Loran, 1943, p. 112.

77

78 La Montagne Sainte-Victoire vue du nord d'Aix

1902-06 (V. 1027)
Aquarelle sur esquisse
à la mine de plomb
42,3 × 54,6 cm
Musée Granet, Aix-en-Provence
(Legs Charles Bain Hoyt, 1949)

Des traits rapides au crayon, souvent répétés, indiquent — sans trop les cerner — les éléments essentiels de ce paysage : quelques cyprès, des maisons, des troncs d'arbres, les crêtes de collines et le profil pointu de la Sainte-Victoire. Ensuite, un pinceau délicat a rehaussé de touches de couleur pâles (ou pâlies) ces vagues indications, mais nulle part ce pinceau ne s'est aventuré dans les régions que le crayon n'avait pas au préalable effleurées. C'est ainsi que l'œuvre a gardé cette qualité aérienne et miraculeuse que Cézanne a su préserver dans ses aquarelles lorsqu'il ne désirait pas les « pousser » davantage.

La montagne est vue ici du nord d'Aix, près de la commune de Saint-Marc d'où elle apparaît sous la forme d'un triangle plus symétrique que celui que l'on peut apercevoir depuis la montée des Lauves. Cézanne l'a rarement représentée sous cet aspect. Cette feuille semble dater des dernières années de l'artiste ; comme il a fait des aquarelles en octobre 1906 dans le quartier de Beauregard qui s'élève au nord de la route de Vauvenargues, presque opposé à Saint-Marc (et d'où l'on peut encore percevoir la Sainte-Victoire), il est possible que cette aquarelle soit une de ses toutes dernières œuvres.

78

79 La Montagne Sainte-Victoire vue de la route du Tholonet

1896-98 (V. 663)
Huile sur toile. 78 × 99 cm
Musée de l'Ermitage, Leningrad

Serpentant paresseusement vers la Sainte-Victoire, la route étroite et peu fréquentée du Tholonet est vue ici d'une petite hauteur, près du sentier qui la rejoint et mène, à travers la forêt, à Château-Noir ; celui-ci, qui s'élève sur la pente à gauche et n'est ici pas visible, se situe juste en face ou presque de la ferme isolée dominant la route à gauche. Deux pins parasols, l'un derrière l'autre, projettent sur la route leurs ombres confondues. (Les deux troncs sont plus différenciés sur le N° 92, peint à peu près de ce même endroit.)

La toile semble couverte d'une seule couche de peinture. Les couleurs sont vives, le ton orange assez particulier du sol trouvant ses complémentaires dans les verts brillants de la végétation. La montagne, plus rose que bleue, est délicatement ombrée selon les reliefs réels de la surface rocheuse. Sa masse aux modulations subtiles se détache sur le bleu intense du ciel. Alors que le sol garde encore des tons avivés par une récente averse, le ciel sans nuage et les teintes claires de la montagne indiquent que le peintre a travaillé par un beau jour d'été.

Par endroits, de minces lignes bleues tracées au pinceau déterminent certaines formes. Quelques-unes, comme celles qui définissent les branches des oliviers dans l'angle inférieur gauche, semblent avoir été dessinées avant l'application de la couleur ; d'autres, notamment celles qui suivent les contours de la montagne, ont été ajoutées ensuite pour obtenir plus de précision. C'est cette précision de chaque élément qui distingue ce paysage de la seconde version du même sujet, postérieure de quelques années, et d'un caractère beaucoup plus sommaire.

Cette toile est probablement restée longtemps roulée, à en juger par les nombreuses traces de craquelures et les éclats de peinture qui apparaissent en haut et en bas.

La route a été récemment élargie et redressée, en sorte que le motif peint par Cézanne est aujourd'hui considérablement altéré, mais l'un des grands pins est encore là.

80 La Montagne Sainte-Victoire

1900-02 (V. 661)
Huile sur toile. 54,6 × 64,8 cm
National Gallery of Scotland,
Édimbourg

Quelques semaines après la mort de Cézanne, le peintre aixois Joseph Ravaisou consacra un article empreint d'émotion au disparu. De vingt-six ans le cadet du maître, le jeune artiste l'avait connu, l'avait entendu exposer ses vues, l'avait peut-être même accompagné pour travailler sur le « motif ». Aussi s'est-il efforcé de résumer dans son écrit ce qu'il avait observé et appris alors que les paroles de son aîné étaient encore fraîches dans sa mémoire.

« Cézanne, écrivait Ravaisou, est peut-être le plus exact et le plus réaliste des peintres contemporains... Il procède par notations très simples. Au lieu de décom-

79

poser, par exemple, les accords de valeurs lumineuses qui donnent aux ciels leur coloration bleue et leur profondeur, il se borne à fixer, sans l'analyser, ce qu'il appelle une sensation bleue, et cette sensation persiste sous son pinceau sans rien perdre de sa fraîcheur et de sa force. Il conserve à l'atmosphère ce qu'elle a d'immatériel, portant ainsi plus loin qu'aucun peintre du plein air l'art d'exprimer des abstractions. Mais ces abstractions résident dans le caractère des objets représentés et l'on ne saurait, en ce cas, entendre par caractère autre chose que la quantité de vérité extraite de ces objets par l'œil de l'artiste. Il n'y a donc entre le mot abstraction et le mot réalisme qu'une contradiction apparente ; il est même impossible qu'une peinture soit vraie si elle ne vise qu'à l'imitation du modèle. Copier la nature est une folie ; on ne copie ni l'air, ni le mouvement, ni la lumière, ni la vie. C'était là l'opinion de Cézanne. Aussi bien ses portraits, ses paysages, ses natures mortes et ses études de nu attestent au moins autant la stabilité de sa *manière* que la constance de sa sincérité. Il fut d'ailleurs un voluptueux en art. Il aima la Nature avec passion, peut-être exclusivement ; il peignit pour prolonger en lui la joie de vivre parmi les arbres... Dans ce pieux exil [aixois], il exalta sa foi jusqu'au miracle ; le mystère de l'air bleu lui fut révélé. » (1).

Ravaisou constata encore, après avoir évoqué les œuvres de jeunesse de Cézanne, qu'on « retrouve dans ses toiles les plus récentes la même interprétation de la forme, la même fougue alliée à la même timidité ». Puis, parlant de sa réalisation admirable, il l'attribua à la magnificence de la couleur du maître, « à l'élégance de la forme, à la transparence des tons, à la grâce naïve de la composition ».

Cette vue de la montagne est une des dernières — sinon l'ultime — dans laquelle Cézanne a représenté la Sainte-Victoire dominant la vallée de l'Arc (encore que l'endroit précis où il planta son chevalet ne soit pas connu). L'artiste procéda avec la fougue remarquée par Ravaisou et avec spontanéité. Des coups de brosse rapides couvrent la toile d'une seule couche de couleurs parfois assez mince ; ils sont éparpillés sur toute la surface sans totalement la couvrir. Les teintes sont d'une délicatesse extrême, comme observées à une heure matinale avant que le soleil ne réchauffe le paysage et ne fasse ressortir ses couleurs. Le tableau fut apparemment peint au printemps ou en automne, époques de l'année où les coloris sont plus nuancés. Toujours est-il que les branches du premier plan sont nues. Leurs lignes brisées et incisives forment un contraste étonnant avec la subtilité du fond. Après tant de vues consacrées à ce paysage familier, Cézanne a trouvé ici des accents nouveaux, des harmonies nouvelles.

(1) J. Ravaisou, « Paul Cézanne », *Lou Cadet d'Ais*, 1907.

81   La Montagne Sainte-Victoire

1900-02 (V. 1562)
Mine de plomb et aquarelle
sur papier blanc. 31,1 × 47,9 cm
Musée du Louvre,
Cabinet des Dessins (R.F. 31171), Paris

Commentant cette aquarelle, Roger Fry a écrit : « Chaque particule paraît se mouvoir selon le même rythme qui domine tout. Et la couleur, parfois exaspérément intense, parfois presque uniformément et mystérieusement grise, fait valoir le thème par l'unité de son idée générale, par l'étonnante complexité et la subtilité de ses modulations. L'on sent que vers la fin, Cézanne s'abandonnait avec toute

80

81

confiance aux mouvements instinctifs de sa sensibilité, conditionnée par l'exercice de toute une vie à obéir aux commandements de quelques principes fondamentaux» (1).

Les touches éparses de couleurs sont posées sur une esquisse très légère à la mine de plomb. Le bleu du ciel contraste avec la blancheur du papier au premier plan. A certains endroits, surtout dans les zones bleues claires, l'artiste s'est servi d'un blanc de zinc qui, s'étant oxydé, a provoqué des taches sombres qui ne semblent guère correspondre aux intentions du peintre.

(1) Fry, 1927, pp. 79-80.

82 La Montagne Sainte-Victoire vue des Lauves

1902-04 (V. 798)
Huile sur toile. 69,8 × 89,5 cm
The Philadelphia Museum of Art
(George W. Elkins Collection)

Comparant un autre tableau de la montagne Sainte-Victoire vue des Lauves (V. 799) avec une photographie du motif prise du même endroit, Erle Loran (1) avait parlé de transformations délibérées de la part de l'artiste, et d'arbitraire dans l'établissement des plans colorés. Le point de vue d'E.H. Gombrich est tout différent:

«Des historiens d'art ont exploré les régions où Cézanne et van Gogh ont planté leurs chevalets et ont photographié leurs motifs. Des comparaisons de ce genre seront toujours fascinantes... Pourtant, si instructives que soient ces confrontations lorsqu'elles sont interprétées avec précaution, il ne faut pas perdre de vue le caractère fallacieux de «stylisation». Devons-nous croire que la photographie représente la «vérité objective», alors que le tableau offre la version subjective de l'artiste — la manière dont il a transformé «ce qu'il a vu»? Pouvons-nous comparer «l'image rétinienne» et «l'image intellectuelle»? De telles spéculations conduisent aisément à un maquis de constatations sans preuves. Prenez l'image formée sur la rétine de l'artiste. Cela paraît assez scientifique, mais en fait, il n'y a jamais eu *une* image que nous pourrions isoler pour la comparer soit à une photographie soit à un tableau. Ce qu'il y a eu, c'est une succession infinie d'innombrables images quand le peintre a sondé le paysage qu'il avait sous les yeux et ces images ont transmis un réseau complexe de pulsions à son cerveau, par l'intermédiaire des nerfs optiques. L'artiste lui-même ne savait rien de ce processus, et nous en savons encore moins. Il est tout aussi inutile de se demander jusqu'à quel point le tableau formé dans son esprit a correspondu à la photographie ou s'en est éloigné. La seule chose sûre est que ces artistes sont allés chercher dans la nature une matière à peindre, et que leur conscience d'artiste les a amenés à organiser les éléments du paysage pour composer des œuvres d'art d'une merveilleuse complexité, aussi éloignées d'un relevé topographique qu'un poème l'est d'un rapport de police» (2).

Max Raphaël a consacré à ce paysage une longue étude, où il écrit notamment: «La relation complexe entre l'art et la nature ne peut être définie comme une

(1) Loran, 1943, pp. 104-105.
(2) E.H. Gombrich, *Art and Illusion*, Bollingen Series, Princeton, N.J., Princeton University Press, 1972, pp. 65-66.

relation d'imitation d'un modèle proposé une fois pour toutes... De même que la nature seule ne peut déterminer l'esprit, l'esprit, à l'inverse, ne peut dicter sa loi à la nature... L'esprit mobile, créateur, de l'homme n'est jamais longtemps identique à lui-même... Pour la raison même qu'en art l'esprit humain n'imite jamais la nature ni ne lui impose ses propres lois, l'œuvre d'art possède une réalité spécifique ; elle est régie par ses propres lois... Quelle que soit la forme prise par l'art au cours de l'histoire, il est toujours une synthèse entre la nature (ou l'histoire) et l'esprit : c'est par là qu'il acquiert une certaine autonomie par rapport à ces deux éléments.

Parlant de ce paysage en particulier, Raphaël a remarqué : « Cézanne a limité sa palette à quatre couleurs principales — violet, vert, ocre et bleu — qu'il utilise en contrastes décisifs. Au premier plan, nous voyons une triade dont les composantes — violet, ocre et vert — n'offrent pas la moindre connection interne bien que le rouge, contenu dans le violet, soit complémentaire du vert et que le bleu dans le violet soit complémentaires de l'ocre ; les deux verts choisis ici par le peintre ne sont pas complémentaire de ce rouge, ni l'ocre de ce bleu dans le violet. L'incompatibilité réciproque des valeurs colorées n'est résolue par aucun moyen extérieur de rapport ou de médiation. Les trois couleurs du premier plan ne composent pas un chœur harmonieux, mais une dissonance stridente d'une force extraordinaire. Dès 1884, Cézanne avait écrit à Zola : «L'art se transforme terriblement comme aspect extérieur et revêt trop une petite forme très mesquine, en même temps que l'inconscience de l'harmonie se révèle de plus en plus par la discordance des colorations mêmes, ce qui est plus malheureux encore, par l'aphonie des tons. »

« La capacité de différenciation de Cézanne est extraordinaire : la richesse des gradations colorées présentes dans ses œuvres ne pouvait être créée, assimilée et maîtrisée que par un tempérament artistique d'une force exceptionnelle, une intelligence supérieure, une volonté opiniâtre et une acuité visuelle hors du commun. Ses principes de différenciation essentiels, outre l'ombre et la lumière, impliquent des contrastes entre le chaud et le froid, entre l'opacité et la transparence, entre l'éclat et le terne, entre l'épaisseur et la minceur, entre la douceur et la rudesse, structure et absence de structure, degrés d'intensité et magnitude, ainsi que position relative. Il y a des verts, des violets, etc. plus ou moins brillants, plus ou moins foncés, des ocres, des verts, des bleus chauds et froids ; toutes les directions essentielles — les verticales, les horizontales, et de nombreuses obliques — tous les genres d'attitudes — couché, debout, et allongé ; il y a toutes les manières d'occuper la surface et de la creuser en profondeur, et toutes les transitions possibles entre l'inertie et le mouvement. Les couches plus épaisses de peinture sont plus opaques, plus structurées, plus rugueuses, alors que les couches minces sont moins denses, et plus lisses. Le résultat est un jeu de textures ménageant des transparences en profondeur et des reliefs au premier plan...

« *La Montagne Sainte-Victoire* n'est pas peinte dans une tonalité uniformément claire ; les couleurs claires et foncées alternent continuellement dans une austère structure rythmique. La partie inférieure du tableau est envahie de sombres tonalités vertes et violettes. Le plan intermédiaire peut être divisé en trois bandes transversales, articulées chacune en trois parties : dans la zone la plus basse, les valeurs sont réparties, horizontalement, en clair-clair-foncé ; plus haut, la répartition est inverse (sombre-sombre-clair), au-dessus la symétrie s'établit (sombre-clair-sombre) et prépare la division bipartite du ciel entre un ton sombre chaud et froid. De même, on peut décrire ainsi la répartition de la lumière : le tableau est divisé par une ligne qui va de l'angle inférieur gauche au milieu de la partie haute ; à droite de cette ligne, une ombre tombe dramatiquement en travers du passage de la lumière ; à

82

gauche, une zone de lumière et de demi-lumière traverse l'ombre et crée un contraste qui est remplacé en haut par la symétrie. Mais cette répartition n'est que l'aspect extérieur, systématisé, de l'organisation lumineuse. Il faut remarquer aussi que la partie inférieure offre des contrastes violents tant en profondeur qu'horizontalement. Dans la partie supérieure, pourtant, les contrastes s'interpénètrent et passent les uns dans les autres. La partie médiane constitue une transition en ce sens qu'un grand nombre de lumières et d'ombres courtes sont concentrées dans un espace restreint, formant des contrastes externes qui commencent à s'interpénétrer comme s'ils planaient, sans être encore aussi clairement définis que dans la montagne. Cependant, en analysant ce processus très élaboré de composition, nous devons tenir compte de l'existence d'un conflit — le fait que la lumière n'est qu'un chemin passant horizontalement entre deux sortes d'ombres tendant à les pénétrer, sans pourtant les éclairer...

« Quant au rôle de la couleur dans la composition, la division du tableau en trois bandes horizontales est encore des plus significatives. En bas, les couleurs principales sont violet, vert et ocre ; elles sont fortement concentrées en masses relativement importantes qui forment ensemble une sorte d'ovale. La partie inférieure de cet ovale est faite de tons violets qui montent et poussent en profondeur, interrompus par un rythme des verts foncés. La partie supérieure de l'ovale est constituée de différents verts qui contrebalancent le mouvement en profondeur. Le sombre et chaud à droite crée un mouvement fortement descendant ; le vert plus clair et plus froid, à gauche, amorce un mouvement légèrement ascendant. Les deux parties de l'ovale sont reliées par la tonalité ocre de la ferme (aux toits rouges) dont les contours linéaires se dessinent en profondeur tandis que la coloration intensément froide semble immobilisée entre les deux mouvements opposés, l'un vers l'avant, l'autre vers l'arrière » (3).

(3) M. Raphaël, *The Demands of Art,* trad. par N. Guterman, Bollingen Series, Princeton, N.J., Princeton University Press, 1968, pp. 9, 16-17, 36-37.

83 La Montagne Sainte-Victoire vue des Lauves

1901-06
Mine de plomb et aquarelle
sur papier blanc. 47,5 × 61,5 cm
National Gallery of Ireland,
Dublin

Il est étonnant de voir à quel point Cézanne ne se lassa jamais du panorama dominé par la montagne Sainte-Victoire qu'il apercevait des hauteurs des Lauves. Toujours il trouva des variations de composition pour éviter toute répétition dans la représentation de cette vue. Il pouvait concentrer son attention sur un complexe de formes vues à mi-distance ou animer le premier plan par quelques oliviers tordus, mais il pouvait aussi descendre la pente au-delà des arbres, afin que la plaine s'étende devant lui sans le moindre obstacle. De plus, il pouvait varier les effets de lumière qui tantôt faisaient apparaître la montagne comme une masse solide, tantôt la divisaient en deux zones : le devant éclairé par le soleil alors que le « dos » était plongé dans une ombre profonde.

83

Émile Bernard qui, en 1904, accompagna Cézanne sur les hauteurs des Lauves, a rapporté plus tard comment le maître y exécuta une aquarelle : «Sa méthode était singulière, absolument en dehors des moyens habituels et d'une excessive complication. Il commençait par l'ombre et avec une tache, qu'il recouvrait d'une seconde plus débordante, puis d'une troisième, jusqu'à ce que toutes ces teintes, faisant écrans, modelassent en colorant, l'objet» (1).

Malheureusement, Bernard ne s'est pas étendu sur deux autres aspects — liés et non conventionnels — de la technique d'aquarelle de Cézanne : d'abord qu'il posait des touches un peu partout sur le papier au lieu de concentrer son attention sur un seul endroit (le même procédé peut être observé dans nombre de ses tableaux inachevés) ; ensuite que chaque tache de couleur pouvait ainsi sécher avant que la suivante, qui souvent la chevauchait, ne fut posée. Cela empêchait les taches liquides de couler l'une dans l'autre et assure aux aquarelles de Cézanne cette extraordinaire transparence qui les distingue.

Il est possible cependant que Bernard n'ait pas vraiment *vu* comment le maître exécutait une aquarelle puisqu'on sait combien Cézanne détestait être observé pendant son travail. D'ailleurs, Bernard était plus intéressé par les raisonnements de Cézanne que par sa technique et devait finir par l'accuser d'avoir interprété, plutôt que copié, son motif, lui reprochant en même temps un supposé manque d'imagination créative, comme si la longue série de représentations de la Sainte-Victoire à l'huile et à l'aquarelle précisément ne confirmait pas son approche imaginaire nourrie aux sources de l'observation.

Dans cette œuvre assez vague, un dessin avait d'abord tracé le «dos» de la montagne et son agencement intérieur, et s'était précisé pour les maisons et les grandes horizontales. Le pinceau a ensuite repris quelques-unes de ces lignes, puis a animé la feuille par des touches légères de vert, bleu et rose, introduisant des jaunes dans les horizontales. Conçue dans un esprit de grandeur, cette vue communique un sentiment aérien de l'espace, sentiment renforcé par le rythme qui ordonne les touches et les traits.

Les N°s 85, 87, 88 montrent une certaine parenté avec cette aquarelle.

(1) E. Bernard, *Sur Paul Cézanne,* Paris, 1912, p. 28.

84 La Montagne Sainte-Victoire vue des Lauves

1902-06 (V. 801)
Huile sur toile. 63,5 × 83 cm
Kunsthaus, Zurich

Peint sur un fond gris léger (où l'on semble deviner une esquisse préparatoire au crayon), le tableau est une mosaïque de grandes taches aux tons assourdis appliquées comme au hasard, horizontalement, verticalement et en diagonale ; des jaunes terreux voisinent avec des verts sombres ; quelques touches isolées de rose presque boueux contrastent avec différents bleus qui ailleurs tournent au pourpre grisâtre. Le bleu dense mais clair du ciel est rompu de verts crus. Vus à une certaine

84

distance, les bleus et les verts foncés de la plaine, au premier plan, semblent presque noirs, tandis que des diagonales deviennent visibles, conduisant l'œil à la fois vers le lointain et vers le haut de la toile, jusqu'à la masse bleue de la montagne où apparaît une tache rose.

Il est prodigieux de voir l'enchevêtrement des fragments multicolores prendre cohésion lorsqu'on s'en éloigne un peu et que se dégagent les directions et les plans en recul d'où naît une sensation d'espaces immenses. Il ne s'agit pas du « mélange optique » préconisé par Seurat une dizaine d'années auparavant, mais l'exécution exclue néanmoins une contemplation de trop près, puisque l'œil du spectateur doit opérer la fusion d'où émergera l'image. Cette caractéristique, au reste, n'est pas exclusivement propre aux tableaux peints par Cézanne dans ses dernières années : on peut l'observer également dans la manière tardive de nombreux artistes, depuis Titien et Rembrandt jusqu'à Degas et Monet. On dirait que les formes particulières et les détails perdent tout intérêt pour eux et qu'ils se préoccupent d'atteindre une vision plus ample, plus générale et plus « abstraite ». Cependant, en profondeur, sous leurs affirmations tumultueuses, leur facture sommaire et la croûte souvent épaisse des pigments, subsiste une connaissance profonde de la nature et l'expérience de toute une vie. Le but poursuivi n'est plus de décrire la réalité, mais d'exprimer un concept spirituel.

85 La Montagne Sainte-Victoire vue des Lauves

1902-06 (V. 917)
Mine de plomb et aquarelle
sur deux feuilles de
papier blanc collées. 33 × 72 cm
Coll. Ernest M. von Simson,
New York

Dans une toile seulement (V. 804) et dans cette aquarelle, Cézanne s'attacha à représenter dans toute son étendue le panorama dominé par la Sainte-Victoire qui se déployait sous ses yeux quand il se tenait sur la hauteur des Lauves. Dans les deux cas il devait ajouter des bandes à la dimension ordinaire de sa toile ou de son papier afin d'agrandir l'œuvre commencée autant que l'exigeait cette vue glorieuse. Cependant, le groupe allongé de fermes se détachant des champs devant la montagne apparaît également dans une autre aquarelle (V. 1033). Pour chacune des trois vues l'artiste occupait un point différent, quoique, dans la deuxième aquarelle et dans la toile, les maisons se situent plus ou moins dans l'axe du sommet de la montagne. Mais pour exécuter cette aquarelle, Cézanne s'est posté plus à gauche et aussi plus bas sur le versant des Lauves ; ainsi les fermes sont remontées dans la composition pour occuper un niveau plus élevé ; elles se rapprochent de la montagne et sont placées davantage à droite.

Avant qu'une large pièce fut ajoutée à la feuille, la masse jaune des bâtiments de la ferme disputait l'attention du regard au triangle moins soutenu du rocher. L'importance de son rôle ne disparut pas quand Cézanne colla une deuxième feuille

85

de papier à la première, mais l'étendue bleue et distante du mont du Cengle ainsi comprise dans la composition intégra la Sainte-Victoire d'une façon plus satisfaisante dans l'ensemble du paysage.

Une légère esquisse au crayon indiqua d'abord les principaux aspects du motif. Dans le plan horizontal inférieur, des touches se chevauchant les unes sur les autres accumulaient par-dessus les traits de crayon des verts transparents et des rouges (le premier plan tel qu'il existait entre l'artiste et le bas de ce paysage est supprimé). Les branches noueuses d'un olivier, assumant le rôle d'un repoussoir, sont tracées en bleu, de ce même bleu qui donne sa teinte au long plateau du mont du Cengle. Le ciel est animé par des touches éparses de bleu clair et de rose; ces dernières paraissent un peu fanées.

86 La Montagne Sainte-Victoire vue des Lauves

1902-06 (V. 799)
Huile sur toile. 65 × 81 cm
Coll. part.

Comparant cette œuvre à une photographie prise du même point de vue, Erle Loran a observé :

«Voici un des derniers tableaux que Cézanne a peints de la montagne, et sans la photographie correspondante du motif, il pourrait être considéré comme extrêmement abstrait. Des transformations précises ont certainement été faites et le caractère arbitraire des plans individuels de couleur est propre à la série des derniers paysages exécutés depuis cet endroit.

«... Le motif révèle une perspective aérienne-type ou l'évanouissement de la montagne, vue ici d'une vingtaine de kilomètres ou plus ; mais bien que Cézanne en ait supprimé les détails, il a donné à la montagne une intensité presque égale à celle des formes du premier plan et en a augmenté la hauteur. Le document photographique montre une diminution progressive et une réduction s'accentuant du premier plan immédiat vers la montagne lointaine... Au contraire, Cézanne a maintenu ce vaste espace relativement plat... sans perdre l'effet de plans se dirigeant vers le lointain. En fait, la toile englobe un panorama qui est en réalité plus profond que la photographie. L'importante... aire occupée par des arbres... est presque entièrement absente de la photographie.

«... La troisième dimension est clairement établie ; pourtant, dans ce paysage, comme dans toute la série à laquelle il appartient, le patchwork général de plans colorés crée un espace à deux dimensions très prononcé. Les plans individuels sont définitivement plats et les lignes dessinées sont plus heurtées et brisées qu'à l'ordinaire, rendant les plus grandes divisions moins lisibles dans l'espace. Des lignes de construction accentuées qui établissent des verticales, des diagonales, et des horizontales, insistent encore davantage sur le caractère à deux dimensions de la toile» (1).

(1) Loran, 1943, pp. 104-105.

87 La Montagne Sainte-Victoire vue des Lauves

1902-06
Mine de plomb et aquarelle
sur papier blanc. 42,5 × 54,3 cm
The Museum of Modern Art,
New York
(Donation anonyme
sous réserve d'usufruit)

Cette aquarelle est parfaitement achevée, elle est exécutée en couleurs vives très soigneusement contrastées. Quoique sa composition puisse être comparée à plusieurs vues apparentées de la montagne Sainte-Victoire, cette page possède une beauté qui lui est particulière, et transmet une force spirituelle.

Un dessin préparatoire très léger est presque entièrement couvert de touches de couleur, notamment les traits accumulés qui indiquent les endroits sombres de la végétation, et ceux au milieu du premier plan. Les courbes très pâles de nuages sont tracées directement au pinceau en rose, ocre, vert et bleu.

86

87

88 La Montagne Sainte-Victoire vue des Lauves

1902-06
Mine de plomb et aquarelle
sur papier blanc. 48 × 31 cm
Coll. part.

Cette aquarelle correspond étroitement au tableau de la collection Pearlman, représentant la même vue dans une composition semblable, verticale également. Ici cependant la verticalité, est soulignée davantage par l'élimination de la partie horizontale à droite de la montagne (qui a été pour ainsi dire réduite à son essentiel) et en éliminant les parties plates du premier plan. En même temps, les amandiers de ce premier plan furent accentués, leurs branches ondulantes vacillent comme des flammes vers le sommet de la Sainte-Victoire qui plane au-dessus. Toutefois, en dépit du format inhabituel, il reste un nombre suffisant d'éléments horizontaux, particulièrement la ligne droite d'où s'élève le rocher, pour communiquer la sensation exaltante d'un espace prodigieux que l'artiste éprouva sur cette hauteur.

89 La Montagne Sainte-Victoire vue des Lauves

1904-05
Huile sur toile. 54 × 73 cm
Galerie Beyeler, Bâle

Ce sont des œuvres comme celle-ci qui, selon Walter Pach, expriment «une conception de la peinture dans laquelle l'apparence de la nature — rappelant celle des sites montagneux traités par les grands peintres chinois — est rendue par une succession de formes presque abstraites, où les hommes plus jeunes découvrent mieux que nulle part ailleurs ce qu'est la force expressive d'un art, même d'un art construit plus directement sur une telle base » (1).

Lorsque le collectionneur allemand Karl Ernst Osthaus visita Cézanne à Aix en 1906, L'artiste «expliqua ses idées devant quelques toiles et esquisses qu'il cherchait dans les différents coins de la maison. Elles montraient des masses de broussailles, de rochers et de montagnes entremêlées. *Le principal dans un tableau,* disait-il, *est de trouver la distance. C'est là qu'on reconnaît le talent d'un peintre.* Et ce disant, ses doigts suivaient les limites des divers plans sur ses tableaux. Il montrait exactement jusqu'où il avait réussi à suggérer la profondeur et où la solution n'était pas encore trouvée. » (1).

Le type des sujets mentionné par Osthaus fait penser plutôt à des vues de la carrière Bibémus (dont le collectionneur devait en acquérir une à Paris lors de son retour d'Aix, N° 36), mais on imagine encore plus facilement Cézanne donnant ces explications devant un de ses nombreux panoramas de la montagne Sainte-Victoire vue des Lauves, quoique sans doute une œuvre plus poussée que celle-ci. Car, dans ces toiles plus qu'ailleurs, il a représenté son motif sans avoir recours à la perspective linéaire, confiant aux modulations de la couleur la tâche de suggérer la profondeur.

(1) W. Pach, *The Masters of Modern Art,* New York, Huebsch, 1924, p. 107.
(2) K.E. Osthaus, «Cézanne», *Das Feuer,* vol. 2, 1920-1921 (traduit dans *Marianne,* 22 février 1939)

88

89

90 La Montagne Sainte-Victoire vue des Lauves

1904-06 (V. 1529)
Huile sur toile. 60 × 72 cm
Kunstmuseum, Bâle

Les souvenirs de Joachim Gasquet, rédigés bien des années après la mort de Cézanne, n'inspirent pas une confiance absolue. La verbosité naturelle du poète transforme souvent les propos parfois gauches de Cézanne en discours d'une insupportable affectation littéraire. Mais en dépit de ce travers, Gasquet semble avoir retenu certaines des expressions de l'artiste en relatant ainsi une de leurs conversations, tenue devant un motif (qui n'est d'ailleurs pas celui-ci). L'artiste avait écarté ses mains, les dix doigts ouverts, les avait rapprochées lentement, puis les avait jointes, les serrant, les crispant, les faisant pénétrer l'une dans l'autre, puis il avait expliqué :

« Voilà ce qu'il faut atteindre... Si je passe trop haut ou trop bas, tout est flambé. Il ne faut pas qu'il y ait une seule maille trop lâche, un trou par où l'émotion, la lumière, la vérité s'échappe. Je mène, comprenez un peu, toute ma toile à la fois, d'ensemble. Je rapproche dans le même élan, la même foi, tout ce qui s'éparpille... Tout ce que nous voyons, n'est-ce pas, se disperse, s'en va. La nature est toujours la même, mais rien ne demeure d'elle, de ce qui nous apparaît. Notre art doit, lui, donner le frisson de sa durée avec les éléments, l'apparence de tous ses changements. Il doit nous la faire goûter éternelle. Qu'est-ce qu'il y a sous elle ? Rien peut-être. Peut-être tout. Tout, comprenez-vous ? Alors je joins ses mains errantes... Je prends, à droite, à gauche, ici, là, partout, ses tons, ses couleurs, ses nuances, je les fixe, je les rapproche... Ils font des lignes. Ils deviennent des objets, des rochers, des arbres, sans que j'y songe. Ils prennent un volume. Ils ont une valeur. Si ces volumes, si ces valeurs correspondent sur ma toile, dans ma sensibilité, aux plans, aux taches que j'ai, qui sont là sous nos yeux, eh bien ! ma toile joint les mains. Elle ne vacille pas. Elle ne passe ni trop haut, ni trop bas. Elle est vraie, elle est dense, elle est pleine... Mais si j'ai la moindre distraction, la moindre défaillance, surtout si j'interprète trop un jour, si une théorie m'emporte aujourd'hui qui contrarie celle de la veille, si je pense en peignant, si j'interviens, patatras ! tout fout le camp...

L'artiste n'est qu'un réceptacle de sensations, un cerveau, un appareil enregistreur... Parbleu, un bon appareil, fragile, compliqué, surtout par rapport aux autres... Mais s'il intervient, s'il ose, lui, chétif, se mêler volontairement à ce qu'il doit traduire, il y infiltre sa petitesse. L'œuvre est inférieure...

L'art est une harmonie parallèle à la nature. Que penser des imbéciles qui vous disent : le peintre est toujours inférieur à la nature ! Il lui est parallèle. S'il n'intervient pas volontairement... entendez-moi bien. Toute sa volonté doit être de silence. Il doit faire taire en lui toutes les voix des préjugés, oublier, oublier, faire silence, être un écho parfait. Alors, sur sa plaque sensible, tout le paysage s'inscrira. Pour le fixer sur la toile, l'extérioriser, le métier interviendra ensuite, mais le métier respectueux qui, lui aussi, n'est prêt qu'à obéir, à traduire inconsciemment, tant il sait bien sa langue, le texte qu'il déchiffre, les deux textes parallèles, la nature vue, la nature sentie, celle qui est là... (il montrait la plaine verte et bleue) celle qui est ici... (il se frappait le front) qui toutes deux doivent s'amalgamer pour durer, pour vivre d'une vie moitié humaine, moitié divine, la vie de l'art, écoutez un peu... la vie de Dieu » (1).

(1) Gasquet, 1926, pp. 130-132.

90

91 La Montagne Sainte-Victoire vue des Lauves

1905 ou 1906 (V. 803)
Huile sur toile. 60 × 73 cm
Musée des Beaux-Arts Pouchkine,
Moscou

Deux dates qui s'excluent mutuellement sont proposées pour ce tableau. Selon A. Barskaya (1), le châssis portait autrefois une étiquette *Exposition 1905* et l'inscription *Vollard 6 rue Laffitte*. Cette mention ne peut concerner que le Salon d'Automne, ouvert du 18 octobre au 25 novembre 1905, où Cézanne était représenté par dix envois dont un catalogué comme *Paysage de Provence*. D'habitude les tableaux exposés au Salon d'Automne étaient dépourvus d'étiquettes, mais celle-ci a pu être mise par Vollard afin de désigner une des toiles qu'il avait l'intention d'y envoyer.

Cependant, Lawrence Gowing, dont la perspicacité et une espèce d'intuition d'artiste ont déjà fait leurs preuves, affirme qu'il doit s'agir ici d'une œuvre de 1906 (2), peut-être la dernière vue achevée de la Sainte-Victoire. Il croit reconnaître ce paysage aussi bien dans les photographies de Cézanne prises en janvier 1906 par Maurice Denis que dans le tableau que ce dernier a peint ensuite d'après des croquis faits à Aix en observant Cézanne devant son motif aux Lauves. Ces images, pourtant, ne sont pas assez nettes pour permettre une identification sans équivoque, encore qu'il faille bien admettre que la vague disposition des taches montre des analogies avec cette composition. D'autre part, celle-ci n'est pas radicalement différente de plusieurs autres versions du même sujet ; ce qui diffère surtout, c'est le traitement.

Malheureusement, Denis ne founit aucune précision — ni dans son journal, ni dans la lettre qu'il écrivit à sa femme après avoir quitté Aix — sur le tableau auquel Cézanne avait travaillé sous ses yeux. Il rapporta seulement :

« Le clou de la journée, c'était Cézanne. Nous l'avons pris au sortir de la grand-messe où il était avec son vieux veston plein de peinture. Il s'est jeté pour ainsi dire dans nos bras... Il a causé avec nous une demi-heure, et donné rendez-vous après déjeuner au motif. Le « motif » était loin, une vue de Sainte-Victoire (grand montage pointue des environs) : il y va en voiture. Nous l'avons donc vu là, dans un champ d'oliviers, en train de peindre. Je l'ai dessiné... Il parle très bien, il sait ce qu'il fait, ce qu'il vaut, il est simple et très intelligent. Après, il nous a menés à l'atelier, puis chez lui, puis au café où nous avons bu à sa santé » (3).

Le seul élément certain, c'est que le tableau peint en janvier 1906 ne peut être celui exposé en automne 1905. Gowing le considère tout à fait dissemblable des autres représentations de la Sainte-Victoire. « Il a été poussé, constate-t-il, jusqu'à ce que les touches aient pris cette richesse granuleuse due aux différentes couches de couleurs superposées. Les zones claires montrent des mutations de rouge et d'ocre. A partir d'elles, le développement se poursuit par des taches assez clairsemées de vert émeraude vivement ponctuées de pourpre, violet, gris-violet et noir. L'exécution est incisive et nerveuse. Le peintre a sorti ses griffes ; des contours répétés affirment les troncs d'arbres et les branches. Une fois de plus la montagne soulève sa bosse avec turbulence. »

C'est surtout dans la richesse de la matière et la véhémence de la facture que Gowing trouve les indices d'une évolution qui placent cette œuvre au terme de toutes les vues peintes des Lauves. En réalité, la toile paraît un peu plus sombre que les autres paysages de la Sainte-Victoire, comme c'est souvent le cas lorsque Cézanne s'est acharné sur une œuvre. Les verts du premier plan et des deux côtés sont

(1) Voir A. Barskaya, *Paul Cézanne*, Léningrad, 1975, pp. 190-191.
(2) Gowing, 1977, p. 69.
(3) M. Denis, *Journal*, tome II (1905-1920), Paris, 1957, pp. 28-31.

91

assez acides mais partout entremêlés de bleu sombre violacé ; quant au centre, il est dominé par des ocres qui varient d'un jaune presque pur au rouge. La montagne au-dessus est bleu pâle et blanche, mais on y trouve aussi des touches orangées, vertes et bleues, comme si la plaine se reflétait dans le rocher. Dans le ciel, couvert sur toute son étendue de coups de brosse assez larges et éparpillés, bleu et vert sont constamment juxtaposés, surtout à droite.

André Masson a dit que, dans la dernière période de Cézanne, « la concentration est telle qu'elle explose. Elle est « un phénomène futur ». Las d'offir à un monde aveugle les richesses de sa vision, il ne dialogue plus qu'avec l'interlocuteur qu'il a en lui. En résulte une souveraine liberté, celle des ultimes quatuors de Beethoven, celle de la *manière rude* des moines zénistes. Offrandes à ce qui n'a pas de fin » (4).

(4) A. Masson in, *Le Tombeau de Cézanne*, Paris, Société Paul Cézanne. 1956, p. 38.

92 La Montagne Sainte-Victoire au-dessus de la route du Tholonet

Vers 1904 (V. 666)
Huile sur toile. 73,2 × 92,1 cm
The Cleveland Museum of Art
(Leonard C. Hanna, Jr. Collection)

Comparant cette toile à la version antérieure du même sujet (N° 79), Erle Loran a remarqué :

« Dans la deuxième version, Cézanne donne une toute autre interprétation de la montagne, bien qu'elle soit vue à peu près du même point (une dizaine de mètres plus à gauche). Cette toile, visiblement plus tardive..., est beaucoup plus rythmique et synthétisée au point de vue formel. Dans les premiers plans, au bas du tableau, nous pouvons remarquer que Cézanne a aplani les oliviers qui, dans la première version, avancent davantage en saillie en bas à gauche. Ils se fondent ici dans les « passages » et les plans colorés de la terre et de la route. Tous les arbres prennent des formes plus précises...

« Notons encore comment l'arbre principal [en fait, il y en a deux] au centre à droite — dont le tronc est placé ici à gauche de la masse feuillue — crée un mouvement vers le bas par ses plans circulaires, provoquant ainsi une forte traction, ou tension, par rapport aux formes arrondies des arbres contre le ciel, en haut et à gauche. Dans la première version, le tronc de ce même arbre est poussé vers la droite, tandis que les lourds volumes du feuillage se déploient vers le haut et vers la gauche. Ces deux interprétations opposées du même arbre traduisent concrètement l'approche lucide de l'organisation et de la composition qui est celle de Cézanne. La justesse de chaque interprétation dans sa propre spécificité paraît évidente. C'est à nouveau la preuve que l'organisation plastique impose une distorsion et une altération des apparences réelles. Cela montre aussi que chaque nouvelle œuvre d'art obéit à de nouvelles lois qui lui sont propres, même si le sujet traité est identique.

« La montagne, dans la deuxième version, est austère et formelle, constituant moins une déviation du motif réel qu'une simplification rigoureuse de celui-ci. Cependant des lignes superposées très apparentes viennent souligner les quatre divisions ou plans principaux, à l'intérieur desquels se développent les modulations secondaires. »

Loran, 1943, p. 99.

92

93 La Montagne Sainte-Victoire
vue du bosquet de Château-Noir

Vers 1904 (V. 665)
Huile sur toile. 65 × 80,3 cm
Estate of Mrs. Edsel B. Ford,
USA

Dans une description générale des paysages peints par Cézanne à la fin des années 1880, L. Gowing a noté comment « les variations colorées, jouant sur de larges zones qui, à première vue, semblaient amorphes, devenaient un moyen d'expression. Les rapports des mutations de couleurs étaient traduits par des coups de pinceau agglutinés, appliqués dans des directions opposées et formaient un patchwork discret, sans référence à des objets individuels ; en résultait parfois un tourbillon de variations chromatiques qui laissent un dépôt uniforme de différenciations tonales apparemment fortuites » (1).

Curieusement, ce commentaire peut également convenir à ce tableau, bien que l'œuvre ait été exécutée probablement une quinzaine d'années après celles dont parle Gowing, et que les grandes zones ne soient ici en rien, ni à première vue, ni de quelque autre façon, des zones amorphes. Posés sur un fond blanchâtre (visible par endroits), sans aucune esquisse préalable au crayon, semble-t-il, les coups de pinceau sont fréquemment linéaires, mais le plus souvent posés en taches denses. Ils couvrent la toile d'un réseau vibrant de somptueuses variations de bleus tirant au gris, de mauve et de vert, selon plusieurs diagonales et animent la surface d'une texture inhabituelle qui confère à ce site aride une tension singulière.

Vue du bosquet situé à l'Est de Château-Noir, la Sainte-Victoire domine une succession de collines dont les crêtes et les creux constituent les éléments linéaires du motif. Leurs ondulations facilitent le traitement sommaire — tempéré seulement par de subtiles variations colorées —, que Cézanne a adopté ici.

En ce qui concerne l'exécution, elle est très proche de la dernière version de *Château-Noir* (N° 53), caractérisée elle aussi par des touches lâches, posées comme au hasard, et des modulations de couleurs sourdes.

(1) Gowing, 1977, p.58.

94 La Montagne Sainte-Victoire
vue des Lauves

1902-06 (V. 1030)
Mine de plomb et aquarelle.
36 × 55 cm
The Trustees of the Tate Gallery,
Londres

Dans le catalogue de la Tate Gallery de Londres (1), Ronald Alley rapproche cette aquarelle du tableau du même sujet conservé au musée Pouchkine de Moscou (N° 91), peint vers 1906. Il émet l'hypothèse qu'il s'agit probablement d'une étude faite pour cette toile. Cependant, même lorsqu'il traitait des sujets analogues à l'huile et à l'aquarelle, Cézanne procédait de manière si différente et avait développé des factures si dissemblables — inhérentes à chacune de ces techniques — qu'il convient de les considérer comme des œuvres « indépendantes ». D'où il n'est

212

93

pas indispensable de donner à l'aquarelle une date identique à celle du tableau. [Pour la première fois, cette exposition offre souvent l'occasion de comparer plusieurs peintures aux aquarelles correspondantes, notamment le *Grand nu debout* (N°s 97 et 98) et le *Cabanon de Jourdan* (N°s 65 et 66)].

Ici un croquis très léger à la mine de plomb a été rehaussé de couleurs placées en touches éparpillées qui, en dépit de leur transparence, produisent un effet de profondeur. Lawrence Gowing a observé à propos de cette œuvre que «l'espace créé par la progression de jaune-or, vert et violet... rayonne à partir de l'arbre animé du premier plan; au loin, il est ramené d'une manière sereine vers la cime dans la partie supérieure de l'œuvre. Cézanne a redécouvert cet endroit familier. Il a vu de nouveaux motifs et aussi une nouvelle unité» (2).

(1) R. Alley, *Tate Gallery Catalogues — The foreign paintings, drawings and sculpture*, Londres, 1959, p. 36.
(2) *Watercolour and Pencil Drawings by Cézanne*, 1973, p. 22.

95 La Montagne Sainte-Victoire vue de Saint-Marc

1906 (V. 1029)
Mine de plomb et aquarelle
22,3 × 29,9 cm
Ancienne coll. Alphonse Kann

Un ample dessin à la mine de plomb est animé de multiples taches de couleur. La maison rouge est entourée de touches bleues, vertes et roses d'une fraîcheur exceptionnelle. La montagne est formée par le blanc de la feuille avec une ombre d'un bleu pâle à droite. Puisque la Sainte-Victoire est vue ici des alentours du village de Saint-Marc, cette œuvre pourrait bien être une des aquarelles exécutées par Cézanne en octobre 1906: on sait qu'il en avait alors fait dans le quartier de Beauregard qui se trouve de l'autre côté de la route de Vauvenargues, non loin de la commune de Saint-Marc.

96 Les Grandes Baigneuses

1894-1905 (V. 721)
Huile sur toile. 130 × 193 cm
The Trustees of the
National Gallery, Londres

L'ordre dans lequel Cézanne a commencé, sinon terminé, ses trois grandes compositions de baigneuses a été diversement interprété. Dans le catalogue de la National Gallery de Londres à laquelle appartient le tableau exposé ici, Cecil Gould a tenté de montrer que cette version est la première, suivie par celle de la Fondation Barnes à Merion (V. 720), puis celle du musée de Philadelphie (V. 719) (1). Pourtant, il a reconnu que les deux tableaux de Londres et de Philadelphie présentent certaines analogies d'agencement, surtout dans la manière dont les deux groupes de nus, celui de droite et celui de gauche, sont inclinés vers le centre, alors que dans

94

95

la toile de la Fondation Barnes, ils s'en écartent plutôt. Il ne semble donc pas très probable qu'entre ces deux versions, tant soit peu similaires, s'insère celle qui est éloignée de l'une aussi bien que de l'autre.

En rassemblant les quelques témoignages que nous possédons au sujet de ces trois compositions — encore que les rapports des rares visiteurs aux ateliers de Cézanne ne soient pas toujours trop précis — Theodore Reff a établi un ordre de succession qui paraît plus vraisemblable et surtout plus logique (2). Il rappelle que, selon Vollard, l'une des trois versions avait été commencée vers 1895 et que l'artiste y travaillait encore en octobre 1899 lorsqu'il fit le portrait de son marchand. C'est sans doute le même tableau que les peintres Rivière et Schnerb virent à Aix en janvier 1905, toujours en cours d'exécution (3) ; en effet, Cézanne leur « avoua » s'y consacrer depuis 1894. Puisqu'ils l'ont décrit comme « un grand tableau de baigneuses avec huit figures presque grandeur nature », il doit s'agir de la composition de la Fondation Barnes, mesurant 133 × 207 cm. Vollard, de son côté, spécifia que Cézanne avait commencé cette toile en 1895 « et y travailla jusqu'à la fin de 1905 » (4). Que l'artiste y peignait encore en 1905, c'est confirmé par Émile Bernard qui la vit en février-mars 1904 dans l'atelier des Lauves et photographia même Cézanne devant cette œuvre ; il la trouva considérablement transformée en avril 1905. Les proportions de la femme debout à gauche avaient notamment été totalement changées. C'était donc à cette version que Cézanne devait faire allusion dans une conversation avec Maurice Denis en janvier 1906 lorsqu'il évoqua son tableau de baigneuses repris depuis tant d'années et précisa : « Mes figures, en arrivant ici [de Paris], je les ai diminuées de ça (la main) » (5).

D'autre part, le Dr Barnes a parlé de la « rudesse, la grossièreté même, de la manière dont la couleur est appliquée » (6), ce qui, chez Cézanne, est souvent l'indice de l'acharnement avec lequel il travaillait à un tableau pendant de longues années. (La composition est malheureusement accrochée trop haut à la Fondation Barnes pour qu'on puisse examiner de près son exécution et retrouver, si possible, quelques traces des repentirs.)

Les renseignements sur la seconde version, celle de la National Gallery de Londres, exposée ici, sont moins nombreux, mais Reff présume que c'est cette composition que le peintre Jules Borély vit à Aix en juillet 1902 ; en effet, sa description d'une « troupe de jeunes femmes nues, blanches de corps sur des bleus lunaires » (7) s'applique mieux à cette toile qu'aux deux autres. Elle a pu être commencée vers 1898-1899, à l'époque où Cézanne fit exceptionnellement poser un modèle nu dans son atelier parisien (voir les notes pour les N° 97 et 98). Cependant, aucune étude de nu pouvant être considérée comme préparation directe pour cette œuvre ne semble exister. Il est étrange également que nul visiteur n'ait jamais mentionné avoir vu dans l'atelier de Cézanne *deux* grandes toiles de baigneuses auxquelles il a dû travailler plus ou moins simultanément.

Alors que la première version progressait lentement, l'artiste s'est apparemment attaqué à cette seconde en modifiant la composition et le coloris. Le rôle du vert est réduit et la bande du sol jaune-brun du premier plan repousse les corps vers le fond ; tandis que les deux groupes de baigneuses sont plus rapprochés ; maintenant le chien lui-même se détache moins des femmes accroupies et sa couleur bleu-marron s'est transformée en un bleu intense. Quant aux arbres — celui de droite constitue un élément important dans le tableau de la Fondation Barnes, tandis que ceux de gauche, inclinés selon la même direction, jouent un rôle moins décisif — ils sont toujours ici parallèlement penchés dans la composition de Londres, mais tous sont ici orientés vers la droite et les fûts sont dépourvus de branches, et pour ainsi dire de

(1) Voir *National Gallery, London — French School, Early 19th century*, etc., par M. Davis, éd. augmentée et corrigée par C. Gould, Londres, 1970 (N° 6359, p. 22).
(2) Reff, 1977, pp. 38-44.
(3) R.P. Rivière et J.F. Schnerb, *op. cit.*, p. 817.
(4) A. Vollard, *Paul Cézanne*, Paris, 1914, p. 96.
(5) M. Denis, *Journal*, tome II (1905-1920), Paris, 1957, p. 29.
(6) A. C. Barnes et V. de Mazia, *The Art of Cézanne*, New York, 1939, p. 397.
(7) J. Borély, « Cézanne à Aix », *L'Art Vivant*, 1926, p. 491.

Cézanne devant ses *Grandes Baigneuses* (de la Fondation Barnes).
Photographie prise par Émile Bernard en février-mars 1904 dans l'atelier des Lauves.

Baigneuses, 1895-1906, Fondation Barnes, Merion

Grandes Baigneuses, 1899-1906, Philadelphia Museum of Art.

feuillages. Ils sont représentés en bleu foncé sous une forme cylindrique plus ou moins courbe ; l'arbre de droite est plus massif, mais les deux troncs de gauche attirent l'attention vers cet angle de la toile.

Puisqu'il semble que le premier tableau ait été commencé — ou du moins peint — à Paris, il se pourrait que l'artiste se soit consacré au second surtout à Aix, étant ainsi en mesure de travailler à l'un ou à l'autre au gré de ses déplacements. D'ailleurs, si la seconde version a été commencée vers 1898-1899, cela correspond à l'époque de la vente du Jas de Bouffan et de l'installation de Cézanne dans son nouvel atelier de la rue Boulegon à Aix. C'est peut-être la raison pour laquelle les deux compositions n'ont pas été vues ensemble ; la seconde version a pu rester rue Boulegon tandis que l'artiste fit venir la première à Aix dès que son atelier des Lauves fut terminé en 1902, comme il devait l'expliquer à Maurice Denis. Non seulement il avait plus d'espace dans cet atelier, mais surtout il se rendait alors moins fréquemment à Paris. Puisque, de toute évidence, il avait été possible de déplacer la première composition, la fente que Cézanne avait fait pratiquer dans le mur nord de son nouvel atelier a pu être destinée à faciliter le déménagement d'une œuvre plus grande encore, sa troisième composition, mesurant 2,08 × 2,49 m et qui fut certainement entreprise dans l'atelier des Lauves.

Cette troisième et ultime version, celle du musée de Philadelphie, est décrite pour la première fois par K. E. Osthaus qui la vit en avril 1906 dans l'atelier des Lauves et remarqua que « les hauts fûts des arbres se penchaient déjà, formant une voûte au-dessous de laquelle se déroulait la scène du bain » (8). Cependant, Maurice Denis ne la mentionna point, rapportant avoir vu à Aix, en janvier 1906, une composition à laquelle Cézanne s'était consacré *avant* son installation à Aix et qu'il avait reprise par la suite, ce qui pourrait s'appliquer aussi bien à celle de la Fondation Barnes qu'à celle de la National Gallery de Londres. Il faut donc croire — comme Reff le suggère — que cette troisième version a été commencée seulement après la visite de Denis et avant celle d'Osthaus, trois mois plus tard. Telle qu'elle est restée, avec de larges touches assez minces et de nombreux endroits de toile non couverte, l'artiste a dû y travailler assez rapidement pour l'amener à l'état dans lequel il l'a abandonnée à sa mort en octobre de la même année.

Si l'on place les trois versions dans cet ordre, les nombreuses révisions des deux premières, par contraste au traitement moins laborieux de la dernière, s'expliquent mieux. Reff y a observé également l'évolution de la composition : le nombre des baigneuses s'accroît de huit à onze puis à quatorze (le contraire s'était produit pour la série des *Joueurs de cartes* dont le nombre de personnages était graduellement réduit) ; les baigneuses tendent à former des groupes distincts, évoluant d'un arrangement en frise — avec une césure légère — dans la première version vers deux assemblées de forme pyramidale dans la troisième, la version intermédiaire répétant certaines poses de la première et anticipant d'autres de la dernière. Simultanément l'importance des femmes par rapport au paysage diminue ; dans la dernière version, se retrouve la bande jaunâtre du premier plan alors que le paysage du fond s'étend sur une surface presque égale à celle occupée par les baigneuses. D'autre part, la version intermédiaire montre deux changements importants intervenus au cours du travail dont l'un sera incorporé, dès le début, dans l'ultime composition : deux rangées parallèles de trous causés par des clous le long du bord inférieur indiquent que Cézanne, à deux reprises, a détaché la toile du châssis afin d'élargir la surface du premier plan ; par contre, il a réduit la hauteur de la composition, renonçant à poursuivre son travail en haut le long d'une bande de 7,5 cm environ (ce qui explique que les teintes y soient plus pâles — parfois cette bande a même été

(8) K. E. Osthaus, *op. cit.*

220

cachée par le cadre). Pour la dernière version il a adopté un premier plan légèrement plus étroit — par rapport à l'ensemble — que pour la seconde, mais il a en même temps totalement modifié la partie supérieure qui non seulement est beaucoup plus haute, mais surtout participe au mouvement des baigneuses avec les fûts élancés qui se rapprochent dans une courbe ogivale. Par contraste, la version intermédiaire montre de chaque côté des troncs d'arbres qui tous se penchent vers la gauche ; ces arbres sont beaucoup plus massifs que ceux de la troisième composition et leurs teintes bleues les détachent beaucoup moins du ciel, ce qui n'est pas le cas pour le tableau de Philadelphie où leurs lignes et couleurs ajoutent un élément essentiel et décoratif à l'ensemble.

Dans la seconde version, la zone verte commence derrière les nus ; elle s'étale non seulement autour des troncs d'arbres, mais sépare aussi les corps des baigneuses du groupe assez dense de nuages blancs qui montent vers le ciel bleu intense. Ce même bleu apparaît dans la masse compacte du centre au premier plan qui représente un chien avec quelques indications linéaires insistant sur la forme d'une patte et du museau à côté duquel se trouve un bout de nappe blanche. Chien et nappe trouvent ainsi un écho dans le ciel et ses nuages. Quelques fruits jaune-brun sont d'une teinte légèrement plus sombre que le sol. La baigneuse debout, de profil, à gauche, paraît disproportionnée par rapport à ses compagnes ; il semblerait que, là encore, Cézanne ait éprouvé des difficultés à l'intégrer dans l'ensemble, comme cela lui était déjà arrivé dans la première version. Des lignes bleues cernent les formes ainsi qu'on l'observe dans beaucoup de peintures des dernières années de l'artiste. La touche est large, parfois granuleuse avec des empâtements occasionnels, mais la toile est entièrement couverte d'une facture qu'on pourrait appeler solide, contrastant avec la «légèreté» de l'ultime version inachevée.

La place que les compositions de baigneuses occupent dans l'œuvre de Cézanne est contestée. Selon Fritz Novotny, «il est évident que l'observation fidèle de la nature a été abandonnée dans la série des *Baigneuses* avec leurs éléments de paysage librement inventés qui apparaissent comme des décors de théâtre. Quelle que soit la signification de ces tableaux dans l'histoire de la peinture, ils ne représentent pas le summum de la carrière de Cézanne» (9). Mais Henry Moore a dit, en parlant des *Baigneuses* de la National Gallery de Londres, après les avoir vues en 1922 dans la collection Pellerin : «Si l'on me demandait de nommer les dix moments d'émotion visuelle les plus intenses de ma vie, celui-ci serait l'un d'eux» (10).

(9) F. Novotny, *The Late Landscape Paintings,* in *Cézanne, The Late Work, op. cit.,* p. 111.
(10) H. Moore, «Discours de réception à l'Académie des Beaux-Arts», Nov. 1973, *Gazette des Beaux-Arts,* Déc. 1973, p. 11.

97 Femme nue debout

1898-99 (V. 710)
Huile sur toile. 92,7 × 71,1 cm
Coll. part., USA

Il semble peu probable que ce tableau représente Mme Cézanne, encore qu'on l'ait souvent affirmé. Née en 1850, elle aurait eu près de cinquante ans en 1898-99 et depuis son mariage avec l'artiste en 1886, vivait plutôt l'existence qui lui convenait, c'est-à-dire qu'elle ne partageait pas toujours celle de son mari. Les temps où elle avait plus ou moins complaisamment posé pour lui étaient passés ; nous ne connaissons aucun portrait d'elle postérieur à 1892 environ.

De surcroît, Georges Rivière, dans son catalogue de l'œuvre de Cézanne, mentionne sous la date de 1898 un nu de la collection Pellerin (à laquelle ce tableau appartenait), au sujet duquel il spécifie : «Marie-Louise, rare modèle féminin utilisé par Cézanne» (1). Cette information lui venait sans aucun doute de Paul Cézanne fils qui était son gendre et qui avait vingt-six ans à l'époque; c'est dire qu'il était assez âgé pour pouvoir s'en souvenir.

De son côté, Vollard (2) rapporte qu'en 1899, Cézanne, alors qu'il peignait à Paris le portrait du marchand (voir le N° 3), travaillait également à une grande composition de baigneuses (celle de la Fondation Barnes, V. 720) pour laquelle il utilisait des dessins exécutés directement d'après le modèle à l'atelier de l'Académie Suisse. Un jour, l'artiste lui annonça qu'il allait faire poser un modèle, tout en précisant qu'il se servirait d'une femme plutôt vieille. Selon Vollard, il fit effectivement une étude de nu ainsi que deux portraits pour lesquels le même modèle posa vêtu et dont on ignore le sort, à moins qu'il ne s'agisse des tableaux représentant une femme en robe bleue (N°s 10 et 11) sans doute exécutés peu après 1900.

Vollard raconte encore qu'un matin Cézanne s'emporta parce que, «dans un coin de l'atelier, du côté opposé à celui où je posais, il y avait eu, depuis toujours, un vieux tapis jeté par terre, et qui n'avait plus couleur de tapis. Ce jour-là, par malheur, la bonne l'avait enlevé, dans le louable dessein de le battre. Cézanne m'expliqua que ne plus voir ce tapis lui était intolérable, au point qu'il lui serait impossible de continuer mon portrait; jurant qu'il ne toucherait plus, de sa vie, à un pinceau. Il ne tint pas parole, heureusement, mais le fait est que, ce jour-là, il lui fut impossible de travailler».

Ce tapis est vraisemblablement celui-là même sur lequel se tient le modèle. Il est certain, en tout cas, que ce nu et le portrait de Vollard furent peints dans le même atelier de la rue Hégésippe-Moreau à Montmartre. Mais alors que Vollard fut installé près de la fenêtre, le nu est placé contre un mur plein. Le fond des deux tableaux montre des couleurs identiques : une paroi inférieure d'un brun-rouge sombre au-dessous d'une section d'une teinte semblable, mais sensiblement plus claire. La paroi sombre s'arrête exactement à la hauteur des épaules de la femme; il en est de même pour le portrait de Vollard qui, lui, est assis. Comme Vollard fut installé sur une chaise surélevée, il est évident que dans les deux cas Cézanne était soucieux de voir les têtes de ses modèles se détacher sur la section plus claire.

Alors que pour le portrait de Vollard l'artiste aurait assemblé une dizaine d'aquarelles dans le fond qu'il arracha par la suite dans un de ses fréquents accès de rage, pour le nu il plaça un tableau sur le mur. On sait que Cézanne avait décoré son atelier de quelques reproductions de Forain, découpées dans des journaux illustrés, ainsi que d'images à un sou d'après des œuvres de Rubens, Luca Signorelli et Delacroix, mais ici il s'agit d'une peinture encadrée qu'il est impossible d'identifier.

Selon Vollard, l'artiste n'était pas content de ce modèle. Il est vrai que la pose choisie n'était guère commode, avec les bras levés pendant de longues séances, interrompues seulement par de courts repos. (Cette pose fatigante milite également contre l'hypothèse selon laquelle Mme Cézanne posa pour cette toile car elle aurait certainement insisté pour une position plus reposante.) Cézanne se plaignait d'ailleurs à son marchand. «Cela devient, dit-il, très difficile de travailler avec le modèle femme! Et pourtant je paie cher la séance; cela va dans les quatre francs, vingt sous de plus qu'avant la guerre [de 1870].» Le peintre trouvait que Vollard tenait mieux la pose, mais celui-ci était non seulement assis, mais désirait vivement obtenir son portrait, se pliant à toutes les exigences de Cézanne et évitant soigneusement de l'indisposer.

(1) Rivière, 1923, p. 222.
(2) A. Vollard : *Paul Cézanne,* Paris, Galerie A. Vollard, 1914, chapitre «Mon portrait (1896-1899)».

97

Il se peut que la toile du *Nu debout* ait été peinte d'après l'aquarelle sur le même sujet (voir le N° 98) plutôt que directement d'après le modèle, et cela d'autant plus que Vollard parle d'une «*étude* de nu» alors qu'il s'agit ici d'un tableau achevé et même fort grand. D'ailleurs, il y a dans cette peinture une qualité «abstraite», une volonté de synthèse moins apparente dans l'aquarelle où le ventre de la femme est plus bombé et où les seins sont d'une rondeur plus accentuée ; même le visage dans l'aquarelle est plus individualisé que celui de la toile bien qu'il s'agisse de la même personne.

La coloration du tableau est dominée par le brun-rouge de la zone centrale du mur auquel sont liées toutes les autres teintes, représentant des degrés plus ou moins clairs du même ton, depuis le haut du mur plus rougeâtre jusqu'au tapis plus jaune entre lesquels est campé le corps, d'un ocre pâle. C'est grâce à la couleur du corps que l'ensemble paraît considérablement moins sombre que le portrait de Vollard. La facture est vive avec des traces de repentirs dans la jambe et des empâtements le long du corps, là où il se détache du fond. Dans le même but de mieux dégager le nu, la silhouette est cernée de traits sombres.

Il est probable que l'aquarelle et le tableau sont liés aux recherches que fit Cézanne pour ses *Grandes Baigneuses*. En tout cas, la première des trois compositions — précisément celle à laquelle il aurait travaillé depuis 1895 à Paris (V. 720) — montre dans le groupe à droite, adossée à un arbre derrière une femme assise, une figure dont l'attitude s'apparente de près à la pose de ce modèle. Cependant, ce *Nu debout* est plus proche encore de la femme debout au centre d'un groupe de quatre baigneuses seulement (aujourd'hui à la Ny Carlsberg Glyptotek de Copenhague ; V. 726), qui semble directement inspirée de cette œuvre faite d'après le modèle vivant. Cette composition de baigneuses moins nombreuses, qui est de même longueur que la peinture ici considérée, est contemporaine de cette dernière.

Devant cette œuvre d'un caractère si monumental on ne peut s'empêcher de songer aux diverses *Tentations de Saint-Antoine* que Cézanne avait peintes naguère. L'artiste-Saint a maintenant vieilli et s'est résigné, la femme nue a perdu ses séductions pour lui, il ne l'adore plus et n'est plus hanté par elle avec cette timidité mêlée de volupté qui avait toujours pesé sur lui, il ne l'approche plus avec cette passion admirative qui distingue Delacroix. Lui, qui depuis de longues années n'avait osé contempler la nudité féminine, l'étudie maintenant avec un détachement qu'animent uniquement la volonté créatrice et l'ardeur visuelle.

98   Femme nue debout

1898-1899 (V. 1091)
Mine de plomb et aquarelle
sur deux pièces de papier
(une large feuille
et une bande ajoutée en haut)
assemblées et collées. 89 × 53 cm
Musée du Louvre,
Cabinet des Dessins (R.F. 29915) Paris

Georges Rivière (1) a identifié la femme qui posa pour cette aquarelle comme un modèle professionnel nommé Marie-Louise qui est également représenté dans une peinture que Cézanne fit d'elle à la même époque et dans la même attitude (N° 97). En tout cas, il ne s'agit pas de Mme Cézanne, comme cela a été dit parfois.

C'est la seule occasion connue où Cézanne a travaillé d'après un modèle nu, du moins vers la fin de sa vie. Aussi le tableau et cette aquarelle — qui est d'un format exceptionnellement large — sont-ils uniques dans leur genre parmi les œuvres tardives de l'artiste.

98

L'aquarelle a dû précéder la toile car elle paraît plus directe et moins stylisée qu'elle. N'étant ni habitué ni équipé pour représenter une grande figure debout dans son atelier, Cézanne a dû agrandir la feuille dont il s'est servi afin d'en allonger le format. Ensuite, pour le tableau, il a pu éviter ce «rafistolage», mais il est vrai aussi que la toile s'arrête immédiatement au-dessus de la tête de la femme, ce qui la rend plus compacte, alors que l'aquarelle, grâce à la bande de papier ajoutée, bénéficie d'un espace plus grand. Dans les deux cas, la paroi sombre du mur derrière le modèle s'étend jusqu'à la hauteur du cou de la femme. L'atelier où cette œuvre fut exécutée est celui de la rue Hégésippe-Moreau à Montmartre où Cézanne s'était installé depuis l'été 1898; ce fut là où Vollard posa également pour son portrait (voir le N° 3).

Un dessin préalable à la mine de plomb campe le nu monumental sans insister sur ses formes si ce n'est par la mise en place des contours. Le pinceau a ensuite repris ces contours, mais a animé avant tout le fond par de subtiles variations de teintes à dominante bleu-violet, une teinte apparemment assez arbitraire puisqu'on ne la retrouve ni dans la peinture de ce nu ni dans le portrait de Vollard. Le corps lui-même, sur lequel se concentre la lumière, est resté en grande partie blanc, du blanc de la feuille. Le caractère diaphane des touches d'aquarelle, telles que Cézanne les superposait, et le changement complet des tonalités par rapport au tableau du même sujet donnent à cette aquarelle un aspect plus léger et moins dense qu'à la toile, encore qu'il s'agisse d'une œuvre exceptionnellement poussée.

(1) Rivière, 1923, p. 222.

99   Baigneurs

1898-1900 (V. 724)
Huile sur toile. 27 × 46,4 cm
The Baltimore Museum of Art,
(Legs de Miss Etta
et du Dr. Claribel Cone)

Ce fut au printemps de 1904 que Bernard Berenson conseilla à Leo Stein de s'intéresser à Cézanne et de visiter la petite galerie de Vollard, rue Laffitte. Leo Stein et sa sœur Gertrude allaient désormais acquérir des œuvres de Cézanne et orienter leur collection vers ceux qu'ils considéraient «les quatre grands»: Renoir, Cézanne, Matisse et Picasso.

On ignore la date exacte à laquelle ce tableau entra dans leur collection, mais il était déjà accroché à un mur de leur célèbre atelier, 27 rue de Fleurus, sur une photographie prise vers 1905. Cette toile ayant figuré à la grande rétrospective Cézanne organisée en 1904, au Salon d'Automne, ce fut peut-être là que les Stein la virent et décidèrent de l'acheter. Tout ce que l'on sait est que Gertrude réclama ce tableau lors du partage de la collection, intervenu entre elle et son frère, en 1913, et qu'en 1926, elle le vendit à son amie Etta Cone. Entre-temps, il avait été vu par les innombrables écrivains et peintres qui gravitaient autour des Stein, ou visitaient leur atelier en passant par Paris, attirés également par les hôtes — ou par Gertrude seule — autant que par la collection. A vrai dire, pendant longtemps, on pouvait voir davantage d'œuvres de Cézanne rue de Fleurus qu'au musée du Luxembourg, qui avait accepté seulement deux des cinq tableaux de l'artiste légués par Caillebotte à l'État. De plus, il s'agissait de deux paysages, alors que les Stein possédaient aussi un superbe portrait, une petite nature morte et cette étude de baigneurs, sans parler de nombreuses aquarelles. Autre fait important, ces œuvres, accrochées auprès de toiles de Matisse et de Picasso, offraient à bien des jeunes peintres américains, venant à Paris pour se familiariser avec les mouvements artistiques nouveaux, une occasion unique d'étudier des œuvres significatives dues à leurs chefs de file. Depuis des dizaines d'années, Cézanne avait travaillé à des groupes analogues, montrant quelques nus masculins, souvent rassemblés sur des toiles assez petites. A la fin de sa vie pourtant, ces études devenaient de moins en moins fréquentes à mesure qu'il prenait un intérêt croissant pour les grandes compositions de baigneuses. Ce fut alors dans des toiles de moindres dimensions comme celle-ci qu'il put improviser plus directement et donner libre cours à son imagination, à son sens du rythme et du mouvement.

Des coups de pinceau rapides, menus, serrés, couvrent le haut de la toile de taches vertes et bleues. Sous cette masse chatoyante, les silhouettes des figures roses et les arbres sont tracés au pinceau bleu foncé qui suggère les formes sans les emprisonner dans des contours trop rigides. La toile nue, blanchâtre, n'apparaît qu'en de rares endroits. L'attitude « active » des hommes contraste avec les poses plus statiques des baigneuses dans les trois grandes versions ; le seul élément qui puisse suggérer un rapport entre ce tableau et la composition du Musée de Philadelphie (V. 719) est l'indication ébauchée de quelques figures sur le rivage lointain.

99

100 Baigneuses

1899-1904 (V. 722)
Huile sur toile. 51 × 61,7 cm
The Art Institute of Chicago
(The Amy Mc Cormick
Memorial Collection)

Tout au long de sa vie, Cézanne s'est appliqué à résoudre le problème d'intégrer le nu dans des compositions de plein air. Mais cette préoccupation prit différentes formes au cours des années. A partir de 1870, il avait commencé à représenter des groupes de baigneurs plus ou moins isolés, presque indépendants les uns des autres ; au cours des années 80, il s'est souvent limité à quelques nus féminins, fréquemment groupés étroitement dans un agencement pyramidal ; à partir des années 90, il s'est attaché à rassembler de nombreuses figures dans des compositions complexes et de grandes dimensions. Cependant il a peint aussi des tableaux n'entrant pas dans ces catégories, parfois des nus isolés (dont un très grand), parfois des petites toiles avec une demi-douzaine de baigneurs dans l'eau ou sur le rivage. Il a également exécuté des tableaux traités presque en esquisses, comme celui-ci, en rapport avec ses plus ambitieux projets, mais gardant quelque chose de la spontanéité et de la verve qui manquent à ses larges compositions, lesquelles constituent son ultime effort pour insérer des figures nues dans un environnement naturel. Les problèmes qu'il devait alors affronter ont été définis par Herbert Read (sans référence particulière aux différents tableaux de baigneurs) lorsqu'il a écrit :

« Cézanne trouvait que donner une expression directe à des conceptions visionnaires est la chose la plus difficile au monde. Sans la contrainte d'un modèle objectif, l'esprit ne fait que s'embourber sur l'étendue de la toile. Il peut atteindre une certaine force, une certaine vitalité, mais il manquera non seulement de vraisemblance, ce qui importe peu, mais de cette cohérence des formes et des couleurs dans une harmonie unifiée, qui est l'essence même d'un grand art. Cézanne parvint à prendre conscience que, pour atteindre une telle harmonie, l'artiste doit s'en remettre non à sa vision, mais à ses sensations. « Réaliser » ses sensations, telle fut la devise de Cézanne. Cela signifiait une conversion volontaire : un renouveau spirituel. La vision dynamique du romantique devait se transformer en vision statique du classique. » (1)

Il reste indéniable pourtant que dans une œuvre spontanée comme celle-ci, où le pinceau semble avoir parcouru la toile avec la plus totale liberté, Cézanne est parvenu à une fusion — peut-être fortuite — « des formes et des couleurs », tout en retrouvant quelque chose du dynamisme qui avait animé la vision romantique de ses premières années.

(1) H. Read, *The Meaning of Art,* Londres, Faber Faber, 1931, section 73.

101 Groupe de Sept Baigneurs

Vers 1900 (V. 387)
Huile sur toile. 37 × 45 cm
Galerie Beyeler, Bâle

Durant l'automne de 1910, un peintre débutant de vingt-deux ans, Manierre Dawson, arrivant à Paris de Chicago, fut encouragé par une relation de hasard à aller voir Gertrude Stein. Bien que venu en Europe pour étudier surtout la peinture ancienne et les monuments célèbres, il fut très impressionné par les tableaux de Cézanne qu'il vit chez les Stein. Il demanda alors à son ami où il pourrait en trouver

100

101

d'autres et celui-ci l'emmena dans la petite galerie de Vollard, rue Laffitte. Le 2 novembre, Dawson notait dans son journal que le marchand « mit du temps à en apporter. Ma tête s'est remplie des rares choses que j'ai vues. Il y a une toile que je ne peux oublier, une œuvre tardive et apparemment inachevée. Les lignes noires arbitrairement tracées, comme nouées, l'insistance ainsi créée sur les parties essentielles pour la composition et la grande diversité des formes altérées m'ont beaucoup aidé à comprendre des tableaux inventifs et m'ont été d'un grand secours pour ce que j'essaie de faire dans mon propre travail. Un trait que j'ai noté est la constante réussite de la couleur chez Cézanne ». (Archives of American Art, Smithsonian Institution ; ce document m'a été signalé par Miss Doreen Bolger).

La révélation reçue chez Vollard fut tellement forte que le jeune Dawson, résumant ses impressions sur l'Europe, moins de deux semaines plus tard, dans une page de son journal datée de Dresde, le 14 novembre, notait ainsi ses réflexions : « Je commence à fixer mes préférences sur quelques noms : Tintoret, Rubens, Poussin, Delacroix, Turner, Constable. Je crois avoir avant tout été frappé par Cézanne : dans les quelques œuvres que j'ai vues, il ne traite pas le sujet en apparence, mais le creuse jusqu'aux os, et même les montre. Il ne craint pas la hardiesse des lignes dans les paysages ou les figures, il fait de la couleur ce qu'elle doit être » (1).

Il est certain que Cézanne aurait été heureux de voir son nom associé à ceux de maîtres comme Tintoret, Rubens, Poussin et Delacroix. Quant aux œuvres auxquelles Dawson fait allusion, il est malheureusement impossible de les identifier, mais puisqu'il est question en particulier de tableaux inachevés et de peintures « inventives », ses observations peuvent certainement être appliquées à un tableau comme celui-ci.

(1) *Catalog of Manierre Dawson Retrospective*, Museum of Contemporary Arts, Chicago, novembre 1976 - janvier 1977, p. 12.

102   Baigneurs

1900-04
Huile sur toile. 42,2 × 55 cm
Coll. Stephen Hahn,
New York

C'est probablement l'une des dernières œuvres de Cézanne sur ce thème. Le fait que cette toile, et nombre de tableaux similaires, exécutés au tournant du siècle, soient d'une facture un peu esquissée, s'explique sans doute par le travail ardu accompli alors par l'artiste sur les grandes compositions plus ambitieuses de baigneuses. Là, le problème de la « finition » était essentiel ; ici, le peintre semble s'être contenté d'établir des harmonies colorées et d'indiquer des problèmes qui ne devaient pas forcément trouver réponse.

Les coups de pinceau sont légers et disséminés sur toute la toile, laissant de nombreux espaces à découvert. D'innombrables nuances de vert se mêlent à des tons mauves et bleus. Le bleu prend sa plus grande intensité dans le ciel. Le sable, au premier plan, est d'un jaune tanné. Plus loin, une étroite bande bleue représente l'eau qui se perd dans les frondaisons à droite. Une horizontale brisée traverse même le corps du baigneur debout dans l'eau. Les corps des baigneurs, en de nombreux endroits, laissent transparaître la toile couverte (de nombreuses aquarelles de nus comportent les mêmes « vides ») seulement de quelques touches de

102

rose ; leurs contours sont faits de coups de pinceau successifs, souvent imprécis, et chargés de pigments bleus, pourpres, ou même rouges.

Les branches, à gauche, peintes en touches posées à angle droit par rapport à leur courbe, dessinent une arabesque assez analogue à celle occupant l'angle droit du *Cabanon de Jourdan,* N° 65, où elle assouplit la composition en sens contraire.

103   Baigneuses

1902-06 (V. 1105)
Crayon et aquarelle sur
papier bis. 21 × 27 cm
Coll. part.

Cette aquarelle sur papier bis est en réalité plus claire qu'elle ne paraît sur la reproduction. Il n'y a presque pas de crayon. Le regard est d'abord attiré par le groupe des baigneuses au premier plan, enfermées pour ainsi dire dans des masses exubérantes de végétation. Le corps de la baigneuse allongée sur le devant décrit une courbe reliant entre eux deux groupes de nus pratiquement séparés ; cette courbe se répète inversée dans les arbres, produisant ainsi une sorte d'ellipse dominée par l'enchevêtrement bleu et vert du feuillage au-dessus. Ces deux couleurs prévalent d'ailleurs dans toutes les scènes de baigneuses des dernières années, occasionnellement adoucies par des touches diluées de jaune. Selon l'usage de l'artiste, les corps n'ont pas reçu de couleurs (le fond du papier demeurant vierge) ; ils sont « formés » par une série de contours répétés. Près du bord à droite, on peut distinguer le dos d'une figure, isolée, à demi drapée dans un linge.

104   Baigneuses

1902-06 (V. 725)
Huile sur toile. 73,5 × 92,5 cm
Coll. part., Zurich

Venturi intitulait ce tableau *Ébauche des Grandes Baigneuses,* considérant probablement qu'il s'agissait d'une étude pour la grande composition du Musée de Philadelphie (V. 719), avec laquelle elle n'a qu'un trait en commun : les baigneuses n'occupent que le tiers inférieur de la toile, le reste étant rempli par le ciel et des arbres. De plus, les attitudes et le groupement des figures sont tout à fait différents de l'autre composition, la plus grande sur le thème des baigneuses. Plutôt qu'une étude pour *Les Grandes Baigneuses,* ce tableau semble être une version indépendante, dans laquelle, par ailleurs, les figures ne sont plus le principal centre d'intérêt, du moins telles qu'elles apparaissent au stade inachevé de cette œuvre. Mais elle est « inachevée » seulement parce que la toile n'est pas couverte par endroits, ce qui est le cas uniquement là où les couleurs, et non pas des éléments de la composition, sont absentes : certains corps (où manquent les tons roses), certaines zones du sol (où les teintes bleu-vert n'ont pas été posées) et certains points du ciel

103

104

(simplement du fait que les coups de pinceau ne se rencontrent pas toujours). Cézanne s'en est expliqué dans une lettre qu'il adressa à Émile Bernard en octobre 1905 : « ... Les sensations colorantes qui donnent la lumière sont cause d'abstractions qui ne me permettent pas de couvrir ma toile, ni de poursuivre la délimitation des objets quand les points de contact sont ténus, délicats ; d'où il ressort que mon image ou tableau est incomplète » (1).

Ceci peut expliquer pourquoi tant des peintures tardives de Cézanne comportent, dispersés un peu partout, des endroits où la toile est restée à nu. Au cours des années précédentes, de tels vides apparaissaient parfois aux angles du tableau, mais dans ses dernières années, l'artiste est surtout préoccupé d'une image totale, travaillant simultanément, semble-t-il, sur toute la surface de la toile, vraisemblablement du centre vers les bords et non plus de bas en haut, comme il l'avait fait entre environ 1880 et 1890. Ainsi, la trame des coups de pinceau s'étend à la surface entière, bien que la progression se ralentisse à mesure que les différents éléments prennent forme et que la couche picturale devient plus dense ; dès lors, en effet, chaque endroit laissé nu constitue une sorte de défi, ses abords ne tolérant que le ton *juste* susceptible d'harmoniser les touches aux teintes variées. C'est pour cette raison sans doute que Cézanne, à la fin de sa vie, parlait si souvent de *réflection* (c'est-à-dire de méditation profonde) devant son œuvre car la seule contemplation de la nature — tout en restant primordiale — ne pouvait l'aider à achever une toile à laquelle manquaient les touches ultimes, cruciales, pour l'harmonie qu'il voulait atteindre.

Ce tableau, brossé de façon assez lâche, est complètement dominé par des tonalités gris-bleu, avec quelques touches bleu-verdâtre dans le sol, les arbres et le ciel. Il n'y a pas de différence chromatique entre le ciel et le feuillage, les arbres étant suggérés par des lignes bleues tracées comme au hasard, qui isolent les troncs ou les branches du fond. L'autre rive est indiquée par une bande rose-pourpre clair, dont la couleur revient, par endroits, au premier plan, et aussi dans les quatre figures centrales.

Le support est blanc-grisâtre ; quelques lignes de crayon apparaissent vaguement dans les espaces nus. Mais la couleur semble littéralement « projetée » sur la toile en grande taches assez épaisses, chacune étant formée par des coups de pinceau répétés. Il n'y a qu'une seule couche de pigment, posée spontanément en apparence ; dans la mosaïque assez abstraite et plate qui en résulte, les divers éléments (la végétation, les nus) sont différenciés par le tracé bleu foncé qui leur est superposé.

La zone la plus sombre de la composition est le triangle bleu foncé au centre du premier plan, autour duquel sont rassemblés quatre nus, isolés des baigneuses de gauche et de droite par un agencement qui ne se retrouve nulle part dans l'œuvre de Cézanne, sauf dans une aquarelle (V. 1108). La majorité des espaces laissés blancs se situe autour des baigneuses, de part et d'autre du groupe central. Les figures de ce dernier groupe sont inclinées comme si quelque chose, sur le sol, les attirait. Cela a donné lieu à la supposition, peut-être moins gratuite qu'il n'y paraît, que cette composition aurait été inspirée par la découverte de Moïse dans les roseaux du Nil.

(1) *Correspondance,* 1937, p. 277, lettre du 23 octobre 1905.

Additifs

53 bis Château-Noir

1904-1906 (V. 795)
Huile sur toile, 73 × 92 cm
Musée du Louvre, Paris
Donation Picasso

Les couleurs paraissent singulièrement ternes et sourdes. La touche est large, mais relativement peu chargée de pigments. Les arbres et le ciel se confondent presque, malgré le contraste des coups de pinceau, posés en oblique dans le ciel et verticalement sur le reste de la toile. La maison jaune et la terrasse tranchent sur le fouillis des verts. On aperçoit à droite de l'aile ouest le toit pentu du bâtiment principal. Le peintre a laissé imprécise la zone du premier plan, d'où la végétation monte vers le mur horizontal de la terrasse. Analysant les couleurs d'un rouleau de Takanobu (XIIe-XIIIe siècle) conservé à Kyoto, André Malraux écrivait : «... En Occident, peinture mate veut dire fresque. Mais la fresque connaît l'ombre... Je n'ai trouvé la matière de ce rouleau que dans le *Château-Noir* de la collection Picasso : Vollard, fidèle à Cézanne, ne l'avait pas verni.»

A. Malraux, *La tête d'obsidienne,* Paris, Gallimard, 1974, p. 191.

29 bis Roses dans une bouteille

1900-05 (V. 1542)
Mine de plomb et aquarelle
sur papier blanc.
43,5 × 30,8 cm.
Coll. part.

De très faibles traits de crayon apparaissent seulement dans les roses. Les fleurs sont d'un rouge intense et les quelques feuilles d'un vert brillant. Le vase est bleu foncé avec quelques taches de vert et de violet. Des bleus-pourpres richement nuancés, des verts et un rose éteint sont librement assemblés sur le papier blanc sans esquisse préalable. Diverses diagonales créent l'illusion d'un espace qu'il est, cependant, impossible de concevoir. Leurs directions et leurs accents colorés forment un contraste inattendu avec les boutons qui sont suggérés plutôt que définis. Ce qui est étonnant, c'est la fermeté avec laquelle la technique délicate est utilisée pour une représentation solide et pourtant subtile.

Datation des peintures

Ce tableau récapitulatif, établi à partir de celui publié par John Rewald dans le catalogue américain (*Cézanne. The Late Work.* New York, The Museum of Modern Art, 1977, pp. 204-205), se propose de confronter les différentes positions des spécialistes de Cézanne sur la datation des tableaux présentés à l'exposition parisienne.

Ne sont ici pris en considération que les ouvrages et articles fondamentaux des auteurs qui se sont tout particulièrement consacrés aux problèmes de la chronologie cézanienne :

A. Vollard	*Paul Cézanne,* Paris, Crès, 1919 ; *Souvenirs d'un marchand de tableaux,* Paris, Albin-Michel, 1937.
G. Rivière	*Le Maître Paul Cézanne,* Paris, H. Floury, 1923.
L. Venturi	*Cézanne, son art, son œuvre,* Paris, Paul Rosenberg, 1936, 2 vol.
J. Rewald	«A propos du catalogue raisonné de l'œuvre de Cézanne et de la chronologie de cette œuvre», *La Renaissance,* mars-avril 1937, pp. 53-56 ; «Some Entries for a New Catalogue Raisonné of Cézanne's Paintings», *Gazette des Beaux-Arts,* novembre 1975, pp. 157-168 ; catalogue de l'exposition *Cézanne. The Late Work,* New York, The Museum of Modern Art et Houston, Museum of Fine Arts, 1977-1978, pp. 385-416 ; catalogue de l'exposition *Cézanne. Les dernières années* (1895-1906), Paris, Grand Palais, 1978 (quelques dates diffèrent de celles proposées dans le catalogue américain ; c'est la dernière datation adoptée qui figure, dans ce tableau comparatif, face au nom de Rewald).
L. Gowing	Catalogue de l'exposition *Cézanne's Paintings,* Edimbourg et Londres, The Tate Gallery, 1954 ; «Notes on the development of Cézanne», *Burlington Magazine,* XCVIII, juin 1956, pp. 185-192 ; «The Logic of the Organized Sensations» in *Cézanne. The Late Work,* New York, The Museum of Modern Art, 1977, pp. 55-71.
D. Cooper	«Two Cézanne Exhibitions», *Burlington Magazine,* XCVI, novembre et décembre 1954, pp. 344-349 et 378-383.
R. Ratcliffe	*Cézanne's Workings Methods and Their Theoretical Background,* Londres, 1960.
Th. Reff	«A New Cézanne Exhibition», *Burlington Magazine,* CII, mars 1960, pp. 114-118 ; «Cézanne's Constructive Stroke», *Art Quaterly,* été 1962, pp. 214-226 ; «Painting and Theory in the Final Decade», in *Cézanne. The Late Work,* New York, The Museum of Modern Art, 1977, pp. 13-53.

1) Portraits

Cat. 1   Vollard : 1890 ; Rivière : 1895 ; Venturi : 1895 ; Rewald : 1895 (avril-juillet) ; Gowing : 1895 ; Cooper : 1895 ; Ratcliffe : 1895-1896 ; Reff : 1895 (avril-juin).

Cat. 2   Rivière : 1897 ; Venturi : 1896-1897 ; Rewald : 1896-1897 ; Gowing : 1896-1897 ; Cooper : 1896-1897 ; Reff : juin 1896.

Cat. 3   Vollard : 1899 ; Rivière : 1899 ; Venturi : 1899 ; Rewald : 1899 ; Gowing : 1899 ; Cooper : 1899 ; Ratcliffe : 1899 ; Reff : fin 1899.

Cat. 4   Rivière : 1900 ; Venturi : 1898-1900 ; Rewald : 1898-1900 ; Gowing : v. 1901 ; Cooper : v. 1901 ; Ratcliffe : pas avant 1898 ; Reff : 1898-1901.

Cat. 5   Venturi : 1895-1900 ; Rewald : 1895-1897 ; Reff : 1890-1892.

Cat. 6   Venturi : 1895-1900 ; Rewald : v. 1899 ; Cooper : v. 1893 ; Reff : v. 1899.

Cat. 7   Venturi : 1900-1906 ; Rewald : 1905-1906.

Cat. 10   Rivière : 1888 ; Venturi : 1890-1904 ; Rewald : 1902-1904 ; Gowing : 1902-1906 ; Reff : prob. 1900-1902.

Cat. 11   Venturi : 1890-1904 ; Rewald : v. 1904 ; Gowing : 1892-1896 ; Reff : prob. 1900-1902.

Cat. 12   Rivière : 1904 ; Venturi : 1904-1905 ; Rewald : 1905-1906 ; Gowing : 1904-1905 ; Cooper : prob. 1905-1906 ; Reff : 1902-1905.

Cat. 13   Venturi : 1904-1905 ; Rewald : 1905-1906.

Cat. 14   Rewald : 1905-1906 ; Reff : 1902-1905.

Cat. 15   Rivière : 1906 ; Venturi : 1906 ; Rewald : 1906 ; Cooper : 1906 ; Reff : 1906.

Cat. 16   Venturi : 1900-1906 ; Rewald : 1905-1906.

2) Natures mortes

Cat. 17   Venturi : v. 1895 ; Rewald : v. 1895 ; Gowing : 1892 ; Cooper : v. 1895 ; Reff : v. 1892.

Cat. 18   Venturi : 1895-1900 ; Rewald : 1895-1898 ; Gowing : prob. ap. 1895 ; Reff : 1895-1896.

Cat. 20   Venturi : 1895-1900 ; Rewald : v. 1898 ou plus tôt.

Cat. 21   Rivière : 1887 ; Venturi : 1895-1900 ; Rewald : 1896-1898 ; Gowing : 1895 ; Cooper : prob. 1894.

Cat. 22   Rivière : 1897 ; Venturi : 1895-1900 ; Rewald : v. 1899 ; Gowing : 1898-1899 ; Cooper : 1895-1900 ; Reff : v. 1896.

Cat. 23   Venturi : v. 1895 ; Rewald : v. 1899 ; Cooper : 1896-1897 ; Reff : la 3e des natures mortes peintes entre 1896 et 1899 après celle du Louvre et celle de la Barnes Foundation.

Cat. 24   Venturi : 1895-1900 ; Rewald : v. 1900 ; Reff : v. 1900.

Cat. 25   Venturi : v. 1900 ; Rewald : 1898-1900.

Cat. 32   Venturi : 1900-1905 ; Rewald : 1902-1906 ; Gowing : v. 1899 ; Cooper : 1897-1898 ; Ratcliffe : 1902-1906.

Cat. 35   Rewald : v. 1905 ; Gowing : v. 1905 ; Reff : v. 1899.

3) Paysages

Cat. 36   Venturi : 1898-1900 ; Rewald : v. 1895 ; Ratcliffe : entre 1895 et 1899.

Cat. 37   Venturi : v. 1900 ; Rewald : v. 1897 ; Ratcliffe : entre 1895 et 1900.

Cat. 38   Venturi : 1898-1900 ; Rewald : v. 1897 ; Gowing : v. 1899 ; Ratcliffe : entre 1895 et 1899 ; Reff : 1898-1899.

Cat. 39   Venturi : v. 1900 ; Rewald : 1898-1900 ; Ratcliffe : entre 1895 et 1899.

Cat.40   Venturi : 1900-1904 ; Rewald : 1900-1904 ; Reff : v. 1895.

Cat. 47   Venturi : v. 1900 ; Rewald : v. 1898.

Cat. 48   Venturi : v. 1900 ; Rewald : 1898-1899.

Cat. 49   Venturi : v. 1900 ; Rewald : v. 1897.

Cat. 50   Venturi : v. 1900 ; Rewald : v. 1900.

Cat. 51   Vollard : 1904 ; Rivière : 1904 ; Venturi : v. 1904 ; Rewald : 1900-1904.

Cat. 52   Venturi : 1904-1906 ; Rewald : 1903-1904.

Cat. 53   Venturi : 1904-1906 ; Rewald : v. 1904 ; Gowing : v. 1905 ; Cooper : v. 1905 ; Reff : v. 1904.

Cat. 54   Venturi: 1900-1904; Rewald: v. 1904; Reff: 1895-1899.

Cat. 58   Venturi: 1894-1898; Rewald: v. 1897; Cooper: v. 1898; Reff: 1894.

Cat. 59   Venturi: 1900-1906; Rewald: 1904-1906; Gowing: 1905.

Cat. 60   Venturi: 1895-1900; Rewald: 1900-1902.

Cat. 61   Rewald: 1900-1904.

Cat. 62   Rivière: 1898; Venturi: v. 1895; Rewald: v. 1898.

Cat. 63   Venturi: 1902-1906; Rewald: v. 1906; Reff: 1906.

Cat. 65   Rivière: 1906; Venturi: 1906; Rewald: 1906; Gowing: 1906; Reff: 1906.

Cat. 79   Rivière: 1885; Venturi: 1894-1900; Rewald: 1896-1898; Gowing: 1906.

Cat. 80   Venturi: 1890-1894; Rewald: 1900-1902; Reff: v. 1897.

Cat. 82   Venturi: 1904-1906; Rewald: 1902-1904; Gowing: avant 1905; Reff: v. 1904.

Cat. 84   Venturi: 1904-1906; Rewald: 1902-1906; Gowing: v. 1905; Reff: 1902-1906.

Cat. 86   Venturi: 1904-1906; Rewald: 1902-1906; Gowing: av. 1905; Reff: 1902-1906.

Cat. 89   Rewald: 1904-1906.

Cat. 90   Venturi: 1904-1906; Rewald: 1904-1906; Gowing: v. 1906; Reff: 1902-1906.

Cat. 91   Venturi: 1905; Rewald: 1905 ou 1906; Reff: 1902-1906.

Cat. 92   Venturi: 1894-1900; Rewald: v. 1904.

Cat. 93   Venturi: 1894-1900; Rewald: v. 1904; Reff: fin des années 1890.

4) Baigneurs

Cat. 96   Venturi: 1900-1905; Rewald: 1894-1905; Gowing: 1904-1905; Cooper: 1903-1904; Reff: 1902-1906.

Cat. 97   Rivière: 1898; Venturi: v. 1895; Rewald: 1898-1899; Reff: 1899.

Cat. 99   Venturi: 1895; Rewald: 1898-1900; Reff: au début des années 1900.

Cat. 100   Venturi : 1900-1905 ; Rewald : 1899-1904 ; Gowing : v. 1900 ; Cooper : v. 1902 ; Reff :
au début des années 1900, prob. ap. le n° 101.

Cat. 101   Venturi : 1879-1882 ; Rewald : v. 1900 ; Reff : 1898-1900.

Cat. 102   Rewald : 1900-1904.

Cat. 104   Venturi : 1898-1905 ; Rewald : 1902-1906 ; Reff : au début des années 1900.

Bibliographie sommaire

1866   Émile Zola, *Mon Salon*, augmenté d'une dédicace et d'un appendice, Paris, Librairie Centrale, 1866.

1888   Joris-Karl Huysmans, «Trois peintres : Cézanne, Tissot, Wagner», *La Cravache*, 4 août 1888. Réimprimé dans *Certains*, Paris, Stock, 1889, pp. 41-43.

1892   Émile Bernard, «Paul Cézanne», *Les Hommes d'aujourd'hui*, vol. VIII, n° 387, 1892. Georges Lecomte, «Cézanne», *L'Art Moderne*, 21 février 1892.

1894   Gustave Geffroy, «Paul Cézanne», *Le Journal*, 25 mars 1894. Repris et complété dans *La Vie Artistique*, 3e série, Paris, Dentu, 1894, pp. 249-260.

1895   Arsène Alexandre, «Paul Cézanne», *Le Figaro*, 9 décembre 1895.
        Gustave Geffroy, «Paul Cézanne», *Le Journal*, 16 novembre 1895. Repris dans *La Vie Artistique*, 6e série, Paris, Dentu, 1900, pp. 214-220.
        Thadée Natanson, «Paul Cézanne», *La Revue Blanche*, 1er décembre 1895, pp. 496-500.

1896   André Mellerio, «L'Art Moderne, exposition Paul Cézanne», *La Revue Artistique*, janvier-février 1896.
        Émile Zola, «Peinture», *Le Figaro*, 2 mai 1896.

1899   Georges Lecomte, «Paul Cézanne», *Catalogue de la vente Eugène Blot*, 9 et 10 mai 1899, pp. 23-31. Repris dans *Revue d'Art*, 9 décembre 1899, pp. 81-87.

1903   Henri Rochefort, «L'Amour du Laid», *L'Intransigeant*, 9 mars 1903.

1904   Émile Bernard, «Paul Cézanne», *L'Occident*, t. VI, juillet 1904, pp. 17-30.
        Roger Marx, «Le Salon d'Automne», *Gazette des Beaux-Arts*, décembre 1904, pp. 458-474.

1905   Charles Morice, «Les aquarelles de Cézanne», *Mercure de France*, t. LVI, juillet-août 1905, pp. 133-134.
        Charles Morice, «Enquête sur les tendances actuelles des arts plastiques», *Mercure de France*, t. LVI, 1er août 1905, pp. 346-359; 15 août 1905, pp. 538-555; t. LVII, 1er septembre 1905, pp. 61-85.
        Louis Vauxcelles, «Cézanne», *Le Gil Blas*, 18 mars 1905.

1906   Théodore Duret, *Histoire des peintres impressionnistes*, Paris, H. Floury, 1906.
        Jean Royère, «Sur Paul Cézanne», *La Phalange*, 15 novembre 1906, pp. 375-382.

1907   Émile Bernard, « Souvenirs sur Paul Cézanne et lettres inédites », *Mercure de France,* 1er octobre 1907, pp. 385-404 ; 15 octobre 1907, pp. 606-627.
Maurice Denis, « Cézanne », *L'Occident,* n° 70, septembre 1907, pp. 118-132.
Charles Morice, « Paul Cézanne », *Mercure de France,* 15 février 1907, pp. 577-594. Repris dans *Quelques maîtres modernes,* Paris, Société des Trente, 1914, pp. 94-122.
R.P. Rivière et J.F. Schnerb, « L'atelier de Cézanne », *La Grande Revue,* 25 décembre 1907, pp. 811-817.

1910   Elie Faure, « Paul Cézanne », *Portraits d'hier,* n° 28, 1er mai 1910. Repris dans *Les Constructeurs,* Paris, Crès, 1914, n. éd. 1923.
Julius Meier-Graefe, *Paul Cézanne,* München, Piper, 1910.

1912   Émile Bernard, *Souvenirs sur Paul Cézanne et lettres,* Paris, Société des Trente, 1912, 2e éd. 1921.
Jacques-Émile Blanche, *Essais et portraits,* Paris, Dorban l'aîné, 1912.
Maurice Denis, *Théories 1890-1910,* Paris, Bibliothèque de l'Occident, 1912.
Wassily Kandinsky, *Uber das Geistige in der Kunst, insbesondere in der Malerei,* München, Piper, 1912.

1913   Fritz Burger, *Cézanne und Hodler,* München, 1913.
Albert Dreyfus, « Paul Cézanne », *Zeitschrift für bildende Kunst,* XXIV, pp. 197-206.

1914   Gaston Bernheim-Jeune, Théodore Duret, Frantz Jourdain, Octave Mirbeau, Léon Werth, *Cézanne,* Paris, Bernheim-Jeune, 1914.
Ambroise Vollard, *Cézanne,* Paris, Vollard, 1914 ; n.éd. Paris, Crès, 1919.

1915   Jacques-Émile Blanche, « Sur les routes de la Provence de Renoir à Cézanne », *Revue de Paris,* 1er janvier 1915, pp. 154-177. Repris dans *Propos de Peintre. De David à Degas,* Paris, 1919, pp. 202-231, n. éd., 1927.

1919   Gustave Coquiot, *Cézanne,* Paris, Ollendorf, 1919.
Goll, *Die drei grossen Geister Frankreichs, Diderot, Mallarmé, Cézanne,* Berlin, Reiss, 1919.
Anny E. Popp, « Cézanne », *Die bildenden Künste,* II, 1919, pp. 177-189.

1920   Émile Bernard, « La méthode de Paul Cézanne », *Mercure de France,* 1er mars 1920, pp. 413-424.
Émile Bernard, « La technique de Paul Cézanne », *L'Amour de l'Art,* décembre 1920, pp. 271-278.
L. Deffoux et E. Zavie, *Le Groupe de Médan,* Paris, Payot, 1920.
Maurice Denis, « L'influence de Cézanne », *L'Amour de l'Art,* décembre 1920, pp. 257-264.
Élie Faure, « Toujours Cézanne », *L'Amour de l'Art,* décembre 1920, pp. 265-270.
Edmond Jaloux, « Souvenirs sur Paul Cézanne », *L'Amour de l'Art,* décembre 1920, pp. 285-286.
Karl-Ernst Osthaus, « Cézanne », *Das Feuer,* vol. 2, 1920-1921 (texte abrégé « Dernière visite à Cézanne », *Marianne,* 22 février 1939).

1921   Émile Bernard, « Une conversation avec Cézanne », *Mercure de France,* 1er juin 1921, pp. 372-397.

Charles Camoin, « Souvenirs sur Paul Cézanne », *L'Amour de l'Art,* janvier 1921, pp. 25-26.

Joachim Gasquet, *Paul Cézanne,* Paris, Bernheim-Jeune, 1921, n. éd. 1926.

M. Lafargue, « Souvenir sur Paul Cézanne », *L'Amour de l'Art,* janvier 1921, pp. 27-30.

Waldemar George, « Cézanne et Renoir », *L'Amour de l'Art,* février 1921, pp. 55-58.

1922 Julius Meier-Graefe, *Cézanne und sein Kreis,* München, Piper, 1922.

Xavier Roux, *Cézanne, ses devanciers en théories,* Paris, Lethielleux, 1922.

H. von Wedderkop, *Paul Cézanne,* Leipzig, Klinkhard und Biermann, 1922.

1923 J. Bernex, « Zola, Cézanne, Solari », *Les Cahiers d'Aix-en-Provence,* 1923, p. 49.

Tristan Klingsor, *Cézanne,* Paris, Rieder, 1923.

Pavel Muratov, *Cézanne,* Berlin, Gerschebin, 1923.

Georges Rivière, *Le Maître Paul Cézanne,* Paris, H. Floury, 1923.

André Salmon, *Cézanne,* Paris, Stock, 1923.

1924 Émile Bernard, « Les aquarelles de Cézanne », *L'Amour de l'Art,* février 1924, pp. 32-36.

Maurice Denis, « Le dessin de Cézanne », *L'Amour de l'Art,* février 1924, pp. 37-38.

1925 Émile Bernard, *Sur Paul Cézanne,* Paris, R.G. Michel, 1925.

Georges Charensol, « Aix et Cézanne », *L'Art Vivant,* 1er décembre 1925, pp. 7-8.

Léo Larguier, *Le dimanche avec Paul Cézanne,* Paris, L'Édition, 1925.

1926 Émile Bernard, « L'Erreur de Cézanne », *Mercure de France,* 1er mai 1926, pp. 513-528.

Jules Borély, « Cézanne à Aix (1902) », *L'Art Vivant,* 1er juillet 1926, pp. 491-493.

Georges Charensol, « Les Détracteurs de Cézanne », *L'Art Vivant,* 1er juillet 1926, pp. 494-497.

Marcel Provence, « Cézanne et ses amis. Numa Coste ». *Mercure de France,* 1er avril 1926, pp. 54-81.

André Salmon, « Cézanne et son grappin », *L'Art Vivant,* 1er juillet 1926, pp. 487-489.

Waldemar George, *Les aquarelles de Cézanne,* Paris, Les Quatre-Chemins, 1926.

1927 Roger Fry, *Cézanne. A study of his development,* London, Hogarth, 1927.

Kurt Pfister, *Paul Cézanne. Gestalt - Werk - Mythos,* Postdam, Kiepenheuer, 1927.

1928 Paul Gachet, *Souvenirs de Cézanne et de Van Gogh. Auvers 1873-1890,* Paris, 1928.

1929 Anthony Bertram, *Cézanne,* Londres, The Studio, 1929.

Fritz Novotny, « Paul Cézanne », *Belvedere,* 1929, n° 12, pp. 440-450.

1930 Eugenio d'Ors, *Paul Cézanne,* Paris, Les Chroniques du Jour, 1930.

1931 Denise Le Blond-Zola, « Zola et Cézanne d'après une correspondance retrouvée », *Mercure de France,* 1er janvier 1931, pp. 39-58.

1933 Georges Rivière, *Cézanne, le peintre solitaire,* Paris, H. Floury, 1933.

1935   Gerstle Mack, *Paul Cézanne*, Londres, Cape et New York, Knopl, 1935.
        (Traduction française : *La vie de Paul Cézanne*, Paris, Gallimard, 1938.)
        John Rewald et Léo Marschutz, « Plastique et réalité. Cézanne au Château-Noir »,
        L'Amour de l'Art, janvier 1935, pp. 15-21.
        John Rewald et Léo Marschutz, « Cézanne und der Jas de Bouffan », *Forum*, n° 9,
        1935.

1936   Jacques Combe, « L'influence de Cézanne », *La Renaissance*, mai-juin 1936,
        pp. 22-32.
        Élie Faure, *Cézanne*, Paris, Braun, 1936.
        René Huyghe, « Cézanne et son œuvre », *L'Amour de l'Art*, mai-juin 1936, pp. 165-
        187.
        René Huyghe, *Cézanne*, Paris, Plon, 1936.
        Léo Larguier, *Paul Cézanne ou le drame de la peinture*, Paris, Denoël, 1936.
        Maurice Raynal, *Cézanne*, Paris, Éditions de Cluny, 1936.
        John Rewald, *Cézanne et Zola*, Paris, Sedrowski, 1936.
        John Rewald et Léo Marschutz, « Cézanne et la Provence », *Le Point*, n° 4, août 1936,
        pp. 4-34.
        Charles Sterling, « Cézanne et les Maîtres d'autrefois », *La Renaissance*, mai-juin
        1936, pp. 7-15.
        Lionello Venturi, *Cézanne, son art, son œuvre*, Paris, Paul Rosenberg, 1936, 2 vol.
        J. Vergnet-Ruiz, « Cézanne et l'impressionnisme », *La Renaissance*, mai-juin 1936,
        pp. 16-21.
        Alfred Barr, « Cézanne d'après les lettres de Marion à Morstatt », *Gazette des
        Beaux-Arts*, janvier 1937, pp. 37-58.

1937   Jacques Lassaigne, *Cézanne après inventaire*, Paris, Fayard, 1937.
        Fritz Novotny, *Cézanne*, Vienne, Phaïdon Verlag, 1937.
        Fritz Novotny et Ludwig Goldscheider, *Cézanne*, New York, Oxford University Press,
        1937.
        John Rewald, *Cézanne. Correspondance* recueillie, annotée et préfacée par John
        Rewald, Paris, Grasset, 1937.
        John Rewald, « A propos du catalogue raisonné de l'œuvre de Cézanne et de la
        chronologie de cet œuvre », *La Renaissance*, mars-avril 1937, pp. 53-56.

1938   Germain Bazin, « Cézanne et la montagne Sainte-Victoire », *L'Amour de l'Art*, dé-
        cembre 1938, pp. 377-383.
        Adrien Chappuis, *Dessins de Paul Cézanne*, Paris, Les Chroniques du Jour, Paris,
        1938.
        Ambroise Vollard, *En écoutant Cézanne, Degas, Renoir*, Paris, Grasset, 1938.

1939   « Un peintre genevois a rencontré Cézanne », *Art, vie, cité*, 1939.
        A.C. Barnes et Violette de Mazia, *The Art of Cézanne*, New York, Marcourt, 1939.
        Raymond Cogniat, *Cézanne*, Paris, Tisné, 1939.
        Maurice Denis, « L'aventure posthume de Cézanne », *Prométhée*, juillet 1939,
        pp. 193-196.
        Jedlicha Gotthard, *Paul Cézanne*, Zurich et Leipzig, 1939.
        Pierre Imbourg, « Cézanne et ses logis à Paris », *Beaux-Arts*, 20 janvier 1939, p. 3.
        Marcel Provence, *Cézanne au Tholonet*, Aix-en-Provence, Société Paul Cézanne,
        1939.

Maurice Raynal, *Cézanne,* Paris, Skira, 1939.
John Rewald, *Cézanne, sa vie, son œuvre, son amitié pour Zola,* Paris, Albin-Michel, 1939.

1942   Hans Graber, *Cézanne d'après les témoignages des étrangers et des proches,* Bâle, B. Schwabe, 1942.

1943   Edward Alen Jewell, *Cézanne,* New York, Hyperion, 1944.
Erle Loran, *Cézanne's Composition,* Berkeley et Los Angeles, University of California Press, 1943.
Lionello Venturi, *Paul Cézanne, aquarelles,* Londres, 1943.

1944   Rainer Maria Rilke, *Lettres sur Cézanne,* traduction et préface de Maurice Betz, Paris, Corréa, 1944.

1946   Pierre-Marie Auzas, *Peintures de Cézanne,* Paris, Le Chêne, 1946, n. éd. 1947.

1947   Jean Cassou, *Cézanne. Les Baigneuses,* Paris, Les Quatre-Chemins, 1947.
Léo Larguier, *Cézanne ou la lutte avec l'ange de la peinture,* Paris, Julliard, 1947.

1948   Bernard Dorival, *Cézanne,* Paris, Tisné, 1948.
Maurice Merleau-Ponty, *Sens et Non-Sens,* Paris, Nagel, 1948.

1949   André Lhote, *Cézanne,* Lausanne, 1949.

1950   Liliane Brion-Guerry, *Cézanne et l'expression de l'espace,* Paris, Albin-Michel, 1950, n. éd. rev. et corr. 1966.
Francis Jourdain, *Cézanne,* Paris, Braun, 1950.

1952   Paul Gachet, *Cézanne à Auvers. Cézanne Graveur,* Paris, 1952.
Meyer Schapiro, *Paul Cézanne,* New York, 1952, n. éd. 1973.
D. Sherman, *Cézanne and visual form,* Colombus University, 1952.

1953   Adrian Stokes, *Cézanne,* Paris, Fernand Nathan, 1953.

1954   Douglas Cooper, « Two Cézanne Exhibitions », *Burlington Magazine,* XCVI, novembre et décembre 1954, pp. 344-349 et 378-383.
Maurice Raynal, *Cézanne,* Genève, 1954.
Robert Rey, « Cézanne », *Revue des Arts,* n° 11, janvier 1954, pp. 66-80.

1955   Douglas Cooper, « Au Jas de Bouffan », *L'Œil,* février 1955, pp. 13-16 et 46.
Henri Perruchot, « *Les 25 logis de Mr. Cézanne* », L'Œil, décembre 1955, pp. 32-37.

1956   Kurt Badt, *Die Kunst Cézannes,* München, 1956.
Lawrence Gowing, « Notes on the development of Cézanne », *Burlington Magazine,* XCVIII, juin 1956, pp. 185-192.
Henri Perruchot, *La Vie de Cézanne,* Paris, Gallimard, 1956.
Le Tombeau de Cézanne, 23 octobre 1956, Paris, Société Paul Cézanne.

1957   Maurice Denis, *Journal,* vol. I, 1884-1904 ; vol. 2, 1905-1920, Paris 1957 ; vol. 3, 1921-1943, Paris, La Colombe, 1959.

1958   Alfred Neumeyer, *Cézanne Drawings,* New York et Londres, 1958.
Theodore Reff, *Studies in the drawings of Paul Cézanne,* Harvard University, 1958.

1959   L. Hanson, *Mortal Victory. A biography of Paul Cézanne,* New York, 1959.
John Rewald, *Cézanne, Geffroy et Gasquet,* suivi de souvenirs sur Cézanne de Louis Aurenche et de lettres inédites, Paris, Les Quatre-Chemins, 1959.

1960   Louis Aurenche, *Souvenirs de ma jeunesse sur Paul Cézanne,* Paris, Les Quatre-Chemins, 1960.
M.C., « Quelques souvenirs sur Paul Cézanne par une de ses nièces », *Gazette des Beaux-Arts,* novembre 1960, pp. 299-302.
R. Ratcliffe, *Cézanne's Workings Methods and their Theoretical Background,* University of London, 1960.

1961   M. Waldnogel, *The Bathers of Paul Cézanne,* Harvard University, 1961.

1962   Adrien Chappuis, *Les dessins de Paul Cézanne au musée de Bâle,* Lausanne, Urs Graf, 1962.
D. Sylvester, « Still-life with tea-pot by Cézanne », *The Listener,* 18 janvier 1962.

1963   Wayne V. Andersen, « Watercolor in Cézanne's artistic Process », *Art International,* VIII, mai 1963, pp. 23-27.
P.H. Feist, *Paul Cézanne,* Leipzig, 1963.
G. Schmidt, *Aquarelles de Paul Cézanne,* Bâle, 1963.

1965   Kurt Badt, *The Art of Cézanne,* University California Press, 1965.

1967   Wayne V. Andersen, « Cézanne, Tanguy, Chocquet », *Art Bulletin,* juin 1967, pp. 136-139.

1968   Frank Elgar, *Cézanne,* Paris, Somogy, 1968.
Mario de Micheli, *Cézanne,* Paris, Flammarion, 1968.
Charles-Ferdinand Ramuz, *Cézanne. Formes,* Paris, Bibliothèque des Arts, 1968.
Meyer Schapiro, « Les pommes de Cézanne », *Revue de l'Art,* n° 1-2, 1968, pp. 73-87.

1969   Ferdinand H. Lem, *Paul Cézanne. Étude thématique et critique de l'œuvre,* Paris, Le Prieuré, 1969.
John Rewald, « Chocquet et Cézanne », *Gazette des Beaux-Arts,* juillet-août 1969, pp. 33-96.

1970   Wayne V. Andersen, *Cézanne's Portrait Drawings,* Cambridge (Mass.) et Londres, The P.I.I. Press, 1970.
Sandra Orienti et A. Gatto, *L'Opera completa di Cézanne,* Milan, Rizzoli, 1970.

1971   Kurt Badt, *Das Spätwek Cézannes,* Constance, 1971.
Michel Hoog, *L'univers de Cézanne,* Paris, Scrépel, 1971.
Richard W. Murphy, *Cézanne et son temps,* Time Life, 1971.
Fritz Novotny, *Cézanne,* Londres, Phaïdon, 1971.

1972   Marcel Brion, *Cézanne,* Milan, Fabbri, 1972.
Adrien Chappuis, *The Drawings of Paul Cézanne. A catalogue raisonné,* Londres, Thames and Hudson, 1972.

1974   Denys Sutton, « The Paradoxes of Cézanne », *Apollo,* août 1974, n° 150, pp. 98-107.

1975   A. Barskaya et E. Georgierskaya, *Paul Cézanne,* Leningrad, 1975.
Malevitch, *Écrits,* présentés par Andrei B. Nakov, Paris, Champ Libre, 1975.

1977   Katia Tsiakma, « Cézanne's and Poussin's Nudes », *Art Journal,* hiver 1977-78, XXX-VII-2, pp. 120-132.
Cézanne en son atelier. Texte de Marianne R. Bourges. Introduction par Adrien Chappuis. Aix-en-Provence, 1977.

Expositions

Cette liste ne prétend pas être exhaustive ; les expositions ayant eu lieu du vivant de Cézanne sont mentionnées dans la biographie (page 49) et celles dont le catalogue se réduit à une énumération d'œuvres n'ont pas été retenues.

1929   *Cézanne (1839-1906).* « Quelques souvenirs » par Ambroise Vollard. Documentation réunie par Roger Gaucheron. Paris, Galerie Pigalle, 1929.

1936   *Cézanne.* Avant-propos de Jacques-Émile Blanche. Préface de Paul Jamot. Notices par Charles Sterling. Paris, Orangerie des Tuileries, 1936.

1937   *Paul Cézanne.* Textes de G.L. Mac Cann Morley et Gerstle Mack. San Francisco, Museum of Art, 1937.

1939   *Hommage à Paul Cézanne.* Préface de John Rewald. Londres, Wildenstein and Co, 1939.
Centenaire de Paul Cézanne. Avant-propos de Joseph Billiet. Lyon, Palais Saint-Pierre, 1939.
Cézanne (1839-1906). Préface de André Tabarant. Paris, Galerie Paul Rosenberg, 1939.

1952   *Cézanne, paintings, watercolors and drawings, a loan exhibition.* Préface de Daniel Catton. Introduction de Theodore Rousseau Jr. Chicago, The Art Institute et New York, Metropolitan Museum of Art, 1952.
Cézanne. Rarely Shown Works. Texte de Karl-Ernst Osthaus. New York, Fine Arts Associated, 1952.

1953   *Monticelli et le Baroque provençal.* Préface de Germain Bazin. Catalogue par Charles Garibaldi. Paris, Orangerie des Tuileries, 1953.

1954   *Hommage à Cézanne.* Introduction de Germain Bazin. Catalogue par Albert Châtelet. Paris, Orangerie des Tuileries, 1954.
Cézanne's Paintings. Préface et catalogue par Lawrence Gowing. Edimbourg et Londres, The Tate Gallery, 1954.

1956   *Cézanne.* Préface de Fritz Novotny. Aix, Pavillon Vendôme, 1956.

1956-
1957   *Cézanne.* Catalogue par Ludwig Reidemeister. Cologne, Kunsthaus Lempertz, 1956-1957.

1960- *Les Sources du XXᵉ siècle - les arts en Europe de 1884 à 1914.* Préface de Jean Cassou.
1961   Catalogue dirigé par Albert Châtelet. Paris, Musée National d'Art Moderne, 1960-1961.

1961   *Cézanne.* Préface de Fritz Novotny. Vienne, Oesterreichische Galerie, 1961.

1962   *Le groupe des XX et son temps.* Introductions de Ph. Robert-Jones et A.M. Hammacher. Préface de F.C. Legrand. Catalogue par F.C. Legrand et M.J. Chartrain-Hebbelinck. Otterlo, Rijksmuseum Kröller-Müller, 1962.

1963   *Cézanne Watercolors.* Préface par R. Wittkower. «Cézanne as a watercolorist» par Meyer Schapiro. «Cézanne's Watercolors and Modern Taste» par Theodore Reff. New York, Knoedler Galleries, 1963.

1966   *Collection Jean Walter - Paul Guillaume.* Catalogue par Marie-Thérèse Lemoyne de Forges, Geneviève Allemand et Michèle Bundorf. Paris, Orangerie des Tuileries, 1966.

1971   *Cézanne in the Phillips Collection.* Catalogue par John Rewald. Washington, Chicago, Boston, 1971.

1973   *Watercolour and pencil drawings by Cézanne.* Introduction de Lawrence Gowing. Catalogue par Robert Ratcliffe. Newcastle, Laing Art Gallery et Londres, Hayward Gallery, 1973.

1974   *Cézanne dans les musées nationaux.* Avant-propos de Hélène Adhémar. «Le doute de Cézanne» extrait de «Sens et Non-Sens» de Maurice Merleau-Ponty. Catalogue par Michel Hoog avec la collaboration de Simone Rufenacht et par Geneviève Monnier. Paris, Orangerie des Tuileries, 1974.
       Paul Cézanne. Avant-propos de Chisaburoh F. Yamada. «Paul Cézanne» par John Rewald. «Cézanne's debt to the past» par Denys Sutton. «Zur Aquarellmalerei Cézannes» par Fritz Novotny. «Sur le dessin de Cézanne» par Adrien Chappuis. Catalogue par Chuji Ikegami. Tokyo, Musée National d'Art Occidental; Kyoto, Musée de la Ville de Kyoto; Fukuoka, Centre Culturel de Fukuoka, 1974.

1977   *Cézanne. The Late Work.* «Painting and Theory in the Final Decade» par Theodore Reff. «The Logic of Organized Sensations» par Lawrence Gowing. «The Elusive Goal» par Liliane Brion-Guerry. «The Last Motifs at Aix» par John Rewald. «The Late Landscape Paintings» par Fritz Novotny. «The Late Watercolors» par Geneviève Monnier. «Cézanne's Lithographs» par Douglas Druick. «Cézanne and his Critics» par Georg Heard Hamilton. «Cézannisme and the Beginnings of Cubism» par William Rubin. Catalogue par John Rewald. New York, The Museum of Modern Art et Houston, The Museum of Fine Arts, 1977-1978.

Liste des ouvrages et articles cités en abrégé

Gasquet, 1921:
Joachim Gasquet, *Cézanne,* Paris, Bernheim-Jeune, 1921.

Rivière, 1923:
Georges Rivière, *Le Maître Paul Cézanne,* Paris, H. Floury, 1923.

Fry, 1927:
Roger Fry, *Cézanne. A Study of His development,* Londres, 1927, 2ᵉ éd. 1952 (ce texte diffère considérablement de la version française parue dans *L'Amourt de l'Art,* n° spécial, décembre 1926).

Venturi ou V.:
Lionello Venturi, *Cézanne, son art, son œuvre,* Paris, Paul Rosenberg, 1936, 2 vol.

Correspondance, 1937:
Paul Cézanne. Correspondance, recueillie, annotée et préfacée par John Rewald, Paris, Grasset, 1937.

Cooper, 1938:
D. Lord (Cooper), "Nineteenth Century French Portraiture", *Burlington Magazine,* XXX, 1938, pp. 253-263.

Loran, 1943:
Erle Loran, *Cézanne's Composition. Analysis of his Form with diagrams of motifs,* Berkeley et Los Angeles, University of California Press, 1943.

Cooper, 1954:
Douglas Cooper, "Two Cézanne Exhibitions", *Burlington Magazine,* XCVI, novembre et décembre 1954, pp. 344-349 et 378-383.

Gowing, 1956:
Lawrence Gowing, "Notes on the development of Cézanne", *Burlington Magazine,* XCVIII, juin 1956, pp. 185-192.

Gowing, 1977:
Lawrence Gowing, "The Logic of Organized Sensations" in *Cézanne. The Late Work,* New-York, The Museum of Modern Art, 1977, pp. 55-71.

Reff, 1977:
Thedore Reff, "Painting and Theory in the Final Decade", in *Cézanne. The Late Work,* New York, The Museum Art, 1977, pp. 13-53.

Liste des expositions citées en abrégé

Cézanne's Paintings, 1954 :
Cézanne's Paintings ; préface et catalogue par L. Gowing ; Edimbourg et Londres, The Tate Gallery, 1954.

Cézanne Watercolors, 1963 :
Cézanne Watercolors ; préface par R. Wittkower ; *"Cézanne as a watercolorist"* par M. Schapiro ; *"Cézanne's Watercolors and Modern Taste"* par Th. Reff ; New York, Knoedler Galleries, 1963.

Watercolours and Pencil drawings by Cézanne, 1973 :
Watercolours and Pencil drawings by Cézanne ; introduction par L. Gowing ; catalogue par R. Ratcliffe ; Newcastle, Laing Art Gallery et Londres, Hayward Gallery, 1973.

Cézanne dans les musées nationaux, 1974 :
Cézanne dans les musées nationaux ; avant-propos par H. Adhémar ; *"Le Doute de Cézanne"*, extrait de *"Sens et Non-sens"* de M. Merleau-Ponty (1948) ; catalogue par M. Hoog avec la collaboration de S. Rufenacht et par G. Monnier, Paris, Orangerie des Tuileries, 1974.

Maquette :
Bruno Pfäffli

Photos :
Brenwasser, New York
Cuming Ass., Londres
Dräyer, Zurich
Eeva-Inkeri, New York
Gallé, Alençon
Juley and Son, New York
Pollitzer, Hampstead
Poplin, Villemomble
Réunion des musées nationaux
Vizzavona, Paris
Warren, Annapolis
ainsi que les prêteurs

Photocomposition en «Frutiger» c 9/11 :
Blanchard, Le Plessis-Robinson

Photogravure couleur :
Bussière, Paris
Lagrue, Montrouge

Photogravure noir :
Haudressy, Paris

Impression :
Blanchard, Le Plessis-Robinson

ISBN 2.7118.0085.7